云南省禁毒委员会办公室　组编

# 《云南省禁毒条例》释义

主　编　郭有兵　孙学华

中国人民公安大学出版社
群　众　出　版　社
·北　京·

**图书在版编目（CIP）数据**

《云南省禁毒条例》释义/郭有兵，孙学华主编. —北京：中国人民公安大学出版社，2019.6

ISBN 978-7-5653-3617-1

Ⅰ. ①云…　Ⅱ. ①郭…②孙…　Ⅲ. ①禁毒—条例—法律解释—云南　Ⅳ. ①D927.560.214.5

中国版本图书馆 CIP 数据核字（2019）第 101420 号

**《云南省禁毒条例》释义**

主　编　郭有兵　孙学华

出版发行：中国人民公安大学出版社
地　　址：北京市西城区木樨地南里
邮政编码：100038
经　　销：新华书店
印　　刷：北京市泰锐印刷有限责任公司

版　　次：2019 年 6 月第 1 版
印　　次：2019 年 6 月第 1 次
印　　张：7.5
开　　本：880 毫米×1230 毫米　1/32
字　　数：202 千字

书　　号：ISBN 978-7-5653-3617-1
定　　价：30.00 元

网　　址：www.cppsup.com.cn　www.porclub.com.cn
电子邮箱：zbs@cppsup.com　zbs@cppsu.edu.cn

营销中心电话：010-83903254
读者服务部电话（门市）：010-83903257
警官读者俱乐部电话（网购、邮购）：010-83903253
教材分社电话：010-83903259

# 《云南省禁毒条例》释义
# 编委会

主　　编：郭有兵　孙学华

副 主 编：孙春荣　王建伟　陈开明

执行副主编：张　蓓　王海珺　戴富强

编　　委：王晓霞　郭　陆　梁秋莹

李光懿　昂　钰　张　晴

李　霞　潘素梅　刘道海

关平祖　王文林　杨　洋

杨丛庄　张永晖　曹　晶

# 前言

云南省地处祖国西南边陲，与缅甸、老挝、越南接壤，毗邻世界著名毒源地“金三角”，一直是全国禁毒斗争主战场，中国第一支缉毒队就诞生在这里。禁毒事关边疆稳定、社会安宁、民族团结和人民群众的生命安全、幸福安康，历届云南省省委、省政府始终把禁毒工作作为一项重要的政治任务，摆在全省工作突出位置。为严厉禁绝毒品，消除毒品祸害，1991年5月27日云南省第七届人民代表大会常务委员会第十八次会议通过了《云南省禁毒条例》，云南省成为全国最早制定地方性禁毒法规的省份。2005年3月25日，云南省第十届人民代表大会常务委员会第十五次会议对其进行了修订，于2005年5月1日起施行。多年来，该条例作为具体指导云南开展禁毒工作的主要地方性法规，对全省推动禁毒人民战争，开展、创建“平安云南”和构建社会主义和谐社会发挥了重要的现实作用。

随着毒情形势的变化，禁毒工作面临许多新情况、新挑战。2018年3月31日，云南省第十三届人民代表大会常务委员会第二次会议通过了新修订的《云南省禁毒条例》，于2018年6月1日起正式实施，为云南省走中国特色毒品问题治理之路提供了法治保障。新条例包括总则、禁毒宣传教育、毒品管制、戒毒管理和服务、禁毒国际合作、禁毒工作保障、法律责任、附则共八章69条，明文规定了严禁毒驾，针对贩毒特殊人群设专门场所，对病、残吸毒人员实施分类戒治，对网上涉毒违法信息“零容忍”监管，邮政、寄递、物流实名登记全覆盖，对涉毒演艺人员“亮红灯”等新的内容。

本释义从本条主旨、立法依据、立法目的、条文详解四个方面对《云南省禁毒条例》进行了逐条解释，为云南省各级禁毒相关部门依法开展禁毒工作提供参考。

《〈云南省禁毒条例〉释义》编写组

2019年6月

# 目　录

# 云南省第十三届
# 人民代表大会常务委员会
# 公　告

（第1号）

《云南省禁毒条例》已由云南省第十三届人民代表大会常务委员会第二次会议于2018年3月31日修订通过，现将修订后的《云南省禁毒条例》予以公布，自2018年6月1日起施行。

云南省人民代表大会常务委员会

2018年3月31日

# 云南省禁毒条例

## 第一章　总　　则

**第一条**　为了预防和惩治毒品违法犯罪，保护公民身心健康，维护社会秩序，根据《中华人民共和国禁毒法》《戒毒条例》等有关法律法规，结合本省实际，制定本条例。

**第二条** 本省行政区域内的禁毒宣传教育、毒品管制、戒毒管理和服务、禁毒国际合作、禁毒保障等工作，适用本条例。

**第三条** 本条例所称毒品，是指鸦片、海洛因、甲基苯丙胺(冰毒)、吗啡、大麻、可卡因，以及国家规定管制的其他能够使人形成瘾癖的麻醉药品和精神药品。

**第四条** 禁毒是全社会的共同责任。

禁毒工作实行政府统一领导，坚持源头治理、系统治理、综合治理、依法治理，实行工作责任制。

县级以上人民政府应当将禁毒工作纳入国民经济和社会发展规划，将禁毒经费列入本级财政预算，并纳入综合考核范围。

**第五条** 县级以上人民政府设立禁毒委员会。禁毒委员会负责组织、协调、指导本行政区域内的禁毒工作，具体履行下列职责：

(一) 拟定禁毒工作规划、计划和政策措施；

(二) 建立健全禁毒协调合作机制和联席会议、信息共享等制度；

(三) 指导、督促禁毒委员会成员单位和下一级政府履行禁毒工作职责，并组织考核；

(四) 确定禁毒重点整治地区并督促整治；

(五) 组织评估毒情形势，协调解决禁毒工作中的重大问题；

(六) 组织制定专门场所、关爱机构、戒毒康复等场所的管理制度和保障措施；

(七) 上级禁毒委员会和本级人民政府交办的其他禁毒工作。

禁毒委员会设立办公室，配备工作人员，负责日常工作。

乡镇人民政府、街道办事处根据需要可以设立禁毒工作领导协调机构，履行相应职责。

**第六条** 禁毒委员会成员单位应当依法履行禁毒职责，向禁毒委员会报告禁毒工作。

公安机关负责毒品查缉，毒品原植物禁种，吸毒人员查处、动态管控，所属强制隔离戒毒场所管理等工作。

司法行政部门负责所属强制隔离戒毒场所管理以及涉毒服刑人员的教育改造等工作。

卫生行政主管部门负责戒毒医疗机构的设置规划和监督管理，指导、支持开展戒毒医疗服务。

财政、民政、教育、市场监管、交通运输、海关、人民银行等有关行政主管部门和单位，按照职责做好禁毒工作。

工会、共青团和妇联应当结合各自工作对象的特点，组织毒品预防教育、社会帮扶、志愿者活动等。

各类开发园区、农场等管委会参照本条例的有关规定，履行禁毒工作职责。

**第七条** 各级人民政府应当动员社会力量参与禁毒工作，建立政府购买禁毒社会服务工作机制，推动禁毒社会工作者队伍和志愿者队伍建设，并对其进行指导培训，提供必要工作条件。

**第八条** 县（市、区）及乡镇人民政府、街道办事处应当组织开展无毒社区创建活动，上级人民政府负责组织创建活动的考核工作。

被确定为禁毒重点整治地区的人民政府，应当制定整治方案，定期向上一级人民政府报告整治工作情况。

**第九条** 鼓励公民举报毒品违法犯罪行为。各级人民政府和有关部门应当对举报人予以保护，对举报有功人员以及在禁毒工作中有突出贡献的单位和个人，按照有关规定给予表彰和奖励。

## 第二章 禁毒宣传教育

**第十条** 县级以上人民政府应当建立健全由禁毒委员会组织，各成员单位配合、社会各界广泛参与的禁毒宣传教育工作体系。

**第十一条** 各级人民政府及其部门应当采取多种形式加强禁毒宣传工作，普及毒品预防知识，实现禁毒宣传教育全覆盖。

禁毒委员会应当组织编写、制作禁毒知识读本、音像制品、互联网宣传产品等，运用各类媒体对公民进行禁毒宣传教育。

**第十二条** 县级以上人民政府建立的禁毒教育基地应当免费向社会开放，提供禁毒宣传教育服务。

报刊、广播、电视、网络等公共信息服务单位应当安排宣传版面和时段，免费定期刊登、播放禁毒公益广告和节目。

公共图书馆、阅览室应当提供禁毒宣传教育读物。

各级行政学院、公职人员培训机构应当将禁毒宣传教育列入培训内容。

国家机关、社会团体、企业事业单位等应当定期开展对本单位人员的禁毒宣传教育。

**第十三条** 教育部门负责对学校禁毒教育工作的组织领导，加强师资培训，督促落实毒品预防教学任务。

学校禁毒教育工作，校长为第一责任人。

学校应当将青少年禁毒教育纳入教学计划，根据每个学龄阶段的学生特点，每学期安排禁毒教育专门课时。

**第十四条** 学校发现在校学生有吸毒行为的，应当及时报告学校所在地公安机关和教育部门，通知学生家长，并配合有关部门进行帮教，督促戒毒。学校不得以吸毒为由开除未完成义务教育的未成年学生学籍。

**第十五条** 父母或者其他监护人应当对未成年人进行禁毒教育。家庭成员有吸毒行为的，其他家庭成员应当对其教育和制止，配合有关部门帮助其戒除毒瘾。

**第十六条** 县级人民政府及其有关部门、乡镇人民政府、街道办事处、村（居）民委员会应当采取措施，加强对村（居）民、流动人口的禁毒宣传教育。鼓励在村规民约中规定禁毒的内容，并督促遵守。

**第十七条** 铁路、公路、水上、航空、城市轨道交通和邮政、快递等经营单位以及旅馆、洗浴、会所、茶馆、酒吧、歌舞厅、网吧等娱乐服务场所，应当在显著位置设立禁毒警示标识，公布举报方式，开展禁毒宣传。

**第十八条** 自治州、自治县应当使用国家通用语言文字和当地少数民族语言文字开展禁毒宣传，鼓励开展具有地方民族特色的禁毒宣传教育活动。

## 第三章 毒品管制

**第十九条** 禁止非法种植毒品原植物。

乡镇人民政府、街道办事处应当组织公安派出所、村（居）民委员会及有关人员加强巡查，发现非法种植毒品原植物的，立即采取措施予以制止、铲除。

村（居）民委员会发现涉嫌出境参与种植、收割毒品原植物的人员，应当及时劝阻，并报告当地公安机关。

**第二十条** 禁止走私或者非法买卖、运输、邮寄、携带、持有毒品原植物种子或者幼苗。

禁止在生产经营的食品中添加罂粟壳、罂粟籽、罂粟苗等毒品原植物、种子、幼苗及其制品。

种植、加工工业大麻的单位和个人应当取得相关许可证，不得向未取得加工许可证的单位和个人销售或者提供工业大麻花叶。

**第二十一条** 卫生、科技、农业等行政主管部门和教学科研、医疗卫生、制药等机构，发现可能用于制造毒品、具有成瘾性且易被滥用的物质，应当及时报告禁毒委员会。省禁毒委员会应当组织评估，必要时报告国家禁毒委员会。

**第二十二条** 药品监管行政主管部门应当加强对含麻黄碱类复方制剂的检查，及时发现异常销售情况，依法查处违法行为。

药品零售企业应当严格执行含麻黄碱类复方制剂凭处方购买、实名登记、限量销售、专柜专人管理等制度。

药品生产、批发、零售企业发现出售的含麻黄碱类复方制剂被用于非法目的的，或者超过正常医疗需求，大量、多次购买含麻黄碱类复方制剂的，应当立即停止销售并向药品监管行政主管部门或者公安机关报告。

**第二十三条** 从事旅馆、洗浴、会所、茶馆、酒吧、歌舞厅、网吧等娱乐服务场所的经营者、管理者，应当与公安机关签订禁毒责任书，落实禁毒防范措施，对从业人员进行禁毒培训，在其场所内发现涉毒违法犯罪活动的，应当立即报告公安机关并协助调查取证。

房屋出租人、管理人、物业服务企业发现承租人有涉毒违法犯罪活动的，应当立即报告公安机关。

**第二十四条** 邮政、寄递、物流等经营单位应当建立寄递实名登记、收寄验视、信息保存以及收寄人员禁毒培训等管理制度，配备必要的检查设备，发现寄递疑似毒品、易制毒化学品等违禁物品的，应当停止运送、寄递，并立即报告公安机关。

公安、交通运输、邮政、工业和信息化等部门应当建立健全禁毒联合检查机制，对邮政、寄递、物流等经营单位执行禁毒管理制度进行检查，对托运、寄递的物品进行抽查。对未严格执行相关管理制度的邮政、寄递、物流等经营单位应当增加检查频次。

**第二十五条** 寄递、物流、运输、仓储企业应当加强其分支机构、挂靠经营单位的管理。其分支机构、挂靠经营单位违法运输、寄递、仓储毒品或者易制毒化学品的，应当追究企业及其相关人员的法律责任。

**第二十六条** 任何单位和个人不得制作、发布、传播、转载、链接包含吸毒、制毒、贩毒的方法、技术、工艺、工具、原料来源等违法信息。

各类互联网服务提供者及网络空间的创建者、管理者，应当采取有效措施，防止他人利用互联网、网络空间进行涉毒违法犯罪活动。发现涉毒违法犯罪活动的，应当立即向公安机关报告，并采取停止传播、保存记录等措施。

公安、通信、网络等管理部门应当建立查处网络涉毒行为的协作机制，加强网上涉毒违法信息的监测，依法处理涉毒违法犯罪活动。

**第二十七条** 公安机关会同有关部门建立健全毒品联防联控机制，需要在口岸、机场、车站、码头以及其他重点区域和交通要道设置查缉点的，应当按照有关规定经批准后方可设置。在查缉地点应当设置警示牌。

公安机关在毒品查缉点对来往人员及其携带的物品、货物以及交通工具等开展毒品和易制毒化学品检查，应当文明执法，规范执法，提高检查效率。被检查的单位和个人应当予以配合。

**第二十八条** 反洗钱行政主管部门和金融机构应当加强对大额交易和可疑交易的监测，发现涉嫌毒品违法犯罪的资金流动情况，应当向公安机关报告，并配合调查取证。

**第二十九条** 公安、商务、工业和信息化、市场监管、海关等行政主管部门应当建立易制毒化学品信息共享、流向追溯、责任倒查等制度。

生产、经营、购买、运输和进出口易制毒化学品的单位，应当执行国家有关许可、备案等规定，建立和落实单位内部管理制度。

**第三十条** 含有麻黄素类物质、麻醉药品、精神药品的易被提取制毒物品的复方制剂，以及尚未纳入国家易制毒化学品管理但易用作制毒原料或者配剂的化学品，由省公安机关会同负责药品监管、安全生产监管的行政主管部门制定管理措施，报省人民政府批准后实施。

**第三十一条** 易制毒化学品持有者在办理运输、仓储时，应当出示合法来源证明及其相关许可文件。不能出示的，有关单位不得为其提供运输、仓储等服务。

**第三十二条** 海关在口岸监管区发现可能流入非法渠道的易制毒化学品，应当不予放行，并报告公安机关，由公安机关及时开展调查，调查应当在1个月内完成。货物所有人、发货人、收货人和运输人应当配合调查。

**第三十三条** 乡镇人民政府、街道办事处应当组织对可能用于制毒的出租屋、闲置厂房仓库、养殖场等场所进行排查，发现异常情况的，及时报告公安机关。

**第三十四条** 县级以上人民政府根据禁毒工作需要，可以设立专门场所。对下列符合指定居所监视居住条件的毒品犯罪嫌疑人，可以指定其在专门场所监视居住：

（一）怀孕、正在哺乳自己不满1周岁婴儿的妇女；

（二）患有艾滋病、癌症、尿毒症等传染病、严重疾病的人。

县级以上人民政府应当加强对专门场所的管理和监督，组织财政、卫生、民政等行政主管部门提供医疗卫生服务和救助保障。

## 第四章 戒毒管理和服务

**第三十五条** 各级人民政府通过自愿戒毒、社区戒毒、强制隔离戒毒、社区康复等措施依法开展戒毒工作，并对吸毒人员实行分类评估、分级管理、综合干预，纳入社会综治网格化管理，帮助吸毒人员戒除毒瘾，教育和挽救吸毒人员。

**第三十六条** 公安机关应当对吸毒人员进行普查、登记，实行动态管控。吸毒人员户籍所在地与现居住地不一致的，由现居住地公安机关负责动态管控，户籍所在地公安机关应当予以配合。

**第三十七条** 乡镇人民政府、街道办事处应当成立社区戒毒（康复）工作领导小组及其办公室，配备与任务相适应的专职工作人员，组成社区戒毒（康复）工作小组，具体实施社区戒毒（康复）措施。

社区戒毒（康复）工作小组由社区民警、专职工作人员、医务人员、志愿者、社会工作者以及社区戒毒（康复）人员的家庭成员等组成。

**第三十八条** 社区戒毒（康复）工作人员履行下列职责：

（一）针对社区戒毒（康复）人员吸食毒品种类、吸毒成瘾程度等情况制定帮教和戒毒计划，实行动态管控；

（二）督促社区戒毒（康复）人员履行社区戒毒（康复）协议，对其进行禁毒法制宣传教育、劝导和心理辅导，给予帮扶；

（三）协助公安机关对社区戒毒（康复）人员是否吸毒进行检测；

（四）社区戒毒（康复）工作领导小组交办的其他工作。

**第三十九条** 县级以上人民政府可以在公立医院设立专门区域或者建立专门的戒毒医疗机构，提供戒毒医疗服务，卫生、公安机关等部门应当加强业务指导并给予政策支持。

**第四十条** 自愿戒毒的人员可以到设有专门区域的公立医院、戒毒医疗机构、戒毒康复场所或者强制隔离戒毒所接受戒毒治疗，并签订和履行自愿戒毒协议。

社区戒毒（康复）人员自愿，经执行地乡镇人民政府、街道办事处同意，可以到戒毒康复场所执行社区戒毒（康复）。

**第四十一条** 社区戒毒（康复）人员户籍所在地或者现居住地不具备社区戒毒（康复）条件的，执行地乡镇人民政府、街道办事处可以安排其到戒毒康复场所或者戒毒康复人员集中就业基地接受社区戒毒（康复）。

社区戒毒（康复）人员违反社区戒毒（康复）协议但达不到强制隔离戒毒条件的，执行地乡镇人民政府、街道办事处可以将其变更到戒毒康复场所或者戒毒康复人员集中就业基地执行剩余的社区戒毒（康复）期限。

执行地乡镇人民政府、街道办事处将上述人员送交戒毒康复场所或者戒毒康复人员集中就业基地前，应当征求本人或者其父母、其他监护人同意并签订戒毒（康复）协议。同时，将变更等情况及时通报作出社区戒毒（康复）决定的公安机关。

**第四十二条** 县级以上人民政府根据需要，可以设立关爱机构。对接受社区戒毒（康复）的老、弱、病、残等特殊吸毒人员，执行地乡镇人民政府、街道办事处征求本人或者其父母、其他监护人同意并签订戒毒（康复）协议后，可以送交关爱机构进行集中戒毒（康复）。

**第四十三条**　吸毒成瘾人员被依法决定强制隔离戒毒的，由作出决定的公安机关送交强制隔离戒毒所执行。强制隔离戒毒所应当依法予以接收。

强制隔离戒毒场所应当开辟专门区域收治病、残吸毒人员，实施分类戒治。

**第四十四条**　戒毒（康复）人员在戒毒康复场所、关爱机构、强制隔离戒毒场所患病或者自杀、自伤、自残的，戒毒（康复）机构应当及时进行医疗和救治，并通知其亲属，依法妥善处置；戒毒（康复）人员死亡的，戒毒（康复）机构应当立即报告所属主管机关，并通知其亲属、决定机关和有关部门。戒毒（康复）人员亲属对死亡原因有疑义的，可以委托有资质的机构进行鉴定。

**第四十五条**　对被解除强制隔离戒毒的人员，公安机关应当根据其强制隔离戒毒诊断评估结果，决定是否责令其接受社区康复；但对已强制隔离戒毒 2 次以上的，应当直接作出责令其接受社区康复的决定。

**第四十六条**　戒毒医疗机构、戒毒康复场所、关爱机构或者强制隔离戒毒所应当按照要求采集戒毒（康复）人员的信息和戒毒治疗情况，定期提供给当地公安机关。

参加药物维持治疗的戒毒（康复）人员，按照国家有关规定执行，其登记和脱失的信息由药物维持治疗机构每月向公安机关备案。

**第四十七条**　各级人民政府应当对符合条件的戒毒（康复）人员，采取集中就业安置、分散就业安置、提供公益性岗位、鼓励自主创业等方式进行就业帮扶。

县级以上人民政府应当对参与戒毒（康复）人员就业安置的单位和个人以及自主创业的戒毒（康复）人员按照有关规定给予

经费补助和税收优惠，支持集中安置基地（点）的建设用地和建设经费。

**第四十八条** 严禁吸毒后驾驶机动车、船舶、轨道交通工具、航空器等。

交通运输企业应当建立健全驾驶人员涉毒筛查制度，将吸毒筛查纳入驾驶人员体检项目，并主动接受公安机关的监督检查；发现驾驶人员有吸毒行为的，应当责令其立即停止驾驶，并向公安机关报告。

**第四十九条** 广播影视、网络视听、文艺团体及有关单位依照国家有关规定，对因涉毒行为被公安机关查处未满3年或者尚未戒除毒瘾的人员，不得邀请其作为主创人员参与制作广播影视节目或者举办、参与文艺演出；对上述人员作为主创人员参与制作的广播影视节目以及代言的商业广告节目，不予播出，但进行禁毒宣传教育的除外。

## 第五章 禁毒国际合作

**第五十条** 省人民政府和边境地区州（市）、县（市、区）人民政府及有关部门可以根据国家相关部门授权依法开展禁毒国际交流与合作，与周边国家、地区建立禁毒合作机制，开展情报交流、案件协查、国际合作研究及培训等活动。

**第五十一条** 县级以上人民政府及商务、海关等有关行政主管部门应当支持企业依法出境开展毒品原植物替代产业项目，发展替代产业，执行国家在境外开展替代产业的产品依法提供减免税、市场准入和进出口的便利和优惠政策。

**第五十二条** 各级禁毒委员会应当加强境外毒品原植物替代发展的协调、服务和指导。

## 第六章 禁毒工作保障

**第五十三条** 县级以上人民政府应当加强禁毒队伍建设，保障禁毒工作条件。

对存在职业暴露风险的禁毒工作人员应当由其所在单位定期组织专项体检，并为其办理相应的保险；对禁毒工作中牺牲、伤残的人员及家属进行抚恤和优待。

**第五十四条** 各级人民政府应当根据禁毒工作需要，保障禁毒经费并专款专用，任何单位和个人不得挤占挪用禁毒专项经费。

禁毒警务辅助人员、社区戒毒（康复）专职工作人员的经费实行省、州（市）、县（市、区）三级保障。

**第五十五条** 县级以上人民政府应当加强禁毒教育基地、戒毒（康复）场所、毒品检查站、禁毒情报中心（站）、毒品实验室等禁毒基础设施建设，并按照有关标准配备禁毒装备。

**第五十六条** 省禁毒委员会应当会同公安、司法行政、科技、教育、卫生等行政主管部门制定禁毒科研规划，促进禁毒科研成果转化，开发、引进先进禁毒技术、装备和戒毒方法。

禁毒委员会应当推进禁毒信息化建设，建立毒品监测预警平台，完善毒品监测评估和毒情预警通报制度。禁毒委员会成员单位应当向毒品监测预警平台及时、准确地传送本单位与禁毒工作有关的信息和数据。

**第五十七条** 各级人民政府和有关部门可以通过政府购买服务等方式，购买禁毒宣传、戒毒康复等社会服务；鼓励和引导社会力量参与禁毒工作，支持社会资金参与禁毒公益事业。

## 第七章 法律责任

**第五十八条** 违反本条例规定的行为，法律、行政法规已有处罚规定的，从其规定；构成犯罪的，依法追究刑事责任。

**第五十九条** 各级人民政府和有关部门不履行或者不按照规定履行禁毒工作职责的，由上级机关、主管部门责令限期改正；逾期不改正的，予以通报批评；情节严重的，由有权机关对直接负责的主管人员和其他直接责任人员依法给予处分。

**第六十条** 在生产经营的食品中添加罂粟壳、罂粟籽、罂粟苗等毒品原植物、种子、幼苗及其制品的，由食品监管行政主管部门给予警告，没收违法所得、违法生产经营的食品和原料，可以处500元以上2000元以下罚款；情节严重的，处2000元以上1万元以下罚款。

**第六十一条** 药品生产、批发、零售企业发现出售的含麻黄碱类复方制剂被用于非法目的，或者超过正常医疗需求，大量、多次购买含麻黄碱类复方制剂，未立即停止销售并向有关部门报告的，由药品监管行政主管部门予以警告，并处1万元以上3万元以下罚款。

**第六十二条** 旅馆、洗浴、会所、茶馆、酒吧、歌舞厅、网吧等娱乐服务场所的经营者、管理者，在其场所内发现涉毒违法犯罪活动未报告的，由公安机关对单位处1万元以上3万元以下罚款，对直接负责的主管人员和其他直接责任人员，处5000元以上2万元以下罚款；情节严重的，责令限期停业整顿；处罚后再次发生上述行为的，由有关部门依法吊销许可证。

前款规定的场所限期停业整顿期间，不得变更法定代表人、负责人和企业名称等事项，不得使用该场所地址作为新设立同类场所的住所、经营场所。

**第六十三条** 房屋出租人、管理人、物业服务企业发现出租房屋内有涉毒违法犯罪活动未报告的，由公安机关对个人按照《中华人民共和国治安管理处罚法》的相关规定予以处罚；对单位予以警告，并处1万元以上3万元以下罚款。

**第六十四条** 邮政、寄递、物流等经营单位未实行寄递实名登记、收寄验视、信息保存、收寄人员培训等制度，由有关行政主管部门责令改正，予以警告；导致收寄、承运毒品，发生涉毒案件的，处1万元以上3万元以下罚款；情节严重的，可以责令限期停业整顿。

**第六十五条** 为无法提供合法来源证明及相关许可文件的易制毒化学品提供运输、仓储等服务的，有违法所得的，由公安机关没收违法所得，并处以违法所得2倍以上5倍以下罚款；无违法所得的，处1万元以上3万元以下罚款。

**第六十六条** 单位或者个人制作、发布、传播、转载、链接涉毒违法信息的，或者互联网服务提供者及网络空间的创建者、管理者发现他人利用互联网、网络空间进行涉毒违法犯罪活动，未向公安机关报告并采取停止传播、保存记录等措施的，由公安机关予以警告，没收违法所得，对单位处1万元以上3万元以下罚款，对个人处2000元以上5000元以下罚款；情节严重的，对单位处5万元以上15万元以下罚款，对个人处5000元以上1万元以下罚款，对互联网服务提供者可以责令限期停业整顿。

**第六十七条** 交通运输企业未建立驾驶人员涉毒筛查制度的，由交通管理部门责令改正，逾期不改正的，予以警告，并处5000元以上2万元以下罚款；交通运输企业发现驾驶人员有吸毒行为，未责令其立即停止驾驶并向相关部门报告的，由交通管理部门责令改正，处1万元以上5万元以下罚款；情节严重的，处5万元以上10万元以下罚款，并依法吊销相关许可证。

**第六十八条** 制作、播出广播影视节目或者举办文艺演出，邀请因涉毒行为被公安机关查处未满3年或者尚未戒除毒瘾的人员作为主创人员的，由文化、广播电视行政主管部门按照职责对邀请方、播出方责令改正，处5万元以上15万元以下罚款。

播出上述人员代言的商业广告节目的，由市场监管行政主管部门责令停止发布广告，处广告费用1倍以上3倍以下罚款。

## 第八章　附　　则

**第六十九条**　本条例自 2018 年 6 月 1 日起施行，2005 年 3 月 25 日云南省第十届人民代表大会常务委员会第十五次会议通过的《云南省禁毒条例》同时废止。

# 《云南省禁毒条例》释义

## 第一章　总　　则

**【本章立法背景】**毒品是人类社会的公害，是涉及公共安全和社会治理的重要问题，不仅严重侵害人的身体健康，销蚀人的意志，破坏家庭幸福，而且严重消耗社会财富、毒化社会风气、污染社会环境，同时极易诱发一系列犯罪活动。尽管世界各国奋力反击，但是毒品依然肆虐横行。

1. 全球禁毒形势不容乐观

当前，国际毒潮持续泛滥，一些国家特别是“金三角”“金新月”和南美地区毒情形势恶化，全球制造、走私、贩运、滥用毒品问题更加突出，毒品来源、种类、吸毒人数不断扩大，严重威胁人类健康、发展、和平与安全。据国际禁毒组织统计，全球每年至少吸毒一次的人数约有 2.75 亿人，约占全球 15 岁至 64 岁人口的 5.6%；全球吸毒成瘾者近 3000 万人；合成毒品市场不断扩张，苯丙胺类毒品缴获量不断增长；新精神活性物质问题快速发展，110 个国家和地区已累计发现 9 大类 800 余种，处方药物的非医疗使用和非药用类麻醉药品和精神药品滥用正成为全球公共卫生和执法的主要威胁；全球毒品市场正在扩大，在多个方面构成多重挑战，吸贩毒人员通过暗网交易毒品越来越多，交易量以每年 50% 的增速递增。随着经济全球化和社会信息化加快发展，世界范围毒品问题泛滥蔓延，特别是周边毒源地和国际贩毒集团对中国的渗透不断加剧，已成为中国近年来毒品犯罪高发、滥用加剧的重要外部因素。

2. 国内毒品形势日益严峻①

新时期，我国面临的毒品形势可以说是越来越严峻、复杂，毒品滥用问题总体仍呈蔓延之势，毒品种类、滥用结构发生新变化。

毒品滥用方面。一是毒品滥用规模增幅下降，吸毒人员滋生减缓。截至2017年年底，全国现有吸毒人员255.3万名（不含戒断三年未发现复吸人数、死亡人数和离境人数），同比增长1.9%，增幅较上年下降5个百分点。其中，不满18岁1.5万名，占0.6%；18岁至35岁141.9万名，占55.6%；36岁至59岁109.9万名，占43%；60岁以上2万名，占0.8%。2017年，全国查获35岁以下青少年吸毒人数同比下降19%，其中新发现人数同比下降29.3%，占新发现人员总数的比例同比下降2.2%，青少年毒品预防教育成效继续得到巩固。二是合成毒品滥用仍居首位，所占比例出现下降。在全国现有255.3万名吸毒人员中，滥用合成毒品人员153.8万名，占60.2%，较上年下降0.3个百分点；滥用阿片类毒品人员97万名，占38%，较上年下降0.1个百分点；滥用大麻、可卡因等毒品人员4.6万名，占1.8%。2017年，全国新发现吸毒人员34.4万名，其中滥用合成毒品人员占77.1%，较上年下降4个百分点；滥用海洛因等阿片类毒品人员占16.6%，较上年上升0.8个百分点；滥用大麻、可卡因等毒品人员占6.3%。2017年，全国查获复吸人员53.2万人次，其中滥用合成毒品人员占60.1%，较上年下降2个百分点；滥用阿片类毒品人员占39.2%，较上年上升1.8个百分点；滥用大麻、可卡因等毒品人员占0.7%。2017年，合成毒品滥用占比出现下降，大麻、可卡因等毒品滥用占比上升，毒品滥用种类更加多元化。三是合成毒品变异加快，新类型毒品不断出现。据国家毒品实验室检测，2017年新发现新精神活性

① 引自《2017年中国毒品形势报告》。

物质34种，国内已累计发现230余种，尚未形成滥用规模。一些不法分子通过改变形态包装，生产销售“咔哇潮饮”“彩虹烟”“咖啡包”“小树枝”等新类型毒品，花样不断翻新，具有极强的伪装性、迷惑性和时尚性，以青少年在娱乐场所滥用为主。四是毒品滥用危害极大，影响社会治安稳定。据统计，2017年全国公安机关抓获的非涉毒类刑事犯罪嫌疑人中，吸毒人员共15.2万名，占10.3%。吸毒不仅严重侵害人的身体健康、销蚀人的意志、破坏家庭幸福，而且严重消耗社会财富、毒化社会风气、污染社会环境，尤其是长期滥用合成毒品极易导致精神性疾病，由此引发的自伤自残、暴力伤害、毒驾肇祸等极端案事件屡有发生。

毒品来源方面。一是境外毒品渗透仍呈加剧势头。“金三角”“金新月”和南美三大毒源地毒品对中国形成全面渗透之势，境外贩毒势力与境内贩毒团伙结成贩毒网络，贩毒团伙结构更加复杂，贩毒路线不断变化，贩毒规模不断扩大，贩毒手段不断升级，现实危害和潜在威胁进一步加大。据中国国家禁毒委员会办公室与缅甸中央肃毒委员会、老挝禁毒委员会合作开展卫星遥感监测数据显示，2016年至2017年生长季，缅北、老北地区罂粟种植面积共60万亩，同比下降19.6%，可产鸦片550多吨。另据联合国毒品和犯罪问题办公室、阿富汗禁毒部联合发布的调查报告显示，2017年，阿富汗罂粟种植面积490万亩，可产鸦片9000吨，同比分别增长63%和87%，创历史新高。2017年，中国破获涉“金新月”海洛因入境案件25起，缴获“金新月”海洛因101.8公斤，同比增长3.2倍，主要通过航空渠道迂回中东、非洲国家，“点对点”从东南沿海入境，或从中国西北边境地区渗透。南美贩毒集团与中国毒贩相互勾结，通过海上渠道将大宗可卡因从东南沿海港口贩运入境，并在广东等地囤积，再采取“蚂蚁搬家”等方式贩往中国香港、澳大利亚、新西兰等地区和国家。与此同时，也有少量可卡因通过航空等渠道向中国渗透。二是国内制毒犯罪势头得到遏制，但情况更趋复杂。在强力打压下，制毒活动不断从广东、福建等重点地区向其他地区特别是管控薄弱地区转移，合成毒品和制毒物品的获取难度加大，出现掺杂掺假、多点拼货、价格上涨等情况。同时，全国已有29个省份出现制毒活动，地下制毒产业链依然存在，制毒窝点逐步转向偏远、便于藏匿、易于逃离的省市县交界地带，有的制毒分子甚至潜入深山林区、海上或者在改装的流动货车上制造毒品，隐蔽性、流动性明显增强，发现难度更大。三是制毒物品流入制毒渠道问题受到遏制，但形势依然严峻。受制毒原料需求旺盛的影响，国内非法生产、买卖、运输和走私制毒物品违法犯罪活动依然活跃，一些地方出现了专门为制毒活动提供化学品和设备的职业犯罪团伙，形成代理采购、按需打包、套餐供应的销售模式。同时，制毒物品更新替代加快，一些不法分子为了逃避法律制裁，越来越多地利用非列管化学品非法生产制毒物品，尤其是进口非列管化学品流入中国制毒渠道增多，国内破获的多起制毒案件现场发现了来自意大利、约旦、日本等国的进口非列管化学品。

毒品贩运方面。随着互联网、物流快递等新业态迅猛发展，不法分子越来越多地应用现代技术手段，全方位利用陆海空邮渠道走私贩运毒品，贩毒手段的科技化、智能化明显升级。一是跨国跨境贩毒增多，受缅北、西非、南美等地国际贩毒集团雇佣，一些外国籍人员充当运毒工具，携带毒品走私入境，我国港台籍毒枭、华裔不法分子充当毒品犯罪幕后组织者、资金提供者，通过网上招募雇佣、指挥操纵内地不法分子走私贩毒。二是互联网成为贩毒人员勾连交易的平台，不法分子通过互联网发布、订购、销售毒品和制毒物品，物色、诱骗、招募“马仔”运毒，“入伙”需要熟人介绍，通信联络使用隐语、暗语，交易采用微信、支付宝、Q币、比特币等在线支付方式，交易两头不见人，贩毒活动在互联网上更加隐蔽。三是“海陆空”仍为贩毒主要渠道，2017年，全国破获陆路贩毒案件5.7万起，占全国案件总数四成以上，缴获各类毒品

48.3 吨，占全国缴毒总量一半以上；铁路渠道缴毒 2.2 吨，同比上升 63%；海上大宗毒品贩运更加突出，全年破获海上贩毒大案 35 起，缴获毒品 7 吨多、制毒原料近 4 吨；利用航空渠道人体藏毒、行李夹带毒品案件多发，全年航空渠道缴毒 570 公斤，同比上升 58.9%。四是寄递物流贩运毒品愈加突出，贩毒分子利用寄递物流渠道，通过假名、藏匿、夹带等手段走私贩运毒品，国际快递已成为跨国贩毒集团向中国走私大麻、恰特草等毒品和中国毒品走私出境的“双向渠道”。五是外流贩毒活动仍很活跃，一些地方形成家族式、地域性的外流贩毒团伙，四川、湖南、广西、贵州、湖北、重庆等地是主要流出地，广东、云南、浙江、福建、江苏、上海等地是主要流入地，全年抓获外流贩毒人员 3 万名，其中严重病残等特殊群体贩毒人员 1693 名。部分地区毒贩还外流至“金三角”地区，与缅北毒枭结成跨国跨区域贩毒团伙网络，多层级策划指挥向中国境内大肆贩运毒品。

3. 云南禁毒任务艰巨繁重

云南是边境大省，毗邻世界海洛因、冰毒的主要产销地“金三角”地区，是全国禁毒斗争的最前沿和主战场，独特的地理位置形成了特殊的禁毒工作现状。近几年，受国际环境和各种消极因素影响，国际毒品持续泛滥和我国毒品问题进入加速蔓延期，云南面临的毒情形势日益严峻。“金三角”地区毒品制贩加剧，境外毒品对我省呈全线渗透之势；大宗贩毒、武装贩毒、特殊人群贩毒活动猖獗，易制毒化学品走私外流加剧；吸毒人员不断增加，传统毒品危害不减，合成毒品问题压力增大。毒品问题严重危害人民群众身心健康，败坏社会风气，诱发其他违法犯罪，与恐怖活动、有组织犯罪互相交织，严重影响社会和谐稳定，危害国家安全。在境外毒源短期内难以消除和国内毒品消费需求不断增长的情况下，当前和今后一个时期，云南将处于毒品犯罪问题高发期和毒品问题治理攻坚期，禁毒任务十分艰巨繁重。

一是境外“金三角”毒品渗透不断加剧。“金三角”缅北、老北罂粟种植面积仍保持着较大的规模，同时制贩冰毒等合成毒品规模不断扩大。近年来，随着我国加大对“金三角”政治施压与毒品替代发展援助，其罂粟种植规模大幅度减少，鸦片、海洛因产量有所减低，但是“金三角”对毒品经济的依赖局面仍然没有根本性改变。只是将生产方向由传统的鸦片类毒品逐步转向以制贩冰毒为主，尤其是缅北毒品生产已呈海洛因与冰毒共存的态势。在本世纪初，“金三角”地区的毒品格局中，“冰毒”得到了迅速发展，并逐步取代海洛因成为主流毒品。“金三角”毒品源源不断生产出来后，要么沿湄公河南下，通过缅甸、泰国等贩运到世界各地，要么就是通过云南、广西渗透到中国，一部分就地消费，一部分再转运到欧美市场。因此云南首当其冲成为“金三角”毒品渗透的主要目标，长期成为毒品的集散地和中转地。

二是毒品走私贩运日益突出。多年来，云南各级禁毒执法部门不断坚定“边境多缉一分毒，内地少受十分害”的理念，始终把堵源截流作为禁毒工作的首要任务，以公安机关禁毒、边防部门为主力军，铁路、机场、海关缉私等警种和派出所全警参与，以“抓毒枭、打团伙、摧网络、断通道”为重点，不断强化大要案件侦查，严密“陆水空邮物”立体毒品查缉防控网络，千方百计将毒品堵在境外，查在省内，最大限度减少内流，减轻对全国的危害。2011年至2015年，全省共查破毒品违法犯罪案件9.5万起，抓获毒品违法犯罪嫌疑人10.2万人，缴获毒品94.7吨。5年各级检察院共受理提请批准逮捕涉毒案件数29458件、犯罪嫌疑人数44677人，批准逮捕案件数27021件、犯罪嫌疑人数38255名。各级法院共受理各类毒品案件27485件，审结27098件，判处毒品罪犯27266人。2016年，全省共破获毒品刑事案件1.3万起，抓获犯罪嫌疑人1.4万人，缴获毒品23.61吨。自2016年开展第四轮禁毒人民战争以来，共破获毒品刑事案件3.2万起，抓获犯罪嫌疑人3.3万名，缴获毒品61吨、制毒物品3119吨。其中，2018年1月至5月，共破获毒品刑事案件5453起，抓获犯罪嫌疑人5648

人，缴获毒品 11.69 吨，较去年同期相比分别上升 4.8%、6.9%、28.3%。

三是毒品滥用形势依然严峻。截至 2014 年年底，全省累计登记吸毒人员 18.5 万人，居全国第六位，比 2011 年年初增加 7.58 万人。2014 年全省新发现吸毒人员 2.4 万人，增幅虽低于全国，但吸食海洛因等传统毒品人员达 15.3 万人，戒断巩固难；滥用合成毒品人员增长迅速，仅 2014 年就发现 1.04 万人，同比上升 84%。

近年来，云南吸毒人数继续增加，截至 2017 年年底，全省吸毒人员已达 15.7 万人，居全国第 5 位。

**第一条　为了预防和惩治毒品违法犯罪，保护公民身心健康，维护社会秩序，根据《中华人民共和国禁毒法》《戒毒条例》等有关法律法规，结合本省实际，制定本条例。**

**【本条主旨】** 本条是关于《云南省禁毒条例》立法目的和立法依据的规定。

**【立法依据】** 制定本条例的法律依据是《宪法》《立法法》《禁毒法》《治安管理处罚法》《戒毒条例》《易制毒化学品管理条例》等；政策依据是中共中央、国务院《关于加强禁毒工作的意见》，中共云南省委、省政府《关于进一步加强禁毒工作的实施意见》等；现实依据是毒品形势不断变化，新型化学合成类毒品泛滥及跨国毒品犯罪加剧，对禁毒宣传教育、毒品管制、戒毒措施和国际禁毒合作提出了新的要求。

**【立法目的】** 明确制定本条例的目的和依据。

**【条文详解】** 制定本条例的目的主要是为了更好地预防和惩治毒品违法犯罪行为，减少毒品对云南的危害，保护云南省公民身心健康，维护云南省社会秩序。

1. 地方立法权限

《宪法》第 100 条规定，省、直辖市的人民代表大会和它们的常务委员会，在不同宪法、法律、行政法规相抵触的前提下，可以制定地方性法规，报全国人民代表大会常务委员会备案。

《立法法》第 72 条第 1 款规定，省、自治区、直辖市的人民代表大会及其常务委员会根据本行政区域的具体情况和实际需要，在不同宪法、法律、行政法规相抵触的前提下，可以制定地方性法规。

2.《禁毒法》的制定实施

禁毒工作关系到国家和民族的兴衰存亡，党和国家对此一贯高度重视。1990 年 12 月，全国人大常委会通过了《全国人民代表大会常务委员会关于禁毒的决定》（已失效）；1995 年 1 月、2005 年 7 月和 2005 年 8 月，国务院又先后制定了《强制戒毒办法》（已失效）、《麻醉药品和精神药品管理条例》（已被修改）和《易制毒化学品管理条例》（已被修改）。这些有关法律问题的解决和行政法规的施行，对于依法预防和惩治毒品违法犯罪行为、维护社会治安秩序、保护公民身心健康发挥了重要作用。①

2007 年 12 月 29 日，第十届全国人民代表大会常务委员会第三十一次会议审议通过了《禁毒法》，并于 2008 年 6 月 1 日起施行。这是为应对毒品违法犯罪形势、适应禁毒工作发展需要，在总结多年来禁毒斗争实践经验、吸收国内外已有法律规定、广泛听取各方意见的基础上，制定的第一部全面规范的中国禁毒工作的重要法律，是指导中国禁毒工作的基本法。《禁毒法》共 7 章 71 条，遵循“专群结合”、预防与惩治相结合、教育与救治相结合的原则，明确了禁毒工作方针、领导体制、工作机制、保障机制、法律责任，规范了禁毒宣传教育、毒品管制、戒毒措施、国际合作等业务工作。它的颁布实施，进一步彰显了中国政府厉行禁毒的一贯立

① 张新枫，郜风涛.《戒毒条例》释义. 中国长安出版社，2011.

场和坚定决心，完善了中国预防和惩治毒品违法犯罪的法律体系，对于依法全面推进中国禁毒事业具有重要意义。

3.《戒毒条例》的制定实施

在《禁毒法》实施三年之后，《戒毒条例》[①] 于2011年6月22日由国务院第160次常务会议通过，并于2011年6月26日公布施行。《戒毒条例》对促进戒毒工作具有重要的积极意义，它包括建立戒毒保障机制、建立戒毒工作体系、细化戒毒法律责任和明确戒毒法规效力四个方面，其主要内容在于规定了自愿戒毒、社区戒毒、强制隔离戒毒和社区康复四种戒毒措施的执行问题，为每一项戒毒措施都规定了相应的具体制度，从而解决了对《禁毒法》的具体理解和实际执行问题。这些规定在价值理念上体现了对戒毒人员的权利保障、注重戒毒政策的科学要求和加强戒毒工作的社会联动。《戒毒条例》的颁布对促进戒毒工作具有重要的积极意义，标志着具有中国特色的禁毒法律制度的体系已经建立。[②]

4. 云南禁毒法制建设

由于特殊的地理位置，自20世纪70年代末以来，云南成为毒品与艾滋病的重灾区。毒品严重危害人民身体健康、家庭幸福和社会治安，长期以来禁毒工作都是云南省的重点工作之一。早在1989年，云南省人大常委会通过了《云南省严禁毒品的行政处罚条例》，省政府颁发了《云南省严禁吸食毒品的实施办法》《云南省严格管理四种特殊化学物品的规定》和《云南省强制戒毒所管理办法》。1990年全国人大常委会《关于禁毒的决定》（已失效）公布后，根据云南禁毒形势的紧迫性和实际情况，云南省人大常委会于1991年通过了《云南省禁毒条例》，云南省成为全国最早制定地方性禁毒法规的省份。

---

① 本条例已根据2018年9月18日国务院令第703号《国务院关于修改部分行政法规的决定》修正。

② 胡江．制度细化与理念更新：《戒毒条例》解读．福建警察学院学报，2011(5).

随着禁毒形势的变化，云南省第十届人民代表大会常务委员会第十五次会议于2005年3月25日废止了1991年的《云南省禁毒条例》，并通过了新的《云南省禁毒条例》，该条例于2005年5月1日起施行，近十年来一直作为具体指导云南开展禁毒工作的主要地方性法规，对于云南省推动禁毒人民战争开展、创建“平安云南”和构建社会主义和谐社会起到了重要的现实意义。

5. 修订《云南省禁毒条例》的必要性

依法开展禁毒工作是实现规范、高效禁毒的必要保障，地方性禁毒法规作为国家法律、行政法规的必要补充，是指导地方具体开展禁毒工作的规范性文件，有着非常重要的意义。

随着2008年《禁毒法》、2011年《戒毒条例》的相继施行，由于2005年的《云南省禁毒条例》先于《禁毒法》和《戒毒条例》制定，其在方针、内容、体例等方面存在与《禁毒法》和《戒毒条例》相左之处，突出体现在禁毒方针、禁毒体制、毒品管制、戒毒措施等规定的不同和缺少与其他国家开展禁毒合作的规定等方面。例如：2005年《云南省禁毒条例》对宣传教育有所规定，规定了负有开展禁毒宣传教育职责的单位，包括广播电视、新闻出版、文化等部门；工会、共青团、妇女联合会等人民团体和有关社会团体；教育行政主管部门和学校；社区、村（居）民委员会；机关、企业事业单位或者其他组织；未成年人父母或者其他监护人等。但并没有将飞机场、火车站、长途汽车站、码头、旅店和娱乐场所等人流量大、人员结构复杂，容易滋生吸、贩毒的场所和机构纳入宣传教育承任人范围。再如：第三十四、三十五、三十六条是对吸毒人员经强制戒毒后又吸食、注射毒品实行劳动教养的规定，这与《禁毒法》《戒毒条例》对戒毒模式的规定明显相悖，更为重要的是，2013年12月全国人大常委会通过了《关于废止有关劳动教养法律规定的决定》，意味着已实施50多年的中国劳教制度被依法废止，这使《云南禁毒条例》中关于吸毒人员劳动教养的规定与现实明显脱节。诸如此类的问题还有很多，将在后面的具体条文中详解，在此就不一一列举。

云南省在禁毒地方性立法方面走在了全国的前列，当禁毒形势和国家禁毒基本法律发生变化后，云南省也应当及时做出回应，对现有《云南省禁毒条例》进行修订，以保证云南禁毒工作更合法、合规、合理的开展。

**第二条　本省行政区域内的禁毒宣传教育、毒品管制、戒毒管理和服务、禁毒国际合作、禁毒保障等工作，适用本条例。**

**【本条主旨】**本条是关于《云南省禁毒条例》适应范围和调整对象的规定。

**【立法依据】**《立法法》第73条规定，(1) 为执行法律、行政法规的规定，需要根据本行政区域的实际情况作具体规定的事项；(2) 属于地方性事务需要制定地方性法规的事项，除本法第八条规定的事项外，其他事项国家尚未制定法律或者行政法规的，省、自治区、直辖市和设区的市、自治州根据本地方的具体情况和实际需要，可以先制定地方性法规。制定地方性法规，对上位法已经明确规定的内容，一般不作重复性规定。

**【立法目的】**立法首先规定调整对象和范围的意义在于使该法所要解决的问题和所要规范的社会关系成为明确的有限的目标，防止范围无限扩大或不确定而无法解决问题。本条目的在于明确本条例的调整对象是在云南省行政区域内的一切与禁毒相关的工作。主要包括：禁毒宣传教育、毒品管制、戒毒管理和服务、禁毒国际合作、禁毒保障工作等。此外，在云南省行政区域内开展的所有生产、经营等活动，以及个人生活、工作等，均属本条例的调整范围。

**【条文详解】**

1. 本省行政区域

这里的本省行政区域是指云南省的行政区域。云南简称“云”

或“滇”，地处中国西南边陲，北回归线横贯南部。总面积39.4万平方公里，占全国总面积的4.1%。东与广西壮族自治区和贵州省毗邻，北以金沙江为界与四川省隔江相望，西北部与西藏自治区相连，西部与缅甸唇齿相依，南部与老挝、越南接壤。下辖地级市8个、少数民族自治州8个、市辖区17个、县级市16个、县67个、少数民族自治县29个。

云南是全国边境线最长的省份之一，有8个州、市的25个边境县分别与缅甸、老挝和越南交界，拥有国家一类口岸16个、二类口岸7个，与缅甸、越南、老挝三国接壤；与泰国和柬埔寨通过澜沧江–湄公河相连，并与马来西亚、新加坡、印度、孟加拉国等国邻近，是我国毗邻周边国家最多的省份之一。

2. 禁毒宣传教育

我国现行的禁毒方针是“预防为主，综合治理，禁种、禁制、禁贩、禁吸并举”，这说明“预防”是禁毒的重中之重，而预防的主要措施就是禁毒宣传教育。禁毒宣传教育也叫毒品预防教育，顾名思义就是通过大力宣传毒品危害、禁毒法律法规政策、毒品违法犯罪后果以及禁毒工作成效等，以警示、教育人民群众远离毒品，从而实现禁毒目标的一种措施。《禁毒法》第二章专门用了8个条款，从国家、各级人民政府、社会团体、学校、家庭、新闻媒体、特种行业及特殊场所等方面对禁毒宣传教育作出了义务性规定。《禁毒法》实施以来，我国新增吸毒人员呈现逐年递减之势，说明禁毒宣传教育取得了明显成效。本条例在《禁毒法》的框架下，结合本省实际，对禁毒宣传教育的措施作出了更为具体的规定，更具有操作性和实用性。主要特点：一是明确了政府建立毒品预防教育工作体系的要求；二是明确了禁毒工作的措施、方式；三是细化了有关部门、单位毒品预防教育的职责、任务；四是明确了教育主管部门、学校在毒品预防教育工作中的要求，规定学校不得以吸毒为由开除未完成义务教育、未成年学生的学籍；五是明确了流动人口、娱乐服务场所等特殊群体、特定场所毒品预防教育的措施和要求。

近年来，云南全省各地、各部门以《禁毒法》《戒毒条例》为依据，以防范冰毒危害为主要内容，以青少年和外出务工人员、无业闲散人员、流动人口和娱乐场所从业人员等高危人群为重点，发动宣传、教育、广播电视、文化、工商、民政、人口计生委、工会、共青团、妇联、公安、铁路、民航等部门，有针对性地开展禁毒宣传教育。推进禁毒宣传教育进社区、进农村、进学校、进场所、进单位、进家庭的“六进”活动，开展禁毒宣传月、春运“流动课堂”、“不让毒品进校园”、交通沿线识毒拒毒反毒、物流和寄递业禁毒宣传等活动；利用报刊、电视广播、网络微博、手机短信等宣传手段，不断扩大禁毒宣传教育覆盖面；建立新闻发布制度，组织公安、新闻办等部门及时向社会通报禁毒人民战争成果，大张旗鼓地表彰奖励群众性禁毒行动，人民群众识毒、防毒和拒毒意识不断增强，参与禁毒斗争的积极性进一步提高。2013 年至 2017 年 9 月，全省通过群众检举揭发共破获毒品犯罪案件 1.07 万起，缴获毒品 13.8 吨。2016 年以来，新生吸毒人员的增速呈现稳中趋缓的态势，遏制吸毒群体扩大取得了可喜成效。

3. 毒品管制

毒品管制是指国家为保护公民身心健康，维护社会秩序而对能够使人形成瘾癖的麻醉药品和精神药品所进行的管理和制约行为。毒品危害世界，所有国家无一幸免，因此几乎所有国家都对毒品实行了严厉管制。我国《刑法》对涉及毒品的犯罪规定了 11 条罪名，分别是：走私、贩卖、运输、制造毒品罪（第 347 条），非法持有毒品罪（第 348 条），包庇毒品犯罪分子罪（第 349 条），窝藏、转移、隐瞒毒品、毒赃罪（第 349 条），非法生产、买卖、运输制毒物品、走私制毒物品罪（第 350 条），非法种植毒品原植物罪（第 351 条），非法买卖、运输、携带、持有毒品原植物种子、幼苗罪（第 352 条），引诱、教唆、欺骗他人吸毒罪（第 353 条），强迫他人吸毒罪（第 353 条），容留他人吸毒罪（第 354 条），非法提供麻醉药品、精神药品罪（第355条）。《禁毒法》第三章共12条对毒品行政管理制度作了规定，主要包括：对毒品原植物、麻醉药品、精神药品和易制毒化学品的管制措施以及对易涉毒场所、行业和涉毒物品的管理等。本条例第三章则用了18条对毒品管制的措施进行了细化，主要亮点有：一是明确了基层政府组织巡查、制止、铲除非法种植毒品原植物的要求；二是明确了有关部门、机构发现可能用于制造毒品、具有成瘾性且易被滥用物质的报告制度；三是强化了含麻黄碱类复方制剂的管理措施，明确了服务业经营者、管理者落实禁毒防范措施的要求；四是强化了邮政、寄递、物流运输、仓储等经营单位及其从业人员的禁毒责任；五是明确了查处网络涉毒行为的机制，强化了网上涉毒违法信息的监测、处理措施；六是明确了尚未纳入国家易制毒化学品管理但易用作制毒原料或者配剂的化学品管理措施；七是明确了对不能羁押且无固定住所的特定毒品犯罪嫌疑人，可以指定其在关爱机构进行收治、救助的要求。

近年来，云南全省公安机关不断创新打击毒品犯罪的措施和方法，积极推进“5·14”堵源截流工作机制及打击制毒犯罪“4·14”专案工作，着力加强信息化条件下情报服务实战能力建设，构建全时空查缉体系，强化大要案件全链条打击，严打零星贩毒，统筹加强打击和防范制毒物品违法犯罪，扎实开展泛西南、泛珠三角等跨区域禁毒警务合作，全力筑牢堵源截流钢铁防线。2013年至2017年9月，全省共查破毒品违法犯罪案件9.8万起，抓获毒贩10.4万人，缴获各类毒品106.8吨、制毒物品3642.5吨，为减轻“金三角”毒品对全国的危害作出了突出贡献。

4. 戒毒管理和服务

戒毒是指运用科学方法与手段，帮助吸毒人员实现生理脱毒、心理脱瘾和重返社会的专门措施。我国历来重视对吸毒人员的挽救和关爱，《禁毒法》第四章共用22条对戒毒工作作了规定，并确定了自愿戒毒、社区戒毒、强制隔离戒毒和社区康复四种戒毒措施。为了进一步规范戒毒工作，帮助吸毒成瘾人员戒除毒瘾，维护社会秩序，根据《禁毒法》，国务院制定了《戒毒条例》。为了进一步厘清社区戒毒（康复）职责，强化戒毒管理与服务措施，本条例第四章用15条做出了更具体的规定：一是明确了政府及其有关部门、单位在自愿戒毒、社区戒毒、强制隔离戒毒、社区康复等工作中的措施和责任；二是明确了政府可以建立戒毒医疗机构或者在有条件的公立医院设立专门区域，提供戒毒医疗服务；三是明确了政府可以对老、弱、病、残等特殊吸毒人员进行集中戒毒康复的要求；四是明确了预防毒驾行为的措施和管理要求；五是明确了涉毒演艺人员的演艺活动及其相关单位的监管制度。

为了挽救吸毒人员、帮助他们成功戒毒并重新回归社会、实现就业，并以此降低毒品消费、减少毒品引发的犯罪活动，云南省创新戒毒康复体制，强化吸毒人员管控，形成了“部门协同、社会共治”的禁吸戒毒工作格局。公安、卫生、司法行政等有关部门积极创新戒毒康复理念，完善戒毒康复模式，集中开展“大排查”“大收戒”“大管控”行动，坚持“应收尽收”。全省乡（镇、街道办）成立社戒社康工作机构，配备专职工作人员；建成开远“雨露社区”、昆明“和谐家园”等戒毒康复场所；开设药物维持治疗门诊；安置戒毒康复人员就业，最大限度戒治挽救吸毒人员，推进平安中国、法治中国建设。

5. 禁毒国际合作

中共中央、国务院《关于加强禁毒工作的意见》强调，“要务实开展禁毒国际合作，将禁毒国际合作作为对外执法安全合作的重要内容，认真履行国际禁毒公约义务，积极参与联合国禁毒机构倡导的活动，建立与世界各国和国际组织多层次、全方位的禁毒国际合作格局。”《禁毒法》第56条规定，经国务院公安部门批准，边境地区县级以上人民政府公安机关可以与有关国家或者地区的执法机关开展执法合作。

云南省作为边境省份，担负着落实国家禁毒委员会安排的有关专项工作的职责，多年来在禁毒国际合作方面取得了突出成效：一是推进双边、多边区域禁毒合作机制及边境禁毒联络官办公室制度，积极参与东南亚多边禁毒合作，不断完善构建澜沧江-湄公河次区域（中、老、缅、泰）多边禁毒合作机制。二是充分利用优势资源，推进对周边国家援助培训长效机制。目前，对缅甸禁毒执法培训已覆盖了缅北所有缉毒队，部分缉毒警察已成长为高级警官。经过多年开展的培训工作，提高了外方禁毒学员禁毒执法能力，为双方禁毒合作打下了坚实基础。三是把开展境外毒品替代发展作为禁毒除源战场的重大举措之一，采取一系列措施，主动支持配合商务等部门推进境外罂粟替代发展工作。多年来，在党中央、国务院的领导下，云南省委、省政府高度重视，各级禁毒委员会不断加强境外毒品原植物替代发展的协调、服务和指导工作，紧紧围绕“禁种除源、经济发展、社会和谐、周边安全”的工作目标，以经济合作方式，以项目带动形式，支持鼓励国内企业赴缅甸、老挝北部地区开展罂粟替代种植，发展替代产业，在境外禁种除源、促进当地经济社会发展、提高群众生产生活质量等方面取得了显著成效。

6. 禁毒保障

禁毒工作需要强有力的保障机制才能够发挥各部门作用，取得实效。禁毒保障包括组织保障、经费保障、基础设施保障、装备保障和科技保障等方面。为了强化禁毒工作保障制度，发挥禁毒参与者的积极性，提高禁毒工作实效，本条例一是明确了政府加强禁毒队伍建设的要求；二是明确了禁毒工作经费保障措施和使用原则；三是明确了禁毒基础设施和信息化建设、禁毒科研、装备配备等要求；四是明确了政府通过委托、承包或者采购服务等方式，积极引导社会力量参与禁毒工作要求。

近年来，云南全省各级各部门深入贯彻落实习近平总书记对禁毒工作的重要指示、批示精神，按照中央加强禁毒工作系列决策部署和省委、省政府关于禁毒工作的指示要求，坚守毒品一日不绝、禁毒一刻不止的初心，以对党和人民事业高度负责的政治责任感，全力夺取禁毒人民战争新胜利。各级党委、政府和有关部门把强化保障作为推进禁毒人民战争的必要条件，通过积极争取，中央财政在原投入不变的基础上，“十二五”期间为云南省增加禁毒经费8.7亿元；省财政禁毒经费增至每年1.2亿元。同时，为禁毒一线配发了大批禁毒装备，新建了一批查缉站点、情报站和戒毒康复场所，提高了禁毒工作效能。在队伍建设上，把政治建警放在首要位置，加强实战培训，不断推进禁毒信息化、执法规范化建设，有效提高禁毒执法人员的业务技能和执法水平。

**第三条　本条例所称毒品，是指鸦片、海洛因、甲基苯丙胺(冰毒)、吗啡、大麻、可卡因，以及国家规定管制的其他能够使人形成瘾癖的麻醉药品和精神药品。**

**【本条主旨】**本条是关于毒品概念的界定。

**【立法依据】**《刑法》第357条规定，本法所称的毒品，是指鸦片、海洛因、甲基苯丙胺（冰毒）、吗啡、大麻、可卡因以及国家规定管制的其他能够使人形成瘾癖的麻醉药品和精神药品。《禁毒法》第2条规定，本法所称毒品，是指鸦片、海洛因、甲基苯丙胺（冰毒）、吗啡、大麻、可卡因，以及国家规定管制的其他能够使人形成瘾癖的麻醉药品和精神药品。

**【立法目的】**科学界定毒品的内涵和外延，确保本条例适用的准确性。

**【条文详解】**

1. 毒品的定义

关于毒品的定义，1990年之前，我国的法律法规并未对毒品进行概括式的规定，而是采取了列举方法加以限制。1990年通过的《关于禁毒的决定》第1条首次对毒品进行定义——本决定所称的毒品是指鸦片、海洛因、吗啡、大麻、可卡因以及国务院规定管制的其他能够使人形成瘾癖的麻醉药品和精神药品。1997 年修订的《刑法》第 357 条又对毒品做出了明确规定，与《关于禁毒的决定》相比，新《刑法》对毒品的种类增加了甲基苯丙胺（冰毒）。2008 年《禁毒法》与《刑法》保持了一致性，其第 2 条规定，本法所称毒品，是指鸦片、海洛因、甲基苯丙胺（冰毒）、吗啡、大麻、可卡因，以及国家规定管制的其他能够使人形成瘾癖的麻醉药品和精神药品。“国务院规定管制”虽然改为了“国家规定管制”，但其实质没有发生变化。按照这一定义，在我国，鸦片、海洛因、甲基苯丙胺（冰毒）、吗啡、大麻、可卡因是毒品；国家管制的其他使人成瘾的麻醉药品和精神药品亦是毒品。这一定义具有法律效力，是区分毒品与非毒品的法律依据。

2. 毒品的特征

根据毒品的这一定义，毒品应当同时具备三个基本特征，即依赖性、危害性和非法性，也称为毒品的三大基本属性。这三个特征是相互关联的，依赖性是毒品的物质特征，危害性是毒品的后果特征，非法性是毒品的法律特征。依赖性导致滥用，引起危害性，因而受到法律的禁止。

（1）毒品的依赖性。毒品的依赖性表现为药物综合征，即由于长期反复使用毒品，毒品与机体相互作用引起的生理和心理状态。药物依赖一词是世界卫生组织成瘾药物专家委员会将“药瘾”和“习惯性”更名而成，其定义为药物与机体相互作用所造成的一种精神状态，有时也包括身体状态，表现为一种强迫性的或定期使用该药的行为和其他反应，目的是体验它的精神效应，有时也是为了避免由于断药所引起的不舒适感，可以发生或不发生耐受性。同一个人可以对一种以上药物产生依赖性。毒品依赖可分为生理依赖和心理依赖。生理依赖又称身体依赖，是毒品成瘾的病理生理学特征。毒品作用于人体，使人体机能产生适应性改变，形成在药物作用下的新的平衡状态，也就是异常平衡状态。一旦停掉药物，生理功能就会发生紊乱，机体处在失衡状态，出现一系列严重的躯体症状，称为戒断症状，使人感到非常痛苦。吸毒者为了避免戒断症状，就必须及时用药，并且不断加大剂量，致使其终日离不开毒品。心理依赖又称精神依赖，俗称“心瘾”，是毒品成瘾的病理心理学特征。心理依赖是由于药品产生的强烈心理刺激而导致的吸毒者精神或心理上对药物的主观渴求，是一种控制不住想要用药的体验。

（2）毒品的危害性。毒品的危害性主要表现在个人危害、家庭危害、社会危害三个方面，可以概括为“毁灭自己、祸及家庭、危害社会”。个人危害具体表现为身体危害和心理危害。长期吸毒者精神萎靡，形销骨立，人不像人，鬼不像鬼。有人这般形容吸毒者——吸进的是白色粉末，吐出来的却是自己的生命。吸毒者在自我毁灭的同时，也在祸害自己的家庭，导致家庭陷入经济危机、家庭成员间亲情疏远、子女教育受到影响，甚至导致家破人亡。家中只要有了一个吸毒者，从此全家就会永无宁日，就意味着这个家庭贫穷和充满矛盾的开始。家庭中一旦出现了吸毒者，难以避免的最终结局是妻离子散、家破人亡。更为严重的是，毒品危害社会安定，极易诱发违法犯罪问题。而且毒品阻碍社会经济发展，会无情吞噬巨额社会财富，破坏生产力发展，降低社会劳动生产力。此外，政府还须投入资金和力量开展缉毒、戒毒、药物滥用防治工作，并承担吸毒者的医疗费用。再者，吸毒败坏社会风气。毒品不但是一种恶性消费，阻碍经济正常发展，也造成了社会风气萎靡。

（3）毒品的非法性。仅有上述两个特征尚不能准确界定毒品。毒品的本质特征是非法性，即毒品是法律明文禁止滥用的能够使人形成瘾癖的麻醉药品和精神药物。

目前，我国现行涉及毒品管制的法律法规主要有《禁毒法》《刑法》《治安管理处罚法》《药品管理法》《麻醉药品和精神药品管理条例》等；我国加入的国际公约和条约，包括《1961 年麻醉品单一公约》《1971 年精神药物公约》和联合国《禁止非法贩运麻醉药品和精神药物公约》（1988），以及我国政府参加的国际禁毒会议签订的决议。我国政府还对制造管制药品的原植物和原料种植、加工、生产制定了严格的计划和措施，以确保麻醉药品和精神药品仅供医疗和科研使用，坚决禁止任何非法行为。

我国有关药品管理特别是麻醉药品和精神药品管理方面的法律法规，全面、严格、具体明确地规定了受管制药品的名称、种类和范围，为区分药品、毒药和毒品提供了法律依据。

毒品的非法性还表现为与其有关的行为是违法犯罪行为，无论我国还是其他国家的法律，都对毒品进行严格的管理，将非法种植、生产、制造、贩卖、运输和走私麻醉药品和精神药物视为违法犯罪行为。

3. 毒品的种类

从毒品的自然属性来说，毒品通常分为麻醉药品和精神药品两大类。

(1) 麻醉药品。麻醉药品是指医疗上具有麻醉、镇痛等作用，连续使用后易产生身体和精神依赖性、能形成瘾癖的药品，主要包括阿片类（天然与合成）、可卡因类和大麻类三种。

(2) 精神药品。精神药品是指作用于中枢神经系统使其兴奋、抑制或致幻，连续使用能产生依赖性的药品，主要包括兴奋剂、镇静剂和致幻剂三类。

广义上讲，麻醉药品也属于精神药品的范畴，麻醉药品和精神药品被统称为精神活性物质。凡是能作用于脑神经细胞并产生精神和行为效应的物质，因具有致依赖性的潜力，都可列入精神活性物质的范围。

《麻醉药品和精神药品品种目录》（2013 年版）中列管了麻醉药品 121 种、第一类精神药品 68 种、第二类精神药品 81 种。但是，除了已经明确管制的麻醉药品和精神药品外，其他处方药物的非医疗使用和非药用类麻醉药品和精神药品的滥用正成为全球公共卫生和执法的主要威胁，目前 110 个国家和地区已累计发现 9 大类 800 余种；2017 年新发现新精神活性物质 34 种，我国已累计发现

230余种。

对于非医疗使用和非药用类麻醉药品和精神药品，公安部、国家卫计委、食品药品监管总局和国家禁毒办于2015年9月24日发布了《非药用类麻醉药品和精神药品列管办法》，一次性列管116种新精神活性物质。此后又分3次将40种新出现的精神活性物质列入管制。加上2001年已管制的氯胺酮，以及2010年以来我国先后列入《麻醉药品和精神药品目录》的四甲基甲卡西酮等13种新精神活性物质。至此，我国列管的新精神活性物质已达170种，这些列管的新精神活性物质也就成为了毒品。

对于毒品，都应当受到法律的打击；对于一切与毒品有关的违法犯罪活动，都要受到法律的制裁。但是，《禁毒法》第2条第2款规定，根据医疗、教学、科研的需要，依法可以生产、经营、使用、储存、运输麻醉药品和精神药品。这个时候的这些"麻醉药品和精神药品"就不属于毒品，用于医疗用途的就是药品，而用于教学、科研的就是化学品，其生产、经营、使用、储存、运输行为受到法律保护。

**第四条　禁毒是全社会的共同责任。**

**禁毒工作实行政府统一领导，坚持源头治理、系统治理、综合治理、依法治理，实行工作责任制。**

**县级以上人民政府应当将禁毒工作纳入国民经济和社会发展规划，将禁毒经费列入本级财政预算，并纳入综合考核范围。**

**【本条主旨】**本条是关于禁毒责任主体、禁毒工作原则、禁毒工作机制和禁毒工作保障的规定。

**【立法依据】**《禁毒法》第3条规定，禁毒是全社会的共同责任。国家机关、社会团体、企业事业单位以及其他组织和公民，应当依照本法和有关法律的规定，履行禁毒职责或者义务。第4条规定，禁毒工作实行预防为主，综合治理，禁种、禁制、禁贩、禁吸并举的方针。禁毒工作实行政府统一领导，有关部门各负其责，社会广泛参与的工作机制。第6条规定，县级以上各级人民政府应当将禁毒工作纳入国民经济和社会发展规划，并将禁毒经费列入本级财政预算。中共中央、国务院印发的《关于加强禁毒工作的意见》，要求各地区各有关部门把禁毒工作纳入国家安全战略和平安中国、法治中国建设的重要内容，按照“源头治理、以人为本、依法治理、严格管理、综合治理”的基本原则……

**【立法目的】**明确禁毒责任主体和禁毒工作原则，理顺禁毒工作机制，保障各项禁毒工作有序开展。

**【条文详解】**

1. 禁毒责任主体

禁毒工作是一项非常特殊、任务艰巨的系统工作，由于涉及各行各业和千家万户，需要全社会关注、人人参与。根据《禁毒法》的规定，国家机关、社会团体、企业事业单位以及其他组织和公民，都是禁毒主体，应当依法履行禁毒职责或者义务。对于机关、单位和组织来说，应切实增强抓好禁毒工作的社会责任感，广泛深入开展禁毒宣传和毒品预防教育，统筹运用法律、行政、经济、教育、文化等各种手段，充分调动社会力量积极参与，不断提升公众识毒、防毒、拒毒的意识和能力，形成全社会关心支持禁毒工作的氛围。对于个人来说，面对毒品诱惑，不仅要做到自己果断拒绝，如果发现身边有人从事毒品违法犯罪活动，还应该拿起法律的武器，监督举报，让毒品无处可藏。要实现“两个一百年”奋斗目标和中华民族伟大复兴的中国梦，我们每一个社会成员都应该为净化社会环境、维护社会稳定尽心尽力，关心支持禁毒工作，积极投身禁毒公益事业，把所了解的毒品危害告诉周围人，尽自己所能为社会禁毒工作出一份力。

2. 禁毒工作原则

（1）我国禁毒工作方针。《禁毒法》第4条第1款规定，禁毒工作实行预防为主，综合治理，禁种、禁制、禁贩、禁吸并举的方针。预防为主、综合治理及禁种、禁制、禁贩、禁吸分三个方面构成我国现行禁毒工作方针的内涵。一是预防为主。开展禁毒工作必须依照毒品问题发生和发展规律进行，禁毒工作永远不可能禁绝毒品，只能是将毒品危害降到最低，吸毒问题的危害性和前提性决定着禁毒工作的中心任务在于尽最大可能地减少毒品需求，尽可能地将毒品阻断在毒品交易市场之外，不给毒品交易提供任何机会，从这个意义上说，预防为主方针置于首位。二是综合治理。毒品问题之所以成为世界各国的社会顽疾，主要在于毒品问题的产生和发展本身就是非常复杂的社会问题，而毒品问题的复杂往往有其原因，与其他社会问题相互渗透、相互作用，仅仅依靠政府的力量远远不足以实现肃清毒患的目标，借助各种力量予以整合治理毒患，共同参与禁毒工作是当前各国政府和一国政府间各个部门的普遍做法。三是禁种、禁制、禁贩、禁吸并举。按毒品产生的相关顺序，分别是种、制、贩、吸，而与之相对应的禁毒工作就是禁种、禁制、禁贩、禁吸。"四禁"并举，从法律角度明确了国家惩罚所针对的对象，充分展示了我国严厉打击毒品非法流入渠道的态度和决心。

（2）我国禁毒工作原则。2014 年，中共中央、国务院印发的《关于加强禁毒工作的意见》，要求各地区各有关部门把禁毒工作纳入国家安全战略和平安中国、法治中国建设的重要内容，按照"源头治理、以人为本、依法治理、严格管理、综合治理"的基本原则，坚持"预防为主，综合治理，禁种、禁制、禁贩、禁吸并举"的工作方针，立足当前，长期治理，突出重点，多管齐下，不断创新禁毒工作体制机制，进一步完善毒品问题治理体系，深入推进禁毒人民战争，坚决遏制毒品问题发展蔓延。

"源头治理"，即要求禁毒工作要从毒品供应和毒品需求的两个源头抓起，两手抓，两手都要硬。既要抓好禁种、禁制和禁贩工作，严厉打击境外毒品走私渗透、国内制贩毒活动，减少毒品的供给；又要抓好禁毒戒毒工作，增强全民禁毒意识，减缓新吸毒人员增加速度，完善戒毒康复体系，戒治挽救吸毒人员，努力降低毒品需求。

“以人为本”，主要指戒毒工作要坚持以人为本、科学戒毒、综合矫治、关怀救助的原则，采取自愿戒毒、社区戒毒、强制隔离戒毒、社区康复等多种措施，建立戒毒治疗、康复指导、救助服务兼备的工作体系。

“依法治理”，要求禁毒工作要依法开展。一是依法严厉查处吸毒行为，加大对涉毒场所的查处力度；二是依法严厉打击毒品违法犯罪活动，严厉打击制毒、跨境跨区域贩毒和互联网涉毒等违法犯罪活动，严厉打击毒品洗钱犯罪和为毒品犯罪提供资金的活动，严厉打击非法种植毒品原植物行为等；三是依法对易制毒化学品和麻醉药品、精神药品管理，加强对麻醉药品和精神药品生产、运输、经营、使用等环节的监管等；四是依法开展禁毒国际合作，将禁毒国际合作作为对外执法安全合作的重要内容，认真履行国际禁毒公约义务，积极参与联合国禁毒机构倡导的活动，建立与世界各国和国际组织多层次、全方位的禁毒国际合作格局。

“严格管理”，一是鼓励吸毒人员主动到公安机关登记，把吸毒人员纳入网格化社会管理服务体系；二是严格物流寄递行业禁毒管理；三是建立非列管易制毒化学品、新精神活性物质及其他非药用物质临时列管机制和监管责任追究制度，建立健全易制毒化学品流失追溯制度，建立麻醉药品和精神药品药用类与非药用类分类列管制度等；四是强化对公共娱乐场所的管理。

“综合治理”，即禁毒工作要实行党委和政府统一领导、禁毒委员会组织协调、有关部门齐抓共管、全社会共同参与的禁毒工作社会化格局。其实质与禁毒方针的“综合治理”是一样的。

（3）云南禁毒工作原则。按照中央统一要求，结合云南省的实际情况，云南禁毒工作坚持“源头治理、系统治理、综合治理、依法治理”的原则。这与中央的禁毒工作原则是一脉相承的，只是更加突出了禁毒工作的系统性，强调必须把禁毒作为一项系统工程来抓。

3. 禁毒工作机制

《禁毒法》第4条第2款明确规定，禁毒工作实行政府统一领导，有关部门各负其责，社会广泛参与的工作机制。云南省实行“政府统一领导，各部门分工负责”的工作机制。二者实质性是一致的。

（1）政府统一领导。禁毒是全社会的共同责任，必须组织、集中和调动一切社会力量，全方位、多层次，群策群力。而政府切实重视，依法履行职责是做好禁毒工作的前提和保障。只有坚持政府统一领导，才能充分组织和动员社会资源，保障各项禁毒措施落实到位，有效遏制毒品的发展蔓延。禁毒工作作为一项长期、复杂、艰巨的系统工程，牵涉到经济社会生产生活的各个领域，必须要有政府强有力的统一领导。各级政府只有切实提高认识，本着对人民高度负责的观念，才能做到组织领导到位、工作措施到位，调动一切积极因素，使禁毒工作的各项措施落到实处。坚持政府统一领导，要求各级政府统领禁毒工作，统筹规划，认真组织，加强社会管理创新，在摸清本地区毒情的基础上，研究和明确本地区的禁毒目标，建立健全领导责任制和目标管理责任制，切实把禁毒工作摆上重要日程。①

（2）各部门分工负责。禁毒工作涉及公安、司法、卫生、民政、财政、发展改革、化工、文教和社会保障等诸多部门的职责，需要有关部门根据自己的法定职责，在各自的业务范围内，充分发挥职能作用，既要各尽其职、各负其责，又要相互配合、通力协作，发挥整体优势。只有坚持“谁主管、谁负责”的原则，充分发挥各有关部门的职能作用，同时把“抓系统、系统抓”与“条块结合、以块为主”有机结合起来，才能真正形成政府统一领导，各部门齐抓共管、协同作战，全社会参与的工作格局。②

① 张新枫，郜风涛．《戒毒条例》释义．中国长安出版社，2011.

② 张新枫、郜风涛．《戒毒条例》释义．中国长安出版社，2011.

4. 禁毒工作保障

《禁毒法》第 6 条规定，县级以上各级人民政府应当将禁毒工作纳入国民经济和社会发展规划，并将禁毒经费列入本级财政预算。本条例进一步明确了，县级以上人民政府应当将禁毒工作纳入国民经济和社会发展规划，将禁毒经费列入本级财政预算，并纳入综合考核范围。

（1）纳入发展规划。国民经济和社会发展规划是全国或者某一地区经济、社会发展的总体纲要，是具有战略意义的指导性文件。国民经济和社会发展规划统筹安排和指导全国或某一地区的社会、经济、文化建设工作。国民经济和社会发展规划是各级政府加强和改善宏观调控的重要手段，也是政府履行经济调节、市场监管、社会管理和公共服务职责的重要依据。科学编制并组织实施国民经济和社会发展规划，有利于合理有效地配置公共资源，引导市场发挥资源配置的基础性作用，促进国民经济持续快速协调健康发展和社会全面进步。各级政府将禁毒工作纳入国民经济和社会发展规划，说明禁毒工作已经摆在了非常重要的位置，各项工作将得到有力的组织保障和物质保障。这充分表明了党委和政府对禁毒工作的重视和打赢禁毒战争的决心。

（2）列入财政预算。财政预算是政府活动计划的一个反映。各级政府必须将禁毒经费列入本级财政预算，才能为禁毒工作提供强有力的经费保障。

（3）纳入综合考核。云南省各级人民政府应当将禁毒工作纳入政府绩效考核，“平安云南”“法治云南”建设，文明城市创建内容，积极开展无毒社区创建活动，把新滋生吸毒人员是否减少、吸毒人员的戒断巩固率是否提高、毒品来源和毒品危害是否得到有效遏制、人民群众对禁毒工作是否满意等几项指标，作为衡量、考核各地和有关领导干部禁毒工作成效的主要依据。对重视不够、措施不力，导致毒品问题泛滥、长期改变不了面貌的，将严肃追究相关地区、部门领导的责任。

**第五条　县级以上人民政府设立禁毒委员会。禁毒委员会负责组织、协调、指导本行政区域内的禁毒工作，具体履行下列职责：**

**（一）拟定禁毒工作规划、计划和政策措施；**

**（二）建立健全禁毒协调合作机制和联席会议、信息共享等制度；**

**（三）指导、督促禁毒委员会成员单位和下一级政府履行禁毒工作职责，并组织考核；**

**（四）确定禁毒重点整治地区并督促整治；**

**（五）组织评估毒情形势，协调解决禁毒工作中的重大问题；**

**（六）组织制定专门场所、关爱机构、戒毒康复等场所的管理制度和保障措施；**

**（七）上级禁毒委员会和本级人民政府交办的其他禁毒工作。**

**禁毒委员会设立办公室，配备工作人员，负责日常工作。**

**乡镇人民政府、街道办事处根据需要可以设立禁毒工作领导协调机构，履行相应职责。**

**【本条主旨】**本条是关于禁毒工作领导体制的规定。

**【立法依据】**《禁毒法》第5条规定，国务院设立国家禁毒委员会，负责组织、协调、指导全国的禁毒工作。县级以上地方各级人民政府根据禁毒工作的需要，可以设立禁毒委员会，负责组织、协调、指导本行政区域内的禁毒工作。

**【立法目的】**根据云南省毒情严重的实际，要求县级以上人民政府必须设立禁毒委员会，并明确禁毒委员会的职责。同时创新性地提出乡镇人民政府、街道办事处根据需要可以设立禁毒工作领导协调机构，履行相应职责。

**【条文详解】**

1. 禁毒委员会的设立

我国的国家禁毒委员会经国务院批准成立于1990年11月，是根据我国政府代表团出席联合国第十七次禁毒特别会议时签署的禁毒《全球行动纲领》中关于“应考虑建立国家委员会或其他特设机构，以期动员民众支持和社区参与，合作实施《全球行动纲领》所设想的各项活动”的要求建立的，一直被列为国务院的非常设议事协调机构。随着禁毒工作的实际需要，各省、自治区、直辖市先后成立了禁毒委员会，多数地（市）、县（区）也成立了禁毒委员会，在组织和动员全社会的力量开展禁毒斗争方面起到了举足轻重的作用。《禁毒法》第一次以法律的形式明确规定了各级禁毒委员会的设置及其组织、协调、指导的职能，是对我国长期以来禁毒工作领导体制的总结，为禁毒工作的深入开展提供了有力的组织保障。①

根据《禁毒法》的规定，结合本省实际，目前云南省所有的县以上人民政府均设立了禁毒委员会，负责组织、协调、指导本行政区域内的禁毒工作。但是，云南是全国毒情形势最严重的省份，尤其边境地区更是饱受毒品的危害。经过长期的探索，云南总结出许多丰富的行之有效的禁毒经验，很多地区的禁毒工作都细化到了基层，特别是乡镇一级，承担了大量的禁毒任务。因此，组织好乡镇一级的禁毒工作至关重要。在此背景下，本条例特别作出“乡镇人民政府、街道办事处根据需要可以设立禁毒工作领导协调机构，履行相应职责”的规定。如此一来，乡镇、街道办事处一级政府就可以设立专门的禁毒工作领导机构，履行和禁毒委员会一样的职责，将大大有利于禁毒工作的开展。

2. 禁毒委员会的组成

国家禁毒委员会是我国最高的禁毒领导机构，1990 年成立之初，由外交部、公安部、最高人民法院、最高人民检察院、司法部、民政部、教育部等 23 个部委组成。经过多年发展，成员单位根据工作需要逐渐增多。截至 2017 年，由公安部、中共中央宣传

① 张新枫，部风涛．《戒毒条例》释义．中国长安出版社，2011.

部、国家卫生和计划生育委员会、海关总署、最高人民法院、最高人民检察院、中央网络安全和信息化领导小组办公室、外交部、国家发展和改革委员会、教育部、科技部、工业和信息化部、国家安全部、民政部、司法部、财政部、人力资源和社会保障部、环境保护部、交通运输部、农业部、商务部、文化部、中国人民银行、国家工商行政管理总局、新闻出版广电总局、国家安全生产监督管理总局、国家食品药品监督管理总局、国家林业局、国务院法制办、国家海洋局、中国民用航空局、国家邮政局、国务院扶贫办、中央军委联合参谋部、中华全国总工会、共青团中央、中华全国妇女联合会、中国铁路总公司，共38个部、委、办、局组成。[①] 省级以下的禁毒委员会成员单位，一般参照国家禁毒委员会来设立。

《禁毒法》并没有对设立国家禁毒委员会办公室作出明确规定，但毕竟委员会只是一种议事机制，需要具体办事的机构来负责日常工作，于是国家禁毒委员会的办公室设在公安部禁毒局。参照这一格局，目前绝大部分地区的禁毒委员会办公室设置在公安机关禁毒部门，极少数地区设置在政法委。本条例特别作出“禁毒委员会设立办公室，配备工作人员，负责日常工作”的规定，其目的就是为了解决当前禁毒办与公安机关禁毒部门合署办公，造成人力不足、工作精力不集中的问题。

3. 禁毒委员会的职责

国家禁毒委员会主要负责研究制定禁毒方面的重要措施和决策，协调有关毒品的重大问题，统一领导全国的禁毒工作。其具体职责有：负责研究制定开展和加强禁毒工作的战略及重要政策，统一领导全国开展禁毒工作，落实重要举措；协调涉及国务院各部委间有关禁毒工作的重大问题，保障各项禁毒工作协调有序，富有成效地进行；检查督导各省、自治区、直辖市和国务院各部门禁毒工作的规划和执行情况；在国家对外方针政策的指导下，代表政府负

① 由于国家机构调整，最新的禁毒委员会成员单位名单尚未确定。

责与联合国禁毒机构及其他国际机构的联系，进行禁毒国际合作；研究有关禁毒的人力、财力、装备的相关措施，促进改善禁毒执法部门的工作条件。

按照本条例的规定，云南省县级以上的各级禁毒委员会，主要负责组织、协调、指导本行政区域内的禁毒工作。具体履行以下几个方面的职责：①拟定禁毒工作规划、计划和政策措施；②建立健全禁毒协调合作机制和联席会议、信息共享等制度；③指导、督促禁毒委员会成员单位和下一级政府履行禁毒工作职责，并组织考核；④确定禁毒重点整治地区并督促整治；⑤组织评估毒情形势，协调解决禁毒工作中的重大问题；⑥组织制定专门场所、关爱机构、戒毒康复等场所的管理制度和保障措施；⑦上级禁毒委员会和本级人民政府交办的其他禁毒工作。

乡镇人民政府、街道办事处根据需要设立的禁毒工作领导协调机构，也应当按照此款规定，履行相应职责。

**第六条　禁毒委员会成员单位应当依法履行禁毒职责，向禁毒委员会报告禁毒工作。**

**公安机关负责毒品查缉，毒品原植物禁种，吸毒人员查处、动态管控，所属强制隔离戒毒场所管理等工作。**

**司法行政部门负责所属强制隔离戒毒场所管理以及涉毒服刑人员的教育改造等工作。**

**卫生行政主管部门负责戒毒医疗机构的设置规划和监督管理，指导、支持开展戒毒医疗服务。**

**财政、民政、教育、市场监管、交通运输、海关、人民银行等有关行政主管部门和单位，按照职责做好禁毒工作。**

**工会、共青团和妇联应当结合各自工作对象的特点，组织毒品预防教育、社会帮扶、志愿者活动等。**

**各类开发园区、农场等管委会参照本条例的有关规定，履行禁毒工作职责。**

**【本条主旨】** 本条是关于政府部门和相关单位禁毒职责的规定。

**【立法依据】**《禁毒法》第 5 条规定，国务院设立国家禁毒委员会，负责组织、协调、指导全国的禁毒工作。

县级以上地方各级人民政府根据禁毒工作的需要，可以设立禁毒委员会，负责组织、协调、指导本行政区域内的禁毒工作。

**【立法目的】** 1990 年 11 月 23 日，国务院第 72 次常务会议决定成立国家禁毒委员会后，云南省结合毒情形势，根据工作需要成立了云南省禁毒委员会，确定了成员单位及工作职责，在多年的禁毒实践过程中，各成员单位认真履行职责，不断探索和创新禁毒工作方法，为云南省禁毒事业的发展作出了巨大的贡献。随着我国政治、经济、文化和社会的发展，以及近年来政府体制改革和部门撤并、重组，禁毒委部分成员单位的禁毒职责发生了变化和交叉，禁毒职能的发挥有所弱化，因此有必要对现有各成员单位的禁毒职责进行进一步明确。

**【条文详解】**

目前，云南省禁毒委员会由 42 家单位组成，各成员单位在禁毒委员会的统一领导下，在职责范围内履行其相应的禁毒职能。

1. 公安机关

掌握毒品违法犯罪动态，研究制定预防、打击对策；组织、指导、监督毒品犯罪案件的侦查工作，毒品预防教育、禁吸戒毒、禁种铲毒工作，麻醉药品、精神药物安全管理和易制毒化学品管制等工作；履行国际禁毒公约义务，协调禁毒国际合作。

2. 司法行政部门

开展禁毒法制宣传教育，并将其纳入普法教育规划；积极做好强制隔离戒毒、治疗康复和矫治恶习工作，努力降低复吸率；对在监狱服刑的涉毒人员的关押改造工作，依法执行刑罚，做好教育改造工作，不断提高改造质量，努力减少重新犯罪。

3. 卫生行政主管部门

监督地方各级卫生行政部门对戒毒医疗机构的设置审批工作，组织协调地方各级卫生行政部门取缔非法设立的戒毒医疗机构；制定戒毒治疗的规章制度和工作规范；对强制隔离戒毒所、戒毒医疗机构从事医疗和护理工作的人员进行资格认证；积极开展健康教育工作，对经吸毒引起的传染性疾病依法进行监督管理，并对治疗工作提供业务指导和技术服务；加强对医疗机构内部麻醉药品和精神药物的管理并规范使用，加强处方管理；指导戒毒治疗科研工作，鼓励积极探索新的临床戒毒治疗方法；配合公安机关和司法行政部门开展戒毒工作。

4. 财政部门

根据禁毒实际情况和工作任务，对禁毒、戒毒等所需费用在财力上给予必要的支持；认真贯彻落实“收支两条线”规定，做好对缉毒缴获的毒资、非法收益和罚没财物的管理工作；研究制定禁毒经费管理制度，加强对禁毒经费的管理和监督，提高资金使用效益。

5. 民政部门

加强基层政权和社区建设工作，促进禁毒、戒毒政策的落实；救济符合社会救济条件、家庭人均收入低于当地最低生活保障标准的戒毒人员及其家属；加强禁毒社团和禁毒社会工作机构的培育与管理，支持其依法开展工作；做好对禁毒英烈的抚恤工作；协助公安机关对被采取戒毒措施的人员进行禁毒、戒毒宣传教育工作。

6. 教育部门

制定教育系统开展禁毒教育工作的政策、规划，将禁毒教育作为大、中、小学德育和安全教育的一项重要内容，纳入学校日常教育工作；加强对学校禁毒工作的组织领导，制定有关学校防毒、禁毒的制度和措施，明确校长是第一责任人，把学校无吸毒、贩毒现象作为学校德育和安全教育的一项基本目标；加强对大、中、小学生的法制教育和禁毒教育，提高其防毒、禁毒意识；配合有关部门开展对全社会的禁毒宣传教育工作。

7. 市场监管部门

组织各级工商行政管理机关加强对工商企业、市场的监督管理，配合公安机关查处流通领域及娱乐场所中发生的毒品犯罪行为；对查实参与贩毒、非法贩卖易制毒化学品、麻醉药品、精神药物的经营单位，依法吊销营业执照。

8. 交通运输部门

加强交通运输行业禁毒工作，治理毒品、易制毒化学品在道路运输行业流通问题；配合禁毒部门开展交通运输行业禁毒工作，坚决杜绝毒品通过道路运输渠道贩运、中转；加大辖区、行业禁毒工作的管理和指导力度，切实落实好督导检查和业务操作等工作措施，严厉打击违法违规行为；在当地人民政府的统一领导下，积极参加陆海空邮一体化堵源截流工作，配合公安机关加强公路、水路、汽车站场、港口（码头）、交通要道、高速公路的毒品公开查缉，协助公安机关侦破毒品违法犯罪案件；督促货运企业建立落实货物受理环节的安全检查制度，规范业务操作流程，对重点时段、运往重点区域和特殊场所的货物要依法加强安全检查，对可疑货物要进行开箱验视，重点查验，严密防范物流运输渠道非法运输、走私毒品、易制毒化学品；配合公安、安监等部门做好易制毒化学品运输的监控工作；在道路运输企业、客货运站场、高速公路服务区、收费站等场所，落实禁毒防范措施，督促运输企业加强道路、水路客货运输的安全监管，严厉打击通过客货运输车辆走私贩运毒品的行为；加大交通运输行业禁毒工作的宣传教育，充分利用汽车客运站、客运车辆（城市公交、出租汽车）、高速公路服务区、公路收费站点已有设施设备，采取多种形式宣传禁毒工作相关法律政策；营造积极向上的行业禁毒群防群治的氛围，保证交通运输行业干部职工队伍健康、干净，确保工作人员不参与毒品贩运、不吸食毒品。

9. 海关部门

在海关监管区内和沿边沿海规定地区开展禁毒执法工作，严厉打击走私毒品和易制毒化学品违法犯罪活动；加强对易制毒化学品和麻醉药品、精神药物进出口的监督，防止流入非法渠道。

10. 人民银行

负责对金融机构反洗钱工作检查和重大涉毒洗钱案件协查工作；积极向公安机关举报涉毒信息；协助公安机关破获洗钱及相关案件。

11. 工会

负责全省工会系统参与禁毒工作的指导意见；组织协调直属新闻单位，配合有关部门加强对职工群众的禁毒宣传教育工作；配合公安机关加强对个体工商户和私营企业的宣传教育工作。

12. 共青团

加强青少年法制宣传教育工作，在青少年中普及禁毒法律知识，增强青少年拒毒防毒意识；开展丰富多彩的文化、科技、体育活动，丰富青少年精神生活，教育青少年远离毒品；组织青少年积极参与禁毒专项斗争和有关禁毒工作；优化青少年成长环境，进一步维护未成年人的合法权益，做好涉毒青少年的帮教工作；广泛开展创建优秀“青少年维权岗”活动，协调与青少年事务有关的部门共同禁毒。

13. 妇联

加强毒品预防教育工作，教育妇女远离毒品；把禁毒工作作为各级妇联参与社会治安综合治理的重要工作内容之一，实行目标管理，通过组织形式多样的活动，推动禁毒工作；组织、动员妇女积极参与禁毒斗争，特别是参与社会帮教工作；发挥妇女在家庭中的特殊作用，努力做好家庭毒品预防教育工作。

14. 开发园区、农场等管委会

省内各类国有农场、华侨农场等应当明确禁毒职能，履行禁毒职责。

**第七条　各级人民政府应当动员社会力量参与禁毒工作，建立政府购买禁毒社会服务工作机制，推动禁毒社会工作者队伍和志愿者队伍建设，并对其进行指导培训，提供必要工作条件。**

**【本条主旨】**本条是关于社会力量参与禁毒工作的规定。

**【立法依据】**《禁毒法》第4条第2款规定，禁毒工作实行政府统一领导，有关部门各负其责，社会广泛参与的工作机制。第10条规定，国家鼓励志愿人员参与禁毒宣传教育和戒毒社会服务工作。地方各级人民政府应当对志愿人员进行指导、培训，并提供必要的工作条件。

**【立法目的】**本条立法的主要目的是为社会力量参与禁毒工作提供相应的条件和配套机制。

**【条文详解】**

毒品问题是一个社会问题，禁毒是全社会的共同责任，仅仅靠党委、政府和国家机关的力量是远远不够的，还应当尽可能地发动一切可以利用的社会力量参与禁毒。同时，政府购买社会服务已经成为一个大趋势，只有这样才能鼓励专业的社会组织参与到禁毒工作中来。因此，各级政府应当推动禁毒社会工作者队伍和志愿者队伍建设，并逐步建立政府购买禁毒社会服务工作机制。

1. 禁毒工作社会化

中共中央、国务院《关于加强禁毒工作的意见》明确要求，到2020年，实现全民禁毒意识普遍增强，新吸毒人员滋生速度明显减缓；戒毒康复体系更加科学完善，戒治挽救吸毒人员能力明显增强；境外毒品走私渗透、国内制贩毒活动受到严厉打击，毒品问题严重地区和突出毒品问题得到有效整治；禁毒国际合作务实开展，境外毒源地对我国危害减少；禁毒工作责任全面落实，党委和政府统一领导、禁毒委员会组织协调、有关部门齐抓共管、全社会共同参与的禁毒工作社会化格局真正形成，毒品治理能力明显提高。

2011 年，中央组织部、中央政法委、民政部等 18 个部门和组织联合发布《关于加强社会工作专业人才队伍建设的意见》，2017 年，国家禁毒办、中央综治办、公安部、教育部、国家卫计委等 12 部门联合印发《关于加强禁毒社会工作者队伍建设的意见》要求，不断完善毒品问题治理体系，持续提升禁毒工作的社会化、职业化、专业化、科学化水平。

据此要求，全国各地积极探索禁毒工作社会化模式，并取得实效。云南省在此方面也开展了相关工作，但是科学、全面、系统的禁毒工作社会化格局尚未形成，需要在政策法规方面给予保障，促进禁毒工作社会化的不断深入。

2. 禁毒社会工作和禁毒社会工作者

禁毒社会工作是坚持“助人自助”价值理念，遵循专业伦理规范，运用社会工作专业知识、方法和技能预防和减轻毒品危害，促进吸毒人员社会康复，保护公民身心健康的专门化社会服务活动。

禁毒社会工作者是从事禁毒社会工作的专职人员，是具有一定禁毒和社会工作的科学知识、方法和技能，在一定时期内，为工作对象提供生活关心、戒毒康复帮助、就业指导、法律咨询服务和行为督促的非政府机关专业化人员。

3. 禁毒社会工作者的职责任务

（1）提供戒毒康复服务。调查了解戒毒康复人员行动趋向、生活状况、社会关系、现实表现等情况，开展戒毒康复人员心理社会需求评估；为戒毒康复人员提供心理咨询和心理疏导、认知行为治疗、家庭关系辅导、自我管理能力和社会交往能力提升等专业服务；帮助戒毒康复人员调适社区及社会关系，营造有利于戒毒康复的社会环境；开展有利于戒毒康复人员社会功能修复的其他专业服务。

（2）开展帮扶救助服务。为戒毒康复人员链接生活、就学、就业、医疗和戒毒药物维持治疗等方面的政府资源与社会资源。组织其他专业力量和志愿者为戒毒康复人员及其家庭提供服务，协助解决生活困难，提升生计发展能力，改善社会支持网络，促进社会融入。

(3) 参与禁毒宣传教育。参与组织禁毒宣传活动、普及毒品预防和艾滋病防治等相关知识、宣传禁毒政策和工作成效，增强公民禁毒意识，提高公民自觉抵制毒品的能力。倡导禁毒社会工作理念，减低并消除社会歧视与排斥。

(4) 协助开展有关禁毒管理事务。协助开展吸毒人员排查摸底工作；协助建立相关档案资料，做好工作台账，对工作对象的戒毒康复情况进行定期评估。协助做好强制隔离戒毒人员出所衔接，督促、帮助社区戒毒康复人员和戒毒药物维持治疗人员履行协议，努力减少现实危害。发现社区戒毒康复人员拒绝报到或严重违反协议的、参加戒毒药物维持治疗人员严重违反治疗规定的，向乡镇(街道) 禁毒工作机构报告，协助收集提供有关材料。

4. 禁毒志愿者

志愿者是指志愿贡献个人的时间及精力，在不为任何物质报酬的情况下，为改善社会服务、促进社会进步而提供服务的人。志愿工作具有志愿性、无偿性、公益性、组织性四大特征。参与志愿工作既是“助人”，也是“自助”；既是“乐人”，也是“乐己”。参与志愿工作，既是在帮助他人、服务社会，也是在传递爱心、传播文明。志愿服务个人化、人性化的特征，可以有效拉近人与人之间的心灵距离，减少疏远感，对缓解社会矛盾、促进社会稳定具有一定的积极作用。

禁毒志愿者具有一定的专业性、技能性，在不谋求任何物质、金钱及相关利益回报的前提下，合理运用社会现有资源，服务于禁毒公益事业，对有需要的涉毒人士开展力所能及的、切合实际的帮助。

5. 禁毒社会工作服务协同机制

禁毒社会工作服务具有多元化、复杂化的特点，应在基层党委、政府和禁毒部门的统筹领导下，建立禁毒社会工作服务协同机制。一是建立禁毒社会工作者与禁毒志愿者服务协同机制，充分发挥禁毒社会工作者在项目策划、资源链接、专业培训等方面的优势，调动和引领广大志愿者规范、有序地参与禁毒社会工作服务，进一步壮大禁毒社会工作服务力量。二是建立禁毒社会工作者与禁毒民警、医务工作者、心理卫生工作者、政府社会保障服务提供者、网格员及其他禁毒社会力量的服务协同机制。三是建立禁毒社会工作者与其他场所和领域社会工作者服务协同机制，针对吸毒人员不同阶段、不同类型的服务需求开展信息共享、服务转介与服务合作，不断健全完善吸毒人员的服务网络，推动实现禁毒社会工作服务的精准衔接、无缝覆盖，推动健全动态管控、戒毒治疗、心理矫治、帮扶救助、就业指导、宣传教育“六位一体”的戒毒康复工作体系。

政府应当为禁毒社会工作者队伍和禁毒志愿者提供专业化的禁毒培训、指导和搭建相应的工作平台。进一步发展禁毒专业社工+禁毒志愿服务内容和分工的专业化匹配能力，深化“专业社工+志愿者”毒品预防教育工作队伍建设，通过强化培训提升禁毒志愿者的专业知识和技能。

6. 禁毒社会工作者队伍建设

(1) 加强禁毒社会工作专业教育。鼓励和支持高等学校开设禁毒社会工作相关专业课程，培养禁毒社会工作专业人才。强化禁毒社会工作研究，完善中国特色禁毒社会工作理论、知识、方法与技巧。开发禁毒社会工作教育大纲、课程和教材，加强禁毒社会工作师资队伍和实习基地建设。

(2) 加强禁毒社会工作岗位培训和继续教育。实施禁毒社会工作从业人员能力提升工程，加强对现有禁毒社会工作从业人员的全员轮训，使其基本掌握社会工作专业理念、知识、方法和技能。

建立健全上岗培训制度，对新招用的禁毒社会工作者开展禁毒工作、社会工作、岗位职责等方面知识培训。鼓励和支持禁毒社会工作者参加社会工作学历学位教育，将继续教育情况纳入禁毒社会工作者考核范围。

(3) 规范禁毒社会工作者职业评价。支持禁毒社会工作从业人员参加全国社会工作者职业水平评价，将取得社会工作者职业水平证书人员纳入专业技术人员管理范围。指导用人单位以岗位职责为基础，研究制定禁毒社会工作者考核评估标准，逐步形成职业水平评价和岗位考核评价相结合的禁毒社会工作者职业评价机制。

(4) 优化禁毒社会工作者配备使用。通过政府购买服务，在社区戒毒社区康复办事机构等配备使用禁毒社会工作者。积极培育、扶持禁毒社会工作服务机构，为禁毒社会工作者就业提供载体，指导其他禁毒社会组织根据需要配备和使用禁毒社会工作者，鼓励用人单位在招用禁毒社会工作者时优先录（招）用社会工作及相关专业毕业生。行政拘留所、强制隔离戒毒所、戒毒康复场所、戒毒药物维持治疗机构和自愿戒毒医疗机构等可根据需要引入禁毒社会工作者提供专业服务。禁毒工作相关行政部门和群团组织可根据事业发展需要配备使用禁毒社会工作专业人才。

(5) 强化禁毒社会工作者职业保障。根据禁毒社会工作者的工作岗位、职业水平等级，落实相应的薪酬保障政策，根据经济社会发展和整体工资水平，合理制定并适时调整禁毒社会工作者薪酬指导标准。用人单位招用禁毒社会工作者，要综合职业水平等级、学历、资历、业绩、岗位等因素并参考同类人员合理确定薪酬标准，同时按照国家有关规定办理社会保险和公积金。承接政府购买服务的单位应参考当地薪酬指导标准支付社会工作者薪酬。

7. 政府购买禁毒社会工作服务

为推动和规范云南省各级政府开展购买社会服务，先后制定了《云南省人民政府办公厅关于政府向社会力量购买服务的实施意见》（云政办发〔2015〕62号）和《云南省政府购买社会工作服务实施办法》。

政府购买社会工作服务，是指政府利用财政性资金，采取市场化、契约化方式，面向具有专业资质并符合条件的社会组织、企事业单位和机构购买社会工作服务。政府购买社会工作服务应当坚持下列原则：

(1) 政府主导，突出公益。加强政府对购买社会工作服务的领导，坚持正确方向，履行宏观规划、标准规范、政策引导、监督管理等方面职责，有效引导承接主体按照公益原则开展社会工作服务。

(2) 公开透明，竞争择优。遵循公开、公平、公正原则，立足实际，通过公开透明、竞争择优方式依法确定社会工作服务机构，并及时向社会公开服务内容、执行标准、考评办法、服务效果等，维护社会工作服务机构健康发展。

(3) 强化实效，突出专业。健全监督评估机制，创新监督评估方式，加强绩效管理，充分体现社会工作专业特点，探索建立多方参与政府购买社会工作服务监管方式，增强政府购买社会工作服务的针对性和有效性。

政府购买服务的主体是各级行政机关和参照公务员法管理、具有行政管理职能的事业单位以及纳入机构编制管理且经费由财政负担的群团组织。承接政府购买社会工作服务的主体包括依法在民政部门登记成立或经国务院批准免予登记的社会组织，以及依法在工商管理或行业主管部门登记成立的企业、机构等社会力量。承接主体应具备以下条件：①依法登记设立，能独立承担民事责任。②治理结构健全，内部管理和监督制度完善。③具有独立的财务管理、会计核算和资产管理制度。④具备能够熟练掌握和灵活运用社会工作知识、方法和技能开展社会工作专业服务的设施、人才和专业能力。⑤具有依法缴纳税收和社会保险费用的良好记录。⑥在参与政府购买服务竞争前通过年检、资质审查合格，社会信誉、商业信誉良好，或已经承接过政府购买社会工作服务的考核评估为合格以上等次。⑦法律法规规定以及购买社会工作服务项目要求的其他条件。

政府购买社会工作服务的主要范围：按照“受益广泛、群众急需、服务专业”原则，重点围绕城市流动人口、农村留守人员、困难群体、特殊人群和受灾群众的个性化、多样化社会服务需求，组织开展政府购买社会工作服务。禁毒领域重点是帮助药物滥用人员、有不良行为青少年、艾滋病患者、社区矫正人员、服刑人员、刑满释放人员等特殊人群纠正行为偏差、缓解生活困难、疏导心理情绪、改善家庭和社区关系、恢复和发展社会功能。根据城乡社区发展特点和社区居民需求，开展社区照顾、社区融入、社区康复、就业辅导、精神减压与心理疏导等专业服务。

**第八条　县（市、区）及乡镇人民政府、街道办事处应当组织开展无毒社区创建活动，上级人民政府负责组织创建活动的考核工作。**

**被确定为禁毒重点整治地区的人民政府，应当制定整治方案，定期向上一级人民政府报告整治工作情况。**

**【本条主旨】**本条是关于无毒社区创建和被确定为毒品重点整治地区人民政府禁毒工作职责的规定。

**【立法依据】**《禁毒法》并没有涉及县（市、区）及乡镇人民政府、街道办事处关于创建无毒社区工作的规定。

《立法法》第73条第1款、第2款规定，地方性法规可以就下列事项作出规定：（一）为执行法律、行政法规的规定，需要根据本行政区域的实际情况作具体规定的事项；（二）属于地方性事务需要制定地方性法规的事项。除本法第8条规定的事项外，其他事项国家尚未制定法律或者行政法规的，省、自治区、直辖市和设区的市、自治州根据本地方的具体情况和实际需要，可以先制定地方性法规……

根据云南毒情需要，作出此规定。

**【立法目的】**为确保县（市、区）及乡镇人民政府、街道办事处认真贯彻执行《禁毒法》，切实履行社区戒毒和社区康复主体职责的基础上，充分发挥组织优势，引导广大社区居民关注禁毒斗争。因此，本条例专门提出在云南省内开展无毒社区创建工作。县（市、区）及乡镇人民政府、街道办事处通过发挥禁毒职能，以禁吸戒毒和禁毒宣传教育为重点，“四禁”并举，动员社会力量，从创建无毒家庭、无毒学校、无毒单位、无毒小区做起，逐步扩大无毒范围，实现一定行政区划范围的“无毒”（无吸毒、无贩毒、无种毒、无制毒）目标。

**【条文详解】**

1. 无毒社区创建

社区内无吸毒、无贩毒、无种毒、无制毒及其他涉毒违法犯罪行为的为无毒社区；达到省创建、巩固无毒社区考核标准的可视为无毒社区。

云南省创建、巩固无毒社区（县级）工作考评计分标准由云南省禁毒委制定。

县（市、区）及乡镇人民政府、街道办事处无毒社区创建活动由其上级人民政府根据无毒社区（县级）工作考评计分标准考核认定。

2. 禁毒重点整治工作

根据国家禁毒委员会的有关部署要求，为深入推进云南省毒品问题严重地区重点整治工作，有效遏制毒品问题发展蔓延，云南省禁毒委员会研究制定了《云南省禁毒重点整治工作实施细则》，对相关工作作出了明确规定。

（1）毒品问题严重地区。毒品问题严重地区是指毒品问题突出，对本地、全省乃至全国毒情形势或社会治安造成严重影响和危害的地区。毒品问题严重地区评定依据坚持兼顾客观毒情和主观工作，侧重客观毒情。毒品问题严重地区主要包括毒品或者制毒物品走私通道地区、毒品中转集散地区、外流贩毒突出地区、毒品滥用严重地区、非法种植毒品原植物严重地区、制造毒品突出地区、制毒物品犯罪突出地区以及其他需要重点整治地区。评定标准坚持定性与定量相结合。评定方式坚持实地调研、公众评价、数据评定等方式相结合，视情引入社会调查，着重考虑社会各界和广大群众对禁毒工作的满意度和禁毒工作的社会效果。评定程序为上下联动、整体实施、逐级申报、上级评定。毒品问题严重地区原则上以县级行政区划为认定单位，州市和县级行政区可以将乡镇（街道）、村（居）委会作为重点整治认定单位。州市级行政区划内有三个以上（含三个）县（市、区）被认定为毒品问题严重地区的，可以对州市实行禁毒重点整治。

重点整治地区分三个级别：

①挂牌整治级别。包括毒品问题突出、危害严重，当地不够重视、无所作为的地区；或根据目前工作状态难有作为、难见成效的地区；或工作虽在加强但问题长期得不到好转的地区。

②通报警示级别。包括毒品问题正在发展、较为突出，当地尚未清醒认识、加以重视、及时应对的地区；毒品危害已较严重、问题突出，本地高度重视，正在主动加强工作的地区。

③重点关注级别。对毒品问题较为突出、发展较快、危害较重、未纳入重点整治范围的地区可予以重点关注，为期1至2年。

（2）禁毒重点整治工作。禁毒重点整治工作是针对毒品问题严重地区，全面落实党委、政府禁毒工作责任，组织全社会力量，统筹各方面资源，对毒品问题实施综合治理的重要载体和系统工程。禁毒重点整治工作坚持分类分级、动态调整原则。确定不同类别、不同层级重点整治地区，建立健全分级预警、通报约谈、挂牌整治、定期报告、督导检查、考核验收、适时调整等制度。

禁毒重点整治工作坚持统筹兼顾、综合治理、标本兼治、分类分级、动态调整的原则。坚持禁毒与发展、治毒与治贫相结合，采取法律、行政、经济、教育、文化等多种手段综合施策。确定不同类别、不同层级重点整治地区，建立健全分级预警、通报约谈、挂牌整治、定期报告、督导检查、考核验收、适时调整等制度。坚持禁毒重点整治与禁毒重点扶持相结合，把重点整治地区作为重点扶持地区，加强工作联系、指导和帮扶。相关地区党委、政府对禁毒重点整治工作负总责。省禁毒委员会负责指导、监督和责任追究。

(3) 评定考核。省禁毒委员会负责组织全省毒品问题严重地区的评定工作。州市级禁毒委员会原则上每年度向省禁毒委员会报送国家和省级挂牌整治、通报警示、重点关注或者降低级别、取消整治的申请，省禁毒委员会办公室组织审核评估。

国家和省禁毒委员会办公室对工作中发现但各地未主动申报的毒品问题严重地区，可以直接提请国家和省禁毒委员会直接作出通报警示、挂牌整治、重点关注的决定。

省禁毒委员会鼓励州市、县（市、区）禁毒委员会主动申报禁毒重点整治地区，视情给予不同整治级别和扶助措施。

州市禁毒委员会分阶段和每年度向省禁毒委员会报告整治工作进展情况。整治期满，州市禁毒委员会经州市党委、政府审批同意向省禁毒委员会提交整治工作报告以及延长、改变或取消重点整治的申请。

省禁毒委员会办公室每年度组织省禁毒委员会成员单位，采取实地考察、专题调研、明察暗访、交叉检查等方式，对各地禁毒重点整治工作进行综合评定，提出国家或省级挂牌整治、通报警示、重点关注或降低级别、取消整治意见，报请国家和省禁毒委员会决定。

被国家或省禁毒委员会取消挂牌整治、通报警示、重点关注整治后出现严重反弹的地区，国家和省禁毒委员会将直接挂牌整治。

(4) 责任追究。省禁毒委员会根据《云南省禁毒工作责任制》的规定，定期向省委组织部、省文明办、省综治办和省监察厅、省公务员局等单位以及相关州市党委、政府通报禁毒重点整治地区毒情形势和禁毒工作情况。

根据《云南省禁毒工作责任制》的规定，对被列为禁毒重点整治的地区，予以通报批评、责令整改，并约谈该地区禁毒工作第一责任人、主要责任人。

被列为禁毒重点整治的地区，应当采取以下责任追究措施：①取消参加文明创建、平安创建等全省性及地区性评比的资格。②禁毒工作第一责任人、主要责任人原则上不得评先受奖、提拔和交流重用。

有下列情形之一的，视情对禁毒工作第一责任人、主要责任人，依据相关规定给予党纪政纪处分：①在被列为毒品问题严重的地区以前，已经在该地区担任相应职务两年以上（含两年）的禁毒工作第一责任人、主要责任人，因不重视禁毒工作、履职不力导致毒情严重的。②被列为禁毒重点整治的地区，因措施不力、责任不落实而导致不能按期完成整治目标任务，并需延长重点整治期限的。③对在延长重点整治期限内仍未完成整治目标任务的。

**第九条　鼓励公民举报毒品违法犯罪行为。各级人民政府和有关部门应当对举报人予以保护，对举报有功人员以及在禁毒工作中有突出贡献的单位和个人，按照有关规定给予表彰和奖励。**

**【本条主旨】**本条是关于毒品违法犯罪行为举报的鼓励与保护、奖励规定以及对单位和个人参与禁毒工作的奖励规定。

**【立法依据】**《禁毒法》第9条规定，国家鼓励公民举报毒品违法犯罪行为。各级人民政府和有关部门应当对举报人予以保护，对举报有功人员以及在禁毒工作中有突出贡献的单位和个人，给予表彰和奖励。《易制毒化学品管理条例》第6条规定，国家鼓励向公安机关等有关行政主管部门举报涉及易制毒化学品的违法行为。接到举报的部门应当为举报者保密。对举报属实的，县级以上人民政府及有关行政主管部门应当给予奖励。

**【立法目的】**云南省禁毒形势依然严峻，毒品蔓延呈现高发性、隐蔽性、复杂性等特点，禁毒工作艰巨性、紧迫性、长期性等难点将长期存在，专门机关开展的工作有一定的局限性。因此，有必要动员全社会力量参与禁毒斗争，鼓励广大群众积极举报毒品违法犯罪活动，减少毒品社会危害。

**【条文详解】**

1. 举报人的奖励

2005 年，云南省制定的《云南省举报毒品违法犯罪奖励暂行办法》，为奖励参与禁毒斗争并作出突出贡献的企事业单位和个人提供了法律依据，该办法自颁布实施以来，通过群众举报云南各地禁毒部门获得了大量毒品违法犯罪活动线索，破获一大批毒品违法犯罪案件、查获大量吸毒人员、缴获大量毒品。云南省大理、西双版纳等州市根据《云南省举报毒品违法犯罪奖励暂行办法》的规定，在结合当地毒情形势以及开展禁毒工作需要的基础上也制定了适合本州市的奖励办法，对推动当地群众参与禁毒工作起到了极大的作用。

面对当前我国面临的毒品形势，2018 年 8 月国家禁毒委员会办公室、公安部、财政部又联合印发了《毒品违法犯罪举报奖励办法》（以下简称《办法》），《办法》共 18 条，对举报人、举报受理机构等进行了界定，明确了举报奖励条件、奖励标准、资金来源、支付方式、保密要求、需要追责的情形等，还规范了举报奖励办理程序、资金发放的监督和检查等。

《办法》第 4 条规定，各级禁毒委员会办公室、公安机关应当指定、公布举报受理电话或者其他受理方式。直接向公安部举报毒品违法犯罪线索的，由公安部禁毒局作为指定受理机构。公安部、国家禁毒委员会办公室直接受理举报毒品违法犯罪线索后，应当认真填写《举报毒品违法犯罪案件登记表》，及时转交相关地区、部门核查。各级公安机关应当按照属地管辖原则对举报线索及时调查处理。

《办法》第 7 条规定，举报毒品违法犯罪，给予一次性奖励。

对举报毒品犯罪活动或者线索，举报制毒工厂，举报制毒物品、制毒设备等其他制毒线索破获制毒案件，举报重大涉毒犯罪嫌疑人，举报聚众吸食毒品人员，举报吸食、注射毒品后驾驶机动车，举报正在非法种植罂粟或大麻等情形，以缴获毒品、易制毒化学品数量，抓获犯罪嫌疑人数、查获吸毒人员数等为依据，给予300元至不少于20万元不等的奖励。

《办法》第10条规定，奖励举报资金实行分级负责、分级保障的原则，纳入各级公安机关预算，统筹管理。直接向公安部或国家禁毒委员会办公室举报且由公安部指挥侦办的重大案件线索，公安部承担奖励经费，负责审批并发放；公安部转批到各省（自治区、直辖市）立案侦办的案件线索以及各地自行受理的案件线索兑现奖励资金由同级公安机关负责。由公安部或国家禁毒委员会办公室直接兑现奖励举报的，按照《公安部国家禁毒委员会办公室毒品违法犯罪举报奖励办理程序规定》办理。

《办法》第11条规定，根据群众举报线索查破毒品犯罪案件后，各级公安机关应当在15个工作日内通知举报人领奖。举报人自接到奖励通知起2个月内，应当凭本人有效身份证件领取。举报人直接领取奖金不便或有困难的，可委托他人代领。各级公安机关、禁毒委员会办公室应建立举报保密制度。未经举报人同意，不得以任何形式公开或者泄露举报人信息资料。举报人应当对举报行为负责。对借举报之名故意捏造事实诬告、陷害他人或者获取非法利益的，依法追究法律责任。

2. 举报人的保护

《刑法》第254条规定，国家机关工作人员滥用职权、假公济私，对控告人、申诉人、批评人、举报人实行报复陷害的，处二年以下有期徒刑或者拘役；情节严重的，处二年以上七年以下有期徒刑。《刑事诉讼法》第110条规定，任何单位和个人发现有犯罪事实或者犯罪嫌疑人，有权利也有义务向公安机关、人民检察院或者人民法院报案或者举报。第111条第3款规定，公安机关、人民检察院或者人民法院应当保障报案人、控告人、举报人及其近亲属的安全。

对举报人的保护主要包括：

（1）建立举报人安全的“保密机制”。当前对举报人的报复陷害原因之一就是举报信息的失密，信息保护的严密与安全，是保障举报人的合法权益的第一道屏障。对举报人的信息必须严格保密，控制知晓者的范围。

（2）建立举报人安全的“风险评估机制”。司法机关在举报人举报之初，受理举报线索之时，应对举报风险等级进行评估，及时启动有关举报人保护程序。

（3）建立举报人安全的“紧急保护机制”。举报人在举报后，只要举报人发出人身安全需要保护的求助，公安机关应当立即出警处置。检察机关可根据举报人的申请，监督公安机关对举报人提供的紧急保护。

（4）建立举报人安全的“特殊保护机制”。对举报有关重大案件线索或有组织犯罪的具有特殊贡献的举报人，可以按照举报人自愿原则并且不低于原工作条件和生活条件，将举报人秘密调动工作或迁往异地，给举报人提供生活保障。

3. 参与禁毒工作突出贡献个人与单位的奖励

《戒毒条例》第 8 条第 2 款规定，对在戒毒工作中有显著成绩和突出贡献的，按照国家有关规定给予表彰、奖励。

对在禁毒工作中有突出贡献的公安机关、公安民警以及其他单位和个人，应当由相应禁毒委员会按照有关规定给予表彰和奖励，或者提请同级人民政府及有关行政主管部门给予表彰和奖励。

# 第二章　禁毒宣传教育

**【本章立法背景】** 截至2017年年底，我国吸毒人数有255.3万之多，滥用种类、结构均发生着变化，政府在打击毒品违法犯罪、控制毒情蔓延方面一直做着不懈的努力。我国政府一直坚持“控制毒情，防患未然”的理念，并把我国禁毒方针定为“预防为主，综合治理，禁种、禁制、禁贩、禁吸并举”，从中可以看出毒品预防为我国禁毒工作的主要且首要任务。因此《云南省禁毒条例》从禁毒宣传教育的体系、政府的职责、禁毒委员会的任务、禁毒宣传教育的形式和载体、学校禁毒宣传教育、家庭禁毒宣传教育、社区禁毒宣传教育、场所禁毒宣传教育、少数民族地区开展禁毒宣传教育等方面的内容进行了规定，并把禁毒宣传教育部分放在本条例的第二章，以彰显禁毒宣传教育的重要性。

**第十条　县级以上人民政府应当建立健全由禁毒委员会组织，各成员单位配合、社会各界广泛参与的禁毒宣传教育工作体系。**

**【本条主旨】** 本条是关于禁毒宣传教育工作体系的规定。

**【立法依据】**《禁毒法》第11条规定，国家采取各种形式开展全民禁毒宣传教育，普及毒品预防知识，增强公民的禁毒意识，提高公民自觉抵制毒品的能力。国家鼓励公民、组织开展公益性的禁毒宣传活动。

**【立法目的】** 建立科学、系统、实效的禁毒宣传教育工作体系，有利于提高广大人民群众识毒、拒毒、防毒能力和参与禁毒的意识，营造社会各界关注禁毒、积极参与禁毒人民战争的氛围；有利于完善禁毒宣传教育管理体制，加强对禁毒宣传教育工作的重视，为预防和减少毒品违法犯罪活动、保护公民身心健康、促进社会和谐稳定做出积极贡献。

**【条文详解】**本条规定了县级以上人民政府、各级禁毒委员会、禁毒委成员单位及社会各界广泛参与的全民禁毒宣传教育工作体系。2014 年中共中央、国务院下发的《关于加强禁毒工作的意见》（中发〔2014〕6 号）和 2015 年中共云南省委、云南省人民政府下发的《关于进一步加强禁毒工作的实施意见》（云发〔2015〕8 号）要求，各地要建立各级禁毒部门牵头、党委宣传部门协助、有关部门齐抓共管、社会各界广泛参与的全民毒品预防教育工作体系，把毒品预防教育作为国民教育和社会主义精神文明建设的重要组成部分，以上意见内容都是对全民禁毒宣传教育工作体系的规定。

1. 全民禁毒宣传教育工作体系

所谓体系，泛指一定范围内或同类的事物按照一定的秩序和内部联系组合而成的整体，是不同系统组成的系统。全民禁毒宣传教育工作体系是禁毒宣传教育工作的保障，是链接禁毒委员会及其成员单位、社会力量的有力纽带，有了禁毒宣传教育体系，多方力量才能形成一个整体，才能发挥有机体系团结的力量，防范毒品的侵袭，保护公众的安全。

多年来，云南省禁毒委员会办公室一直协调各成员单位，积极发挥禁毒宣传职责，充分发动禁毒志愿者，成立了云南省禁毒志愿者协会，每年开展不同主题的禁毒宣传教育活动，有力推进了云南的禁毒工作。

2. 全民禁毒宣传教育工作体系的构成

全民禁毒宣传教育工作体系由县级以上人民政府统一领导，建立健全三个层次的体系：一是组织管理体系，主体是各级禁毒委员会。各级禁毒委员会应根据本条例所规定的禁毒工作职责，联动、协调相关单位、部门开展禁毒宣传活动，组织第三方评估。二是执行实施体系，主体是禁毒委员会各成员单位。成员单位应当依据本条例所规定的法定职责，配合禁毒委开展禁毒宣传教育工作。三是全民禁毒宣传教育体系。社会各界应广泛参与禁毒宣传教育工作，县级以上人民政府应当依据本条例第 9 条的规定制定具体实施细则，对参与支持禁毒宣传教育的单位、部门、社会组织及个人给予表彰、奖励，以调动成员单位和社会人士参与禁毒工作的积极性、主动性；同时对禁毒宣传教育职责不履行或者履行不到位的单位、部门应给予相应的处分。

**第十一条　各级人民政府及其部门应当采取多种形式加强禁毒宣传工作，普及毒品预防知识，实现禁毒宣传教育全覆盖。**

**禁毒委员会应当组织编写、制作禁毒知识读本、音像制品、互联网宣传产品等，运用各类媒体对公民进行禁毒宣传教育。**

**【本条主旨】**本条是关于各级人民政府及其部门、禁毒委员会在禁毒宣传教育工作中的任务规定。

**【立法依据】**《禁毒法》第 11 条第 1 款规定，国家采取各种形式开展全民禁毒宣传教育，普及毒品预防知识，增强公民的禁毒意识，提高公民自觉抵制毒品的能力。

《禁毒法》第 12 条规定，各级人民政府应当经常组织开展多种形式的禁毒宣传教育。工会、共产主义青年团、妇女联合会应当结合各自工作对象的特点，组织开展禁毒宣传教育。

**【立法目的】**要求各级人民政府及其部门、禁毒委员会加强禁毒宣传教育工作，通过对禁毒宣传教育的内容形式、宣传载体、覆盖面做列举式与概括式相结合的规定，以注重禁毒宣传教育工作富有实效的开展。

**【条文详解】**本条明确了作为禁毒领导主体的各级人民政府及其相关部门的禁毒宣传教育工作任务。该条包括两个条款，第 1 款强调各级人民政府及其部门的任务，第 2 款强调各级禁毒委员会的任务。

1. 各级人民政府及其部门禁毒宣传教育的任务

各级人民政府及其部门是禁毒宣传教育工作的主体，其在禁毒宣传教育中的任务从三个方面体现：

一是从形式上强调加强禁毒宣传教育。禁毒宣传教育的形式要多样化，避免禁毒宣传教育形式单一、枯燥、僵化、呆板，要做到多样、新颖、有趣、有吸引力。比如，可以用禁毒宣传教育展板、参观禁毒教育基地进行禁毒宣传，可以拍摄视频、公益广告、微电影等进行宣传，可以创作话剧、影视剧等文艺作品进行宣传，可以组织禁毒题材的征文、演讲、绘画、手抄报、撰写教案、体育活动等比赛性质的活动，可以组织禁毒社会实践和志愿服务活动进行禁毒宣传教育，可以在学校和家庭以“家校联合、手手相牵”的方式进行禁毒宣传教育，可以开展毒品预防教育品牌创建活动，可以在社区举办禁毒宣传公益演出活动进行宣传，等等。总之，各级人民政府及部门要根据自身单位的性质、特点、业务内容等开展适切的有针对性的禁毒教育活动。

二是从内容上强调毒品预防知识的普及。该任务强调了在禁毒宣传教育工作中毒品预防知识普及的重要性，政府及其部门应该将毒品预防知识通过各种形式广泛传播、普遍推广到全社会每一个社会成员。例如，云南省近年来所开展的道路交通沿线识毒拒毒反毒宣传、高校禁毒志愿者三下乡活动、禁毒宣传进物流寄递行业、青少年毒品预防教育“6·27”三年工程及成果深化运用、禁毒宣传“流动课堂”、禁毒宣传下基层、禁毒宣传及禁毒公益电影进农村，以及“6·1”虎门销烟、“6·26”国际禁毒日、“12·1”、“12·4”等节点及全民禁毒宣传月等活动，都是毒品预防知识的普及活动。这些活动通过中央、省内媒体的宣传报道，进一步营造了全民禁毒氛围，为社会各界参与支持禁毒斗争提供了良好的禁毒环境。

三是从效果上强调禁毒宣传教育工作要实现全覆盖。全覆盖不仅是宣传教育对象的全覆盖，既包括未成年公民、成年公民，也包括在中国居住的外国人。全覆盖也应是图书馆、宾馆等公共场所的全覆盖，还应是社区、学校、家庭的全覆盖。保障禁毒宣传工作的全覆盖需要阶段性、经常性、长期性地开展活动。

2. 各级禁毒委员会禁毒宣传教育的任务

各级禁毒委员会的禁毒宣传教育任务从两个方面实施：

一是禁毒宣传产品的组织编制。宣传产品可以有知识读本、音像制品、互联网产品等。禁毒知识读本是指载有禁毒知识的可供阅览的作品，可以文字、绘画等形式呈现，可以有纸质版和电子版的，可以根据年龄阶层分为小学、中学、大学等层次的读本。禁毒音像制品是指录有禁毒内容的录音带、录像带、唱片、激光唱盘和激光视盘等，包括音像软件、学习软件等。常见的有：CD、VCD、DVD、DVCD、EVCD、蓝光碟等。禁毒互联网产品是指利用网络宣传禁毒知识的一种形式，就是利用互联网进行禁毒宣传推广活动，被推广对象是禁毒知识。利用互联网宣传禁毒知识的载体就是禁毒互联网宣传产品，可以是禁毒信息、禁毒网站、禁毒公众号、禁毒论坛以及禁毒视频等。知识读本、音像制品、互联网宣传产品等内容要科学、准确并及时更新，系统讲解禁毒知识、识毒方法、拒毒技巧等方面的内容，针对禁毒宣传教育对象的特点，运用适当的方法进行宣传。

二是运用媒体进行禁毒宣传教育。媒体是借助用来传递信息与获取信息的工具、渠道、载体、中介物或技术手段。传统媒体主要指广播、电视、报纸、周刊（杂志）、灯箱等户外媒体。随着科学技术的发展，现在还有互联网、手机等新媒体。禁毒委员会应该协调媒体开展阶段性、经常性、专题性的禁毒宣传报道。运用这些媒体定期刊登、播放禁毒宣传广告、节目和进行宣传报道，鼓励学生及社会上的青少年注册、运用全国青少年毒品预防教育数字化平台，学习识毒防毒拒毒及禁毒知识，从多角度、多层面开展毒品预防教育工作，做到禁毒宣传教育深入人心、有实效。

**第十二条　县级以上人民政府建立的禁毒教育基地应当免费向**

**社会开放，提供禁毒宣传教育服务。**

**报刊、广播、电视、网络等公共信息服务单位应当安排宣传版面和时段，免费定期刊登、播放禁毒公益广告和节目。**

**公共图书馆、阅览室应当提供禁毒宣传教育读物。**

**各级行政学院、公职人员培训机构应当将禁毒宣传教育列入培训内容。**

**国家机关、社会团体、企业事业单位等应当定期开展对本单位人员的禁毒宣传教育。**

**【本条主旨】**本条是禁毒教育基地使用及单位开展禁毒宣传教育工作的规定。

**【立法依据】**《禁毒法》第12条规定，各级人民政府应当组织开展多种形式的禁毒宣传教育。工会、共产主义青年团、妇女联合会应当结合各自工作对象的特点，组织开展禁毒宣传教育。

《禁毒法》第14条规定，新闻、出版、文化、广播、电影、电视等有关单位，应当有针对性地面向社会进行禁毒宣传教育。

**【立法目的】**敦促县级以上人民政府整合禁毒工作力量和资源，根据实际情况积极建立禁毒教育基地这一禁毒宣传教育的平台，并通过对公众免费开放向公众特别是青少年普及禁毒知识；对单位禁毒宣传教育的规定可使各级单位开展禁毒宣传教育有法可依、有章可循，并避免推卸责任。

**【条文详解】**该条款规定是根据国家禁毒办倡导建立毒品预防教育基地的要求，借鉴了如下法规条款：《上海市禁毒条例》第10条第3款规定，禁毒委员会办公室会同教育、科技、公安、司法行政、卫生计生、文广影视、新闻出版、网信等部门，建设禁毒教育基地，组织编制禁毒教育教材、知识读本、音像制品、互联网文化产品等运用新媒体、新技术为公众提供禁毒宣传教育服务。第11条规定，新闻、出版、文化、广播、电影、电视、互联网站等有关单位，应当面向社会进行禁毒宣传教育。报刊、广播、电视、网络等大众传媒应当制定和实施禁毒公益宣传教育方案，安排宣传版面和时段，定期刊登、播放禁毒宣传广告和内容，并将相关情况报行业主管部门。《福建省禁毒条例》第10条规定，地方各级人民政府应当将禁毒宣传教育纳入公民素质和普法教育内容，根据本地禁毒工作实际开展常态化禁毒宣传教育，设立禁毒教育基地，免费向社会开放，增强全社会的禁毒意识。第14条第2款规定，报纸、广播电视、网络、移动通讯以及其他公共视听载体等信息服务的单位和媒体，应当开展常态化公益禁毒宣传教育，安排专门时段、版面免费刊登、播放禁毒节目和公益广告。以上规定明确了禁毒教育基地和各类单位是对社会公众进行禁毒宣传教育的重要平台以及各平台的工作任务。该条通过五款内容，阐述了禁毒教育基地及其他相关单位的禁毒宣传教育工作。

1. 禁毒教育基地的禁毒宣传教育

禁毒教育基地在整个毒品预防教育的过程中起着非常重要的作用，可以说是禁毒工作的重要平台、重要环节。禁毒教育基地，拥有青少年毒品预防教育和向社会宣传普及禁毒知识两大职能，通过参观禁毒展览、观看禁毒影片、开展禁毒主题活动等手段面向全社会进行禁毒宣传教育，可以提高全民族的禁毒意识，达到识毒、戒毒、禁毒的目的。因此，禁毒教育基地承载着历史、现在、将来三点重大教育意义。

县级以上人民政府根据实际情况建立专门的禁毒教育基地，是国家对毒品预防教育工作的一贯要求，也是深入贯彻中共中央、国务院《关于加强禁毒工作的意见》，国家禁毒委员会办公室会同中宣部等14部门联合制定的《全国青少年毒品预防教育规划（2016—2018）》的要求。《全国青少年毒品预防教育规划（2016—2018）》提出要以青少年为主要服务人群，逐步建成中央和省级、地市级、县级四级禁毒教育基地。要求建立1所国家级、32所省级禁毒教育基地；全国300万人口以上大城市各建1所禁毒教育基地；毒情严重、登记吸毒人员超过5000人的地市州和超过1000人的重点县市均要建立禁毒教育基地。还要求各地禁毒、科技、文化部门要利用科技馆、文化宫、少年宫、会展中心等人流集中的场馆，建设禁毒教育园地。街道、乡镇要因地制宜，利用社区文化中心（站）、宣传栏等建立小型禁毒教育园地。鼓励各级各类学校建立禁毒宣传教育橱窗、长廊。

该条规定强调禁毒教育基地面向公众必须免费开放，不得收费。要发挥好禁毒教育基地的宣传作用，建设好国家禁毒办关心支持的校园图书角和省禁毒办确定的农村禁毒宣传阵地，大力开展公益宣传。

2. 公共信息服务单位的禁毒宣传教育工作

在当今产业信息化年代，社会资源信息传播已经网络化，对资源信息利用率大幅度提高，人们把意向需求以市场形式展现出来，即时在公共信息平台里传播或寻找需求，这种对信息资源传播的互动交流，创造出来的网络新文化，为“即时寻公共信息平台”。报刊、广播、电视、网络四大公共信息服务平台具有行业优势，也具有发挥党的喉舌作用、向社会大众传播正能量的公益属性及相关信息的职能，它们的优缺点如下：报纸的优点是保存性强、选择性强、容易做到深化（解释型媒介）；缺点是时效性差、信息借助于文字传播就要求读者有一定文化水平，这就限制了受众的范围，同时感染力不如广播和电视。广播的优点是声情并茂真实感人、时效性强、影响面广、渗透力强（不受时空限制，不受众文化水平限制）；缺点是信息保存性差、选择性弱。电视的优点是现场感强、形象真实、可信度高、说服力和感染力强、时效性强（电子媒介共同特点）；缺点是易流于表面化和浅薄化。网络的优点是信息量大、传播具有交互性、传播采取多媒体方式、时效性强、感染力强；缺点是信息良莠不齐、真假难辨。

禁毒工作是利于千秋万代的工作，新媒体、即时媒体是目前大众使用率极高的通信方式，禁毒部门、党委宣传和新闻出版广电部门要充分重视并利用报纸、期刊、广播电台、电视台以及网络等媒体的特点进行禁毒宣传教育，建立工作机制，建议每月应当定期免费播放、刊登一定版面和时段的禁毒公益广告和节目，并增加禁毒宣传教育内容的感染力和传播力。各级禁毒委员会应该大力协调各类媒体，开辟专栏，宣传禁毒，督促企事业属性的媒体履行公益宣传职能。

3. 公共图书馆、阅览室的禁毒宣传教育工作

公共图书馆是由中央或地方政府管理、资助和支持的、免费为社会公众服务的图书馆。它可以是为一般群众服务，也可以是为某一特定读者如儿童、工人、农民等服务的。公共图书馆内收藏学科广泛，读者成分多样，其主要特征：一是向所有居民开放；二是经费来源于地方行政机构的税收；三是其设立和经营必须有法律依据。我国《“十三五”时期全国公共图书馆事业发展规划》提出，“十三五”时期全国公共图书馆事业发展主要指标：到 2020 年，阅览室座席数 105 万个，人均公共图书馆藏书量 1 册，人均公共图书馆购书经费 1.8 元，文献外借 8 亿册次等。提出了城市 24 小时阅读服务空间、国家文献信息资源总目、中国记忆、数字图书馆推广工程等 19 个具体建设项目。在“全民阅读”背景下规定公共图书馆、阅览室提供禁毒宣传教育读物，有利于进一步传播禁毒理念，向读者传播禁毒法律法规、政策要求、禁毒知识等，让人民群众认清毒品危害，知晓拒毒常识，提高自觉反毒的积极性，营造全民禁毒氛围。因此，根据条款要求，公共图书馆、阅览室应该提供一定数量、质量较好的禁毒宣传读物，引导读者增加禁毒知识。

4. 各级行政学院、公职人员培训机构的禁毒宣传教育工作

云南是全国禁毒工作的前沿阵地，担负着全国“堵源截流”和解决省内毒品问题的双重重大历史责任。行政学院是国家行政机关设立的进行公务员培训的专门机构。在行政学院、公职人员培训机构开展毒品预防教育，有利于提高党政干部、公职人员的禁毒意识，增加禁毒知识，并能积极引领公职人员所在单位的禁毒工作，有利于形成及巩固各级党委、政府高度重视禁毒工作的领导体制。

根据该条例的规定，我省正协调各级党委组织部门，在党政干部培训、公职人员培训中纳入禁毒内容。

5. 各类组织的禁毒宣传教育工作

国家机关、社会团体、企事业单位及其他组织是个体以外的重要权利义务主体。禁毒不仅是全体公民的义务，也是各类组织的重要义务，是组织应当承担的社会责任的一部分。在组织内开展禁毒宣传教育能够发挥示范引领效应，引导社会面群众提高禁毒意识，扩大禁毒宣传教育覆盖面。本款规定了各类组织对组织内成员的禁毒宣传教育工作职责，明确了该工作的定期性要求。

**第十三条　教育部门负责对学校禁毒教育工作的组织领导，加强师资培训，督促落实毒品预防教学任务。**

**学校禁毒教育工作，校长为第一责任人。**

**学校应当将青少年禁毒教育纳入教学计划，根据每个学龄阶段的学生特点，每学期安排禁毒教育专门课时。**

**【本条主旨】**本条是关于学校开展禁毒教育职责任务的规定。

**【立法依据】**《禁毒法》第13条规定，教育行政部门、学校应当将禁毒知识纳入教育、教学内容，对学生进行禁毒宣传教育。

**【立法目的】**以学校为基础加强禁毒宣传教育是青少年毒品预防的重要环节，该条规定的目的在于把学校等教育机构和其他职业培训机构作为青少年毒品预防的主阵地，明确学校禁毒教育工作的责任及任务，从而增强青少年的防毒、拒毒意识，构建无毒校园的美好环境。

**【条文详解】**青少年吸毒人数递增是我国面临的严峻禁毒形势之一，由于青少年在学校接受教育的时间较长且稳定，因此学校教育理应在青少年禁毒教育中发挥不可替代的作用。本条以三个条款规定了学校开展禁毒教育的职责和任务。

1. 学校禁毒教育工作的管理主体及职责

学校禁毒教育工作的管理主体是教育部门，通常指教育行政管理部门，即各级政府对教育事业进行组织领导和管理的机构或部门。全省各级教育部门应当定期下达禁毒宣传教育任务，督促学校开展禁毒宣传教育活动，并考核学校禁毒宣传教育的实效。考核的方式可以是查阅台账、问卷或访谈老师和学生、调查学校是否有涉毒师生等。禁毒宣传教育师资不管是专职还是兼职的，都应该通过多种正规途径掌握禁毒知识、提升禁毒宣传教育的技能。

《全国青少年毒品预防教育规划（2016—2018）》中提出要建立毒品预防教育师资队伍。教育部门要把毒品预防教育列入教师培训内容，依托高等院校和科研机构建立毒品预防教育师资培养基地，采取专题培训、进修、参加研讨会等多种方式对师资进行禁毒素养的提升。师范院校要通过开设相关课程、邀请专家举办讲座等多种形式，提高师范生的毒品预防教育意识和能力，同时要求丰富学校毒品预防教育资料。

2. 学校禁毒教育工作的责任主体

云南省毒情形势严重，教育部门高度重视对青少年学生的禁毒教育，因此本条例规定校长为学校禁毒宣传教育的第一责任人，就是要加强对学校禁毒工作的组织领导，制定有关学校防毒、禁毒的制度和措施。比如，建立禁毒教育工作层级管理责任制，加强对学生法制宣传教育工作，开展丰富多彩的文化、科技、体育活动，优化学生成长环境，建立禁毒回访教育制度，充分利用每年国际禁毒日开展丰富多彩的禁毒活动等，把学校无吸毒、贩毒现象作为学校德育和安全教育的一项基本目标，纳入学校日常教育工作，避免禁毒教育失当推卸责任。

3. 学校禁毒教育工作的具体任务

学校应把青少年特别是在校学生毒品预防教育宣传工作置于基础性、先导性、战略性的地位，切实提高认识，强化相应责任，共同推进以在校学生为主的青少年识毒、防毒、反毒的禁毒预防教育。

首先，学校应将青少年禁毒教育纳入教学计划，计划可以与学校的艾滋病防治、环境、安全等同步制定。2014 年中共中央、国务院《关于加强禁毒工作的意见》要求学校等教育机构和其他职业培训机构将毒品预防教育的内容纳入其教学培训计划，并安排一定的课时开展教育培训。为顺应信息化时代发展要求，创新“互联网+禁毒教育”思路，创新云南青少年毒品预防教育“6·27”工程思路，可以申请利用国家禁毒办开发建设的具备“教、学、考、评”功能，集优质教材、课件、题库、考评体系于一体的全国青少年毒品预防教育数字化平台开展学校禁毒教育工作，提升云南青少年毒品预防教育能力。

其次，在计划中应该根据学生特点保证禁毒教育的专门课时。《全国青少年毒品预防教育规划（2016—2018）》要求学校落实毒品预防专题教育课时，在小学五年级至高中二年级每学年至少安排 1 课时毒品预防教育专题课程。毒情严重地区的学校，要将毒品预防教育纳入常规课程，每学年至少安排 2 课时的毒品预防教育专题课程。要将禁毒元素有机融入语文、历史、化学、生物、思想品德等课程，发挥渗透教学作用。中等职业学校和高等院校要在新生入学后和毕业生毕业前各开展一次毒品预防教育。

《上海市禁毒条例》第 12 条第 2 款规定，教育行政部门应当加强学校毒品预防专题教育，组织编制地方课程标准和教材，开展师资培训，指导和督促学校落实相关教学任务。各类中小学校应当将毒品预防专题教育纳入本校课程，落实教学计划、师资和课时；高等学校应当将禁毒知识纳入教学计划和课程内容。《福建省禁毒条例》第 13 条第 2 款规定，中小学校应当在小学五年级至高中开展禁毒宣传教育，每学年不少于二课时；中等职业学校、高等学校等应当按照有关规定开展禁毒宣传教育活动。《广东省禁毒条例》《浙江省禁毒条例》也都有专门条文对学校禁毒宣传教育进行了规定，可见各省市对学校毒品预防教育的重视。

目前，云南省每年在各级各类学校中开设禁毒课程，按照“6·27”工程要求，认真落实校园禁毒“五个一”或“十个一”要求，狠抓学校毒品预防教育，从源头上减轻了青少年尤其是在校学生涉毒现象。

**第十四条　学校发现在校学生有吸毒行为的，应当及时报告学校所在地公安机关和教育部门，通知学生家长，并配合有关部门进行帮教，督促戒毒。学校不得以吸毒为由开除未完成义务教育的未成年学生学籍。**

**【本条主旨】**本条是关于学校对学生吸毒行为的处理规定。

**【立法依据】**依据《宪法》第46条“中华人民共和国公民有受教育的权利和义务”，《义务教育法》第27条关于“对违反学校管理制度的学生，学校应当予以批评教育，不得开除”，《教育法》第40条关于“国家、社会、家庭、学校及其他教育机构应当为有违法犯罪行为的未成年人接受教育创造条件”，《未成年人保护法》第3条关于“国家根据未成年人身心发展特点给予特殊、优先保护，保障未成年人的合法权利不受侵犯”的规定，结合实际拟定。

**【立法目的】**为保护未成年人受教育的权利，给未成年学生成长和发展提供空间和缓冲，避免将吸毒学生一律开除推向社会，增加社会治理成本。

**【条文详解】**随着学生吸毒问题的增加，本条及时作出了合理的规定，在彰显社会公平正义的同时也体现了云南省对“失足”青少年的关爱与保护，同时，这也是为了让学校认清与尽好自身的教育责任，避免学校推脱教育挽救责任而做的保障性规范，敦促学校尽到有教无类的教育责任。条文首先明确了学校对学生吸毒行为的处理程序，从程序上保障了吸毒学生的合法权利，也体现了学校、家长、社会对吸毒学生的管教和帮助义务。其次条文还特别强调了不得开除吸毒学生的禁止性规定，为学龄青少年重新走上正轨留下了通道。

1. 学校对学生吸毒行为的处理程序

发现学生有吸毒行为后，学校的处理应遵循报告、通知、帮教督促的程序。吸毒行为是违法行为，学校发现在校学生有吸毒行为的，不应为了学校、个人声誉、名利或其他，隐瞒不报，应该及时报当地公安机关和教育部门，根据吸毒学生情况和法律法规的相关规定开展针对性的支持和帮扶，并通知吸毒学生家长，家校联手，配合、协助禁毒、戒毒等部门，对吸毒学生开展帮教和戒毒工作。

《全国青少年毒品预防教育规划（2016—2018）》中要求制定学生涉毒事件处置预案。对于首次吸毒或被引诱、欺骗而吸毒的学生，要按照《禁毒法》《未成年人保护法》等法律法规，坚持教育挽救为主，并做好涉毒青少年帮教保护工作。要求禁毒部门要建立涉毒青少年数据库，实行分类管理、另库存放，未经公安机关或禁毒部门批准，任何单位和个人不得擅自查询和使用。

2016 年 12 月，云南省禁毒委员会根据国家法律法规，深入推进“6·27”青少年毒品预防教育工程、“8·31”社戒社康工程，依法打击青少年涉毒违法犯罪、促进青少年健康成长，出台了《云南省青少年涉毒问题处置意见（试行）的通知》，明确了“对已满 14 周岁不满 18 周岁的青少年吸毒人员，应当登记并录入吸毒人员动管系统，严格管控。如其中涉及在校学生，应及时通报当地教育部门和学校，对于在校学生初次涉毒问题，教育部门应在公安机关的指导配合下，妥善处置”。“对 14 周岁及以下个别涉毒少年，除责令家庭、协调学校、社会教育外，一律不予行政处罚”。同时，明确了对青少年的管控帮教措施，鼓励青少年吸毒人员自行到戒毒医疗机构接受戒毒治疗，对自愿接受戒毒治疗的，公安机关对其原吸毒行为不予处罚。已满 14 周岁不满 16 周岁的或者已满 16 周岁不满 18 周岁初次吸毒的吸毒人员给予行政拘留不执行；已满 18 周岁的吸毒人员给予行政拘留处罚；吸毒成瘾的青少年依据成瘾程度，可以责令其接受社区戒毒或者采取强制隔离戒毒措施。不满16周岁的未成年人吸毒成瘾的，可以不适用强制隔离戒毒。被解除强制隔离戒毒的人员，可以责令其接受社区康复。此外，规定行政拘留所应当开设专门的病室，在青少年吸毒人员生理脱毒期提供医疗、生活、身心等人文关怀。

2. 学校处理学生吸毒行为的禁止性规定

学校教育是人类传承文明成果的一种方式和途径。因此，学校的重要任务就是让学生掌握知识，帮助青少年学会更好地融入群体与社会；帮助青少年获得终身学习和终身发展的动力、热情和必备的基础；要使青少年在纷杂的事物中学会选择，具有正确的价值判断能力；要为青少年多样化的发展提供可能和条件，使他们具有独立健全的人格和鲜明健康的个性；要使青少年拥有善良的人性、美好的内心和优雅的举止；要使青少年学会清醒而客观地认识自身的价值和在社会上恰当的位置，并养成时时自我反省的习惯，学会自我调整，使自身不断完善；要使青少年逐渐懂得自己所承担的责任，包括对自己、对家庭、对社会、对人类和对后代的责任。总之，学校教育要有助于不断提高人的生命质量。纵然吸毒是违法行为，但是吸毒学生，其本质上还是个学生，要给予青少年改过自新的机会，很多学生吸毒大多是因为无知、好奇、同伴压力的原因，而好奇或者同伴压力这样的原因也会使学生做出其他的合法行为，并无太多其他恶性的原因。而且孩子的成长需要学校、家庭、社会的监管，倘若学校发现吸毒学生后一味地开除学籍，撵出校门，把这部分学生过早地推向社会，使他们缺失了学校这个青少年成长、发展的主要教育监管部门，进入社会这个复杂的“大染缸”，势必会增加他们再犯的机会，加大社会治理的成本。因此，对于吸毒的学生，政府、学校及其他相关部门有义务担负自身的责任，加强禁毒宣传教育，加强学校管理，对于误入歧途的学生，不抛弃、不放弃，将其拉回正道，避免因毒品毁其一生。

需要说明的是，该条规定只是对吸毒学生的规定，并不是对学生涉毒犯罪的规定。吸毒学生吸毒成瘾或者帮教无效需要根据相关法律规定到相关机构或者场所戒毒康复，但是学校不得开除其学籍。

**第十五条　父母或者其他监护人应当对未成年人进行禁毒教育。家庭成员有吸毒行为的，其他家庭成员应当对其教育和制止，配合有关部门帮助其戒除毒瘾。**

**【本条主旨】**本条是关于家庭进行禁毒教育的义务和责任。

**【立法依据】**《未成年人保护法》第6条规定，保护未成年人，是国家机关、武装力量、政党、社会团体、企事业组织、城乡基层群众性组织、未成年人的监护人和其他公民的共同责任。《禁毒法》第18条规定，未成年人父母或者其他监护人应当对未成年人进行毒品危害的教育，防止其吸食、注射毒品或者进行其他毒品违法犯罪活动。

**【立法目的】**促进未成年人在家庭社会化过程中，形成良好的性格、健全的人格，通过家庭成员间良好的互动，防治家庭各成员吸毒，创建无毒家庭。通过法律强化家庭的禁毒教育作用，有利于戒毒人员巩固戒毒效果，降低复吸率。

**【条文详解】**家庭教育是教育人的起点和基点，具有早期性、及时性、连续性、权威性和感染性。家庭是每一个人的港湾，可避风可挡雨，家庭教育环境优劣直接影响一个人能否树立正确的人生观、世界观、价值观。因此，家庭毒品预防教育也具有前导性，可事半功倍。监护人教导未成年人珍爱生命、远离毒品，当家中有成员吸毒时，不可以排斥和歧视，要给予关爱和帮助，增加吸毒成员戒毒康复的勇气和信心。本条从两个方面阐述了家庭禁毒教育的义务与职责。

1. 未成年人的家庭禁毒教育

《关于加强禁毒工作的意见》（中发〔2014〕6号）要求建立学校、家庭和社区毒品预防教育衔接机制，普及家庭防毒知识；《全国青少年毒品预防教育规划（2016—2018）》中要求重视家庭禁毒宣传教育；《上海市禁毒条例》第12条第1款规定，未成年人的父母或者其他监护人应当对未成年人进行毒品危害和药物滥用危害教育，关注其社会交往，防止其吸毒或者进行其他毒品违法犯罪活动；《福建省禁毒条例》第15条第3款、第4款规定，未成年人的父母或者其他监护人应当对未成年人进行毒品危害的教育，防止其吸食、注射毒品或者进行其他毒品违法犯罪活动。家庭成员有吸食、注射毒品的，家庭其他成员应当进行教育和制止，并给予生活上的关心，帮助其戒除毒瘾。

家庭在未成年人的毒品预防教育中担负着不可替代的责任，承担着主要职能，承担未成年人禁毒教育的法律义务主体是父母或者其他监护人。《民法总则》第27条规定，父母是未成年子女的监护人。未成年人的父母已经死亡或者没有监护能力的，由下列有监护能力的人按顺序担任监护人：（1）祖父母、外祖父母；（2）兄、姐；（3）其他愿意担任监护人的个人或者组织，但是须经未成年人住所地的居民委员会、村民委员会或者民政部门同意。父母是孩子的第一个老师，也是最重要的老师，孩子会直接效仿父母的言行举止。家庭教育环境良好与否直接影响着未成年人能否形成正确的人生观、价值观、世界观，一个人从孩童成长为成年人步入社会的条件和技能大部分是在家庭中习得，父母多尽一份教育的职责，孩子在步入社会以后就会少走一些弯路。但是，一些父母把对孩子的教育职责全部转移给学校，甚至把监护和教育职责全权委托于爷爷奶奶等，比如留守儿童。这种思想和做法对青少年的成长是极为不利的，父母才是对孩子进行教育的首要义务人，良好的家庭教育对孩子身心健康成长极为重要，父母的教育义务不可推卸。

理解家庭对未成年人的禁毒教育需要注意以下两点：

首先，家庭教育的内容不仅仅是教授文化知识。有的父母认为自己文化知识不高，没有能力承担对子女的教育，认为教育青少年是学校和老师的职责。其实不然，家庭教育不仅仅是对孩子文化知识的教育，还有生活习惯和社会技能的习得。一个人要从孩童变成社会人，要能成功步入社会，不仅仅需要获得文化知识，更需要心理成长，而决定心理成长成熟的关键正好来自家庭关系，来自父母的正确引导和教育。健康的心理成长则是未成年人远离毒品伤害的基础。

其次，即使存在其他监护人，父母的监护职责也不可推诿。《民法总则》第26条规定，父母对未成年子女负有抚养、教育和保护的义务。父母是未成年子女的当然监护人，这种监护职责不会因夫妻离异、未成年子女不跟自己生活而消失；父母对未成年人的抚养、教育和保护义务也不会因委托监护、协议监护而消灭。在实践中，大部分吸毒人员是因为缺少父母监管，或者父母离异没有家长约束而结交了不良朋友，染上吸毒恶习。所以父母对未成年人应该尽到禁毒教育职责。

2. 对吸毒家庭成员的教育、制止和帮助

家庭禁毒宣传教育是以家庭为场所，对家庭成员进行毒品预防教育，帮助其提高拒绝毒品的相关能力，防止其吸食毒品；对吸毒家庭成员进行教育、制止，并配合其他部门帮助吸毒家庭成员戒断毒品。本条重点对吸毒家庭成员的家庭禁毒宣传教育做出了规定。

在家庭成员的禁毒宣传教育中，尤其以青少年家庭成员的教育为主。云南省政府职能部门应该对青少年家庭在禁毒宣传教育方面予以帮助，如妇联、共青团、工会等单位、部门，应协助家庭进行青少年禁毒教育、防范青少年涉毒，实施关心青少年、妇女、家庭、职工的相关项目及活动，通过“妇女之家”“职工之家”“关工委”等载体，落实对家庭、职工的禁毒教育；各地应发挥青少年毒品预防教育阵地资源，互动开展一系列防范青少年涉毒的教育引导；以吸毒对家庭、对社会、对国家造成的危害开展对青少年的警示教育；在禁毒宣传“六进”活动中，采取切实有效的措施，开展适应家庭特别是“三留守”和涉毒重点家庭的禁毒防范教育；发挥青少年毒品预防教育工程的功能，以“小手牵大手”的方式，相互教育、相互影响，引导家庭成员，防范和减少青少年涉毒问题。在边疆农村地区，建设一批以村级文化活动室、农村学校和群众聚集地等场所为主的禁毒教育点，开展毒品预防宣传。宣传部、省禁毒办、省新闻出版广播电局、省防治艾滋病局应开展禁毒宣传公益活动，如在农村地区的开展公益放映活动，力求使全省12699个行政村数百万个家庭接受禁毒知识、禁毒教育。

**第十六条　县级人民政府及其有关部门、乡镇人民政府、街道办事处、村（居）民委员会应当采取措施，加强对村（居）民、流动人口的禁毒宣传教育。鼓励在村规民约中规定禁毒的内容，并督促遵守。**

**【本条主旨】**本条是关于社区开展禁毒宣传教育的职责规定。

**【立法依据】**《禁毒法》第17条规定，居民委员会、村民委员会应当协助人民政府以及公安机关等部门，加强禁毒宣传教育，落实禁毒防范措施。

**【立法目的】**明确社区禁毒宣传教育的主体、对象及措施，督促社区做好禁毒宣传教育。从而有利于禁毒工作与社区两个文明建设的结合，带动社区经济、政治等全面建设的发展。

**【条文详解】**本条是为深入贯彻落实《禁毒法》，使社区内的广大人民群众充分认识禁毒工作的重要性和必要性，进一步树立起自觉远离毒品、抵制毒品的意识，营造一个健康安全的生活环境，构建一个和谐无毒社区。该条包括三个内容：

1. 社区禁毒宣传教育的主体

县级人民政府及其有关部门、乡镇人民政府、街道办事处、村（居）民委员会是社区戒毒的主体。其中，县级人民政府及其有关部门、乡镇人民政府主要负责社区禁毒宣传教育工作的管理，为协助主体；街道办事处、村（居）民委员会为主要执行主体。

2. 社区禁毒宣传教育的对象

社区村（居）民是社区禁毒宣传教育的对象，以社区这一最为普遍的场所开展禁毒宣传教育，填补了学校、家庭教育的空白。在社区禁毒宣传教育中，流动人口是重点。目前，我国人口流动较大，社区概念的外延在延伸。《广东省禁毒条例》第17条第1款规定，居民委员会、村民委员会应当在居民公约、村规民约中规定禁毒的内容，加强对居民、村民和本区域流动人口的禁毒宣传教育。《浙江省禁毒条例》第10条第2款规定，各级人民政府应当为流动人口在现居住地接受禁毒宣传教育创造有利条件。以社区为据点，要加强对社区内公民的禁毒宣传教育。

3. 社区禁毒宣传教育的方式

该条用概括性的方式明确了社区禁毒宣传教育主体应该采取措施对村（居）民、流动人口采取禁毒宣传教育。各地具体的措施通常有：加强乡村毒品预防教育，纳入县级人民政府、有关部门、乡镇人民政府、街道办事处和村（居）民自治组织的职责之一；各地在乡村禁毒宣传和整治工作中，落实了开展禁种铲毒、打击外流贩毒、开展合法致富教育帮助及对外出务工人员签订禁毒协议等措施，创建了农村、社区的禁毒工作。本条要求和鼓励基础人民政府及基层组织继续开展如下工作：一是督促县级及以下政府，开展创建“无毒”的教育引导。二是加强对村（居）民和外来、外流人口的禁毒教育。三是引导村（居）民自觉遵守“村规民约”。对自治组织将村（居）民利益与涉毒关联的好的做法，应当推广。四是鼓励组织建立禁毒护村队、禁毒宣传（志愿者）队伍开展涉毒问题整治。五是创新宣传模式，利用微博、微信等互联网新媒体对流动人口进行毒品预防教育宣传，这样互既能弥补传统教育方式的不足之处，也为想学习毒品预防知识的人群提供很大的便利。

为进一步加强流动人口管理，促进经济社会和谐发展，毒品预防教育应当做到全覆盖、不留死角。云南省人口流动性大，外来人员众多，涉及黄、赌、毒的情况经常性发生，流动人口是染毒的高风险人群，各级人民政府应当加强对流动人口的毒品预防教育，同时有必要将禁毒宣传纳入村规民约，作为社区、农村禁毒宣传和乡村治理的重要内容。

此外，本条还规定了倡导性措施，鼓励在村规民约中规定禁毒的内容，并督促遵守。村规民约对社区居民具有实际的、即时的约束力，在村规民约中加上禁毒的内容，可减缓政府毒品控制的压力。

**第十七条　铁路、公路、水上、航空、城市轨道交通和邮政、快递等经营单位以及旅馆、洗浴、会所、茶馆、酒吧、歌舞厅、网吧等娱乐服务场所，应当在显著位置设立禁毒警示标识，公布举报方式，开展禁毒宣传。**

**【本条主旨】**本条是关于场所开展禁毒宣传教育的义务规定。

**【立法依据】**《禁毒法》第15条规定，飞机场、火车站、长途汽车站、码头及旅店、娱乐场所的经营者、管理者，负责本场所的禁毒宣传教育，落实禁毒防范措施，预防毒品违法犯罪在本场所内发生。第16条规定，国家机关、社会团体、企业事业单位以及其他组织，应当加强对本单位人员的禁毒宣传教育。《娱乐场所管理条例》第14条第1款第1项规定，娱乐场所及其从业人员不得实施下列行为，不得为进入娱乐场所的人员实施下列行为提供条件：贩卖、提供毒品，或者组织、强迫、教唆、引诱、欺骗、容留他人吸食、注射毒品。

**【立法目的】**在各类场所设置禁毒标识，是场所经营者、管理者履行禁毒的法定义务。公共场所人员密集、鱼龙混杂、活动频繁，也是人们接受禁毒宣传的重要场所。在场所设置禁毒标识，既有利于提醒经营者、管理者及场所参与者发扬自律精神，也有利于相互监督，营造浓厚的禁毒舆论氛围。

**【条文详解】**2019 年国际禁毒日到来之际，习近平总书记就禁毒工作作出重要指示强调，要加强党的领导，充分发挥政治优势和制度优势，完善治理体系，压实工作责任，广泛发动群众，走中国特色的毒品问题治理之路，坚决打赢新时代禁毒人民战争。开展禁毒人民战争，就要广泛发动群众，真正形成禁毒人民战争的良好局面，着重体现在预防教育、禁吸戒毒、堵源截流、禁毒严打和禁毒管理五个战役，这五个重要方面涵盖了禁毒工作的主要内容，覆盖于整个禁毒防控体系。在铁路、公路、水上、航空、城市轨道交通和邮政、快递等经营单位以及旅馆、洗浴、会所、茶馆、酒吧、歌舞厅、网吧等娱乐服务场所的显著位置设立禁毒警示标识，公布举报方式，开展禁毒宣传是广泛发动人民群众，开展禁毒人民战争的重要内容，是中国特色社会主义禁毒模式的体现，成效显著。落实好本条规定对打好禁毒人民战争至关重要。

1. 禁毒宣传教育的重点场所

该条明确了禁毒宣传教育的重点场所，主要包括两类，第一类是物流经营单位，包括铁路、公路、水上、航空、城市轨道交通和邮政、快递等经营单位；第二类是娱乐服务场所，包括旅馆、洗浴、会所、茶馆、酒吧、歌舞厅、网吧等。

2. 场所禁毒宣传教育的义务要求

场所禁毒宣传教育义务主要有三个：

一是在汽车站、火车站、飞机场等场所，普遍设置禁毒标示、标牌，该工作主要由公安机关、文化管理、市场监管和道路运输等部门落实，禁毒委办公室应加强对场所设置禁毒标识的检查，对未落实的场所，督促整改。

二是公布举报方式。这里举报的客体是毒品违法犯罪活动。各地举报的路径各有创新，通常有 110、公安厅举报电话、向公安厅禁毒总队去信、到各级公安机关当面举报、微信平台举报等。云南省每年通过群众举报缴获毒品约占缴获总数的十分之一，有力配合了禁毒工作的正常开展；公布举报路径的同时也可提示举报有奖励，以增加举报的积极性。禁毒举报奖励管理部门应加大对举报有功人员的奖励，广泛发动人民群众，弘扬正气，打击涉毒歪风邪气。

三是开展禁毒宣传。在场所等地开展禁毒宣传，开展禁毒咨询活动，展示毒品防范知识，在场所摆放一批禁毒宣传资料，方便群众取阅，也可发放禁毒资料，号召人民群众参与支持禁毒斗争。对于未尽到义务的场所，禁毒管理部门应该进行查处、曝光、整改，进一步警示行业自律，净化场所风气。

**第十八条　自治州、自治县应当使用国家通用语言文字和当地少数民族语言文字开展禁毒宣传，鼓励开展具有地方民族特色的禁毒宣传教育活动。**

**【本条主旨】**本条是关于民族自治地区开展禁毒宣传教育的特殊规定。

**【立法依据】**《宪法》第 4 条第 4 款规定，各民族都有使用和发展自己的语言文字的自由。《民族区域自治法》第 21 条规定，民族自治地方的自治机关在执行职务的时候，依照本民族自治地方自治条例的规定，使用当地通用的一种或者几种语言文字；同时使用几种通用的语言文字执行职务的，可以以实行区域自治的民族的语言文字为主。

**【立法目的】**为尊重少数民族使用本民族语言文字，同时为更广泛有效地开展毒品预防教育工作，遵循在少数民族地区使用双语开展禁毒宣传的惯例，也为破解云南少数民族地区群众听不懂汉语及普通话而制定此规定。

**【条文详解】**云南省是由 26 个民族组成的集边疆、贫困、落后于一体的民族大省。使用汉语和当地少数民族语言开展富有地方特色的禁毒宣传教育活动，是云南禁毒工作的特色，能够把党和国家关于禁毒的法律法规、党中央领导关于禁毒工作的重要指示批示、地方党委和政府禁毒的决心措施、禁毒工作的重要成就及经验、禁毒关系民生福祉和社会进步等依法治毒要求，准确传达到边疆民族地方的人民群众，便于广泛发动社会各界尤其是广大边境地区的民族群众参与支持禁毒斗争。

云南省有8个少数民族自治州，29个少数民族自治县，25个少数民族，少数民族众多，且每个民族都有自己的文字或语言，一些少数民族自治地方的群众不通晓汉语，要真正做到全民禁毒防毒，开展禁毒人民战争，不能落下任何一个民族或一个人。要求和鼓励各地利用少数民族语言进行毒品预防知识的宣传，既是对各民族语言文字的尊重，也是让毒品预防知识走进每一个群众心里的有力举措。我省边疆、少数民族自治区域的公安机关、禁毒部门和相关单位、部门，普遍使用双语对民族群众开展禁毒教育，扩大了云南禁毒斗争的参与度、影响力。

1. 民族自治地区开展禁毒宣传教育使用语言的特殊规定

做好少数民族自治地方的毒品预防宣传工作，一是对使用汉语开展禁毒宣传困难的地区，使用当地民族语言进行禁毒培训、开展禁毒宣传。二是结合学校、学生使用和推广普通话的要求，要求学生向家长及其他家人传播学校禁毒教育的知识。

2. 民族自治地区开展民族特色禁毒宣传教育的规定

民族自治地区应该结合民族特色开展禁毒宣传教育工作，如柳州市融水县将禁毒知识编入苗歌中。在民族乐器的伴奏下，“苗歌王”们用优美婉转的歌声给现场群众上演了一场生动活泼、别具一格的禁毒苗歌宣传演唱会。此外，还应该建立、组织边境地区民族群众报告、举报外省区市人员涉毒等信息、情报及特殊奖励制度，发动民族群众参与毒品治理和边境管理。

# 第三章　毒品管制

**【本章立法背景】**国际社会一直都在致力于建立统一的毒品管制体系以及相应的制度规范，由《1961 年麻醉药品单一公约》《1971 年精神药物公约》和《联合国禁止非法贩运麻醉药品和精神药物公约》所组成的“三大国际禁毒公约”将国际毒品管制的策略、方案、手段以及组织机构、列管程序和毒品附表逐一呈现，对缔约国提供了其国内立法的样本与参照，同时也作为国际毒品管制制度的规范象征和国际毒品管制策略的规则表现，对缔约国以及相关国家和地区起到最为基础的约束作用。“三大公约”自签署以来，一直是世界各国恪守的基础性规范，其所建立的国际毒品管制机构、管制报告及检测制度、毒品犯罪的认定标准及处遇对策，也大多能够得到缔约国的认可，并且在国内立法中予以具体体现。

中国政府对毒品实施严格管制。禁毒工作事关国家安危、民族兴衰、人民福祉，厉行禁毒是中国政府的一贯主张和立场。近代以来，中国人民曾经饱受鸦片烟毒侵害，毒品给中华民族带来过沉重灾难。当前，国际毒潮持续泛滥，全球制造、走私、贩运、滥用毒品问题更加突出，毒品来源、种类、吸毒人数不断扩大，严重威胁人类健康、发展、和平与安全。受全球毒品蔓延和国内多种因素影响，我国处于毒品问题蔓延期、毒品犯罪高发期、毒品治理攻坚期的基本态势没有发生根本改变，并呈现出境内与境外毒品问题相互交织、传统与新型毒品危害相互交织、网上与网下毒品蔓延相互交织等新特点，毒品来源持续增多，合成毒品滥用突出，毒品种类加速变异，毒品犯罪组织化、网络化、暴力化明显增强，毒品问题的复杂程度和治理难度进一步加大。

习近平总书记强调，禁毒工作事关国家安危、民族兴衰、人民福祉，毒品一日不除，禁毒斗争就一日不能松懈。要依法严厉打击毒品违法犯罪，加大重点地区整治力度，坚决摧毁制贩毒团伙网络，深挖涉毒黑恶势力及其“保护伞”，铲除毒品问题滋生蔓延的土壤。中国政府严厉禁毒，对毒品实施严格管制，对各种毒品违法犯罪活动始终保持严厉打击的高压态势。

从社会角度看，麻醉药品、精神药品对人类福祉与健康是不可或缺的，从心理学与精神病学角度看，有相当一部分人对这些药物的精神作用非常敏感，即有较强的易感性。因此，对毒品的管制政策应当基于这些因素，而过于极端的措施往往导致失败。因此，认真检讨过去在禁毒、戒毒中的经验、教训，学习国际的先进经验，同时抵御不符合我国现状、文化的国际潮流将是今后制定毒品管制对策的重点与难点。

**第十九条　禁止非法种植毒品原植物。**

**乡镇人民政府、街道办事处应当组织公安派出所、村（居）民委员会及有关人员加强巡查，发现非法种植毒品原植物的，立即采取措施予以制止、铲除。**

**村（居）民委员会发现涉嫌出境参与种植、收割毒品原植物的人员，应当及时劝阻，并报告当地公安机关。**

**【本条主旨】**本条是对云南省范围内禁止非法种植毒品原植物的规定。

**【立法依据】**《禁毒法》第19条规定，国家对麻醉药品药用原植物种植实行管制。禁止非法种植罂粟、古柯植物、大麻植物以及国家规定管制的可以用于提炼加工毒品的其他原植物。禁止走私或者非法买卖、运输、携带、持有未经灭活的毒品原植物种子或者幼苗。

地方各级人民政府发现非法种植毒品原植物的，应当立即采取措施予以制止、铲除。村民委员会、居民委员会发现非法种植毒品原植物的，应当及时予以制止、铲除，并向当地公安机关报告。

《禁毒法》第20条规定，国家确定的麻醉药品药用原植物种植企业，必须按照国家有关规定种植麻醉药品药用原植物。

国家确定的麻醉药品药用原植物种植企业的提取加工场所，以及国家设立的麻醉药品储存仓库，列为国家重点警戒目标。

未经许可，擅自进入国家确定的麻醉药品药用原植物种植企业的提取加工场所或者国家设立的麻醉药品储存仓库等警戒区域的，由警戒人员责令其立即离开；拒不离开的，强行带离现场。

**【立法目的】**为了严厉禁止非法种植毒品原植物的行为，明确规定了在云南省范围内基层组织从事禁种铲毒工作的具体责任，以保证云南省的禁种工作能够顺利地得到落实。特别规定了对于涉嫌出境参与种植、收割毒品原植物的活动，基层村（居）委员会所负有劝阻和报告的职责。

**【条文详解】**禁种铲毒是堵源截流、标本兼治的重点。非法种植毒品原植物危害性严重，国家历来对非法种植毒品原植物严厉禁止，并先后发布了一系列法规、法令和通知。但是这些法规、法令和通知主要是对违法种植者的禁止和惩处，缺乏具体的实施措施，该条从实施措施的主体、内容方面明确了各组织机构的禁种铲毒职责。

1. 非法种植毒品原植物的概念

这里的种植，是指播种、育苗、移栽、插苗、施肥、灌溉、割取津液或者收取种子等行为。[①] 非法实施上述全部、一种或几种行为均视为非法种植行为。非法种植是指违反国家的法律法规，未经主管部门批准，私自种植毒品原植物的行为。毒品原植物是指罂粟、大麻、古柯以及国家规定管制的可以用于提炼加工毒品的其他原植物。

---

① 最高人民检察院、公安部《关于公安机关管辖的刑事案件立案追诉标准的规定（三）》，2012年5月16日颁布。

2. 非法种植毒品原植物行为防范管理的职能主体

乡镇人民政府、街道办事处和基层村（居）民委员会是禁种铲毒的职能主体。其中，基层各级政府负有领导责任，公安派出所和村（居）民委员会应当在政府的统一领导下积极参与禁种铲毒工作。在开展禁种铲毒工作时，乡镇人民政府、街道办事处与公安派出所、村（居）民委员会相互既有领导、合作关系又有各自的职责及分工。非法种植毒品原植物的违法犯罪活动主要发生在农村、山区，乡镇、城郊结合部，在禁种工作中乡镇人民政府和街道办事处负有领导责任，公安派出所与村（居）民委员会及有关人员，是开展禁种工作的主要力量，有关人员包括派出所和村（居）委员会下设的治安联防队、各村民小组的治安骨干积极分子、基层共青团组织等，这些力量都可以在乡镇人民政府和街道办事处的统一领导下成为具体开展禁种铲毒工作的重要力量。

3. 对待非法种植毒品原植物的基本态度

非法种植毒品原植物不仅影响农村经济发展，而且严重危害人民身体健康，所以我国政府对待其的态度是标本兼治，彻底根除，种毒必究，在全省范围内严格禁止各种各样的非法种植毒品原植物的行为。总体而言，大规模非法种植毒品原植物的违法犯罪活动基本上已经得到有效的控制，但是零星分散、少量的种植行为始终存在。云南省历史上是种植罂粟的一个重要省份，中华人民共和国成立前曾经在全省范围内出现过大规模的种植，很多地方一直有种植罂粟和大麻的传统历史习惯，对待非法种植毒品原植物的行为，一些群众在认识上存在误区，只要管理工作稍有松懈，非法种植现象就会出现反弹，所以本条一开始就明确规定：禁止非法种植毒品原植物。再次重申严厉禁止非法种植毒品原植物的态度和决心。

4. 对非法种植毒品原植物的防范管理职责

本条针对两类客体采取了不同的防范管理职责：

（1）针对境内非法种植毒品原植物行为的防范管理。对境内非法种植毒品原植物行为防范管理的工作职责包括巡查、制止和铲除。巡查是开展防范工作、发现问题的基础。该条明确了巡查工作组织机构，但是有关巡查工作具体职能小组、巡查制度以及巡查方式还需要各基层组织进一步细化。制止非法种植毒品原植物的行为不仅是公安派出所、村（居）民委员会应当担当的职责，也是全体人民群众都应参与的禁毒活动。毒品原植物的铲除措施分为两类：一是自主铲除，二是强制铲除。对于宣传教育、劝阻后能够自主铲除的，应当给予其自主铲除的机会。强制铲除措施的实施应当仅限于公安机关，按照行政执法的程序、范围和权限采取措施。

（2）对出境参与种植、收割毒品原植物活动的防范管理职责。云南省边境地区邻近重要的毒源地“金三角”，每年到了罂粟播种季节和收割季节，境外毒品的种植收割需要大量的人力，境内很多人就会出境参与种植、收割毒品原植物，这是云南省边境地区所特有的一种与境外罂粟种植活动密切相关的不法行为，如果不加以制止，会对境外毒品种植起到推波助澜的作用，造成非常不好的社会影响。针对这一现象，本条款明确了基层村（居）民委员会的劝阻职责，一旦发现应当及时劝阻并报告当地公安机关。劝阻与报告就是基层村（居）民委员会发现涉嫌出境参与种植、收割毒品原植物的人员时需要开展的工作。

边境地区的村民或者居民，利用赶集、走亲戚等各种理由借口，出境参与毒品原植物的种植、收割活动，主要还是要依靠基层村（居）民委员会来发现，发现后及时劝阻并报告公安机关。这是遏制出境参与种植、收割毒品原植物活动的有效措施。

应当注意的是，对于构成非法种植毒品原植物罪的应当追究刑事责任。

**第二十条　禁止走私或者非法买卖、运输、邮寄、携带、持有毒品原植物种子或者幼苗。**

**禁止在生产经营的食品中添加罂粟壳、罂粟籽、罂粟苗等毒品原植物、种子、幼苗及其制品。**

**种植、加工工业大麻的单位和个人应当取得相关许可证，不得向未取得加工许可证的单位和个人销售或者提供工业大麻花叶。**

**【本条主旨】**本条是对走私、非法买卖及使用毒品原植物、种子、幼苗及其制品等行为进行管制的规定。

**【立法依据】**《禁毒法》第19条规定，国家对麻醉药品药用原植物种植实行管制。禁止非法种植罂粟、古柯植物、大麻植物以及国家规定管制的可以用于提炼加工毒品的其他原植物。禁止走私或者非法买卖、运输、携带、持有未经灭活的毒品原植物种子或者幼苗。

地方各级人民政府发现非法种植毒品原植物的，应当立即采取措施予以制止、铲除。村民委员会、居民委员会发现非法种植毒品原植物的，应当及时予以制止、铲除，并向当地公安机关报告。

**【立法目的】**为了防止非法种植毒品原植物的违法犯罪活动出现，对毒品原植物的种子和幼苗实施严格管制；为了防止毒品原植物对人们的健康造成危害，对罂粟壳、罂粟籽、罂粟苗等毒品原植物、种子、幼苗及其制品实施严格的管制；为了防止工业大麻流入非法渠道，对工业大麻花叶实施管制。

**【条文详解】**本条分三款对与毒品原植物及其制品相关的行为进行管制。

1. 走私、非法买卖毒品原植物种子或者幼苗等行为的管制

毒品原植物的种子或者幼苗，在云南省的很多地方会被人们当作食品调味剂和食品来使用，如罂粟籽经常被人们当作一种调料使用、罂粟苗被当作一种蔬菜食用，所以罂粟籽和幼苗在边境地区、部分农村、山区，经常被买卖、运输，客观上存在市场，有需求，特别是在云南省的边境地区，由于境外大量种植毒品原植物，所以客观上就产生了大量的毒品种子，还会有大量的幼苗。为防止境外大量的毒品原植物的种子和幼苗流入境内，成为非法种植毒品原植物的源头，所以明确规定，禁止走私或者非法买卖、运输、邮寄、

携带、持有毒品原植物种子或者幼苗。

该条款管制的对象为毒品原植物的种子或者幼苗，既包括未经灭活的也包括已经灭活的。走私，是指非法运输、携带、邮寄毒品原植物种子或者幼苗的进出国（边）境的行为；非法买卖，是指以金钱或者实物作价非法购买或者出售毒品原植物种子或者幼苗的行为；非法运输，是指未经国家有关部门批准，私自从事未经灭活的罂粟等毒品原植物种子或者幼苗运输的行为；非法携带、持有，是指违反国家规定，没有合法的携带权、持有权而占有、携带、藏有或者以其他方式携带、持有罂粟等毒品原植物种子或幼苗的行为。如果管制对象为未经灭活的毒品原植物种子或者幼苗，则有可能构成犯罪。

2. 毒品原植物、种子、幼苗及其制品在食品添加中的管制

云南省毗邻世界毒源地“金三角”，境内很地方也存在着零星分散的非法种植现象，所以会产生大量的罂粟壳、罂粟籽、罂粟苗等毒品原植物、种子、幼苗及其制品，这些东西如果不加以严格的管制，就会蔓延开来危害社会。加上云南省很多地方的饮食中有添加罂粟壳、罂粟籽、食用罂粟幼苗的习惯，此条款明令禁止了这些做法，是为了防止毒品原植物及其制品进入食品中，保护广大人民群众的身体健康。该条款是针对云南省的实际情况所制定的，具有鲜明的云南地方特点，对于净化云南省范围内的社会环境，打造无毒社区有着重要的作用。

一般来说，罂粟籽里基本不含对人体有害的成瘾成分，食用是安全的，但是如果不加以管制，就会成为非法种植行为的种子来源，增大非法种植行为的管控难度；而罂粟壳里含有对人体有害的物质成分，食品里添加后会对人体造成伤害，长期食用会产生依赖性，所以要严格控制；罂粟苗不加管制，会长大变成罂粟，进而生产出毒品。该条款的执法主体涉及公安机关、食药品监督管理部门、工商管理部门，有必要明确不同部门的监管职责，建立起全过程、无缝隙、部门联动的执法体系。对于违反本条款的，食品监管

主管部门有权依据本条例进行行政处罚。

3. 工业大麻花叶的管制

大麻因其含有致幻性成分四氢大麻酚（THC），曾一度被联合国禁毒公约列为与海洛因、可卡因并列的三大毒品之一。但是，THC 值低于 0.3%的大麻被认为不具备毒品利用价值，相反其全身是宝，可以运用于纺织、造纸、食品、医药、卫生、日化、皮革、汽车、建筑、装饰、包装等领域，是重要的生产资料，所以这一类大麻又称为工业大麻。

工业大麻的运用已成为云南部分地区颇具竞争力的产业新热点。例如，大麻油中不饱和脂肪酸含量接近 80%，其中亚油酸 50%~75%，亚麻酸 15%~25%，二者比例接近 3∶1，这是人体正常代谢所需的最佳比例。大麻纤维中含有的大麻酚类抗菌物质可灭杀霉菌类微生物，其纤维又富含氧气，能抵抗厌氧霉菌，士兵在战场上没条件洗澡，不至于得皮肤病。大麻中还含有与 THC 不同的 CBD（大麻二酚），CBD 是非成瘾性成分，能阻碍 THC 对人体神经系统的影响，并具有抗痉挛、抗风湿性关节炎、抗焦虑等药理活性。基于以上原因，2010 年 1 月 1 日，《云南省工业大麻种植加工许可规定》正式施行，为“THC 含量低于 0.3%”的工业大麻的大规模种植提供了法律依据。这是国内首个通过立法监管大麻种植的省份。该规定标志着云南省在全国对大麻的管制率先与国际接轨。2010 年以来，云南共核定种植工业大麻 22 万多亩，遍及 13 个州（市）的 38 个县（市、区）。2016 年 11 月国内首个工业大麻生物萃取分离基地——云南汉素·工业大麻生物萃取分离基地正式在昆明建成。

云南省内客观上存在着很多从事工业大麻种植和加工的单位和个人，获准合法种植的工业大麻，均是低含毒量的品种，但其大麻花叶也可能流入非法渠道，成为被吸毒人员滥用的毒品，所以需要对工业大麻花叶进行严格管制，保证其成为正当的工业原料，发挥其积极的作用，防止其流入非法渠道。目前对工业大麻的种植和加工进行管制采用的方法主要就是许可制度，获得许可证的单位和个人就是合法的，没有许可证的种植和加工行为就是非法的，同时不得向未取得加工许可证的单位和个人销售或者提供工业大麻花叶。

工业大麻许可证分为种植许可证和加工许可证两类，种植许可证又分为科学研究种植、繁种种植、工业原料种植，申请应具备的条件各不相同。加工许可证针对的是工业大麻花叶的加工。许可证的申请条件、程序等由《云南省工业大麻种植加工许可规定》明确。

**第二十一条　卫生、科技、农业等行政主管部门和教学科研、医疗卫生、制药等机构，发现可能用于制造毒品、具有成瘾性且易被滥用的物质，应当及时报告禁毒委员会。省禁毒委员会应当组织评估，必要时报告国家禁毒委员会。**

**【本条主旨】**本条是对新精神活性物质监控制度的规定。

**【立法依据】**《禁毒法》第30条规定，国家建立健全毒品监测和禁毒信息系统，开展毒品监测和禁毒信息的收集、分析、使用、交流工作。

**【立法目的】**在云南省内形成一个新精神活性物质发现、评估、报告的工作机制，加强对新精神活性物质的监控。

**【条文详解】**为了在云南省内及时发现新精神活性物质，卫生、科技、农业等行政主管部门和教学科研、医疗卫生、制药等机构，在日常工作中要注意发现可能用于制造毒品、具有成瘾性且易被滥用的物质；一旦发现可疑物质的出现必须及时向禁毒委员会报告；省级禁毒委员会接到发现可疑物质的报告，要及时组织相关的技术力量对可疑物质的性质、危害进行评估分析，同时向国家禁毒委员会报告。

1. 新精神活性物质

可能用于制造毒品、具有成瘾性且易被滥用的物质，换一种说法就是属于尚未被列管的新精神活性物质。新精神活性物质，又称“策划药”或“实验室毒品”，是不法分子为逃避打击而对管制毒品进行化学结构修饰得到的毒品类似物，具有与管制毒品相似或更强的兴奋、致幻、麻醉等效果，已成为继传统毒品、合成毒品后全球流行的第三代毒品。

2013 年，联合国毒品和犯罪事务办公室（UNODC）正式对新精神活性物质进行了定义：新出现的、存在药物滥用可能性但国际上尚未列管的物质。百科及毒品科普类书籍中的定义则是：摄入人体后影响思维、情感、意志行为等心理过程的物质。就此，可以归纳出新精神活性物质的两大特点：一是性质上属于存在药物滥用和成瘾可能性的麻醉药品或精神药品；二是牟利的唯一方式就是利用各国法律监管的漏洞和滞后性。这种漏洞主要有两种：首先，许多用于制造新精神活性物质的原料，虽然不具备任何医用价值，但在化工领域应用广泛，因此不存在被完全禁止流通的可能；其次，大多数国家不会笼统地将某一类化学物质全都列入监管，通常是将这一类下某些具体的物质列入监管，这就给“创造”新精神活性物质带来了合法空间。所以，“实验室毒品”“设计毒品”“第三代毒品”等绰号，都是根据新精神活性物质灵活多变的特点衍生出来的。

新精神活性物质同许多合成毒品具有类似之处，成瘾性极强。其成瘾和慢性中毒的主要表现特征是滥用时的中枢神经兴奋和戒断后的中枢神经抑制交替出现。新精神活性物质会导致不可控的兴奋和冲动，极易引发暴力行为、性乱行为，前者会引发对不特定人群的暴力犯罪，后者则会导致性病、艾滋病等的感染传播，因此，新精神活性物质会造成严重的社会问题和公共卫生问题。

2. 新精神活性物质的监控主体

卫生、科技、农业等行政主管部门和教学科研、医疗卫生、制药等机构对本省范围内出现的新精神活性物质负有监控职责，这些职能部门在日常工作中要注意发现可疑的新精神活性物质。新精神活性物质的产生出现距离我们并不遥远，在现代社会，借助网络的帮助，随时随处都有可能出现，所以要加强监控，努力做到及时发现。目前我国列管的新精神活性物质已达170种。

3. 新精神活性物质的监控制度

本条规定的报告事项为发现可能用于制造毒品、具有成瘾性且易被滥用的物质。监控的程序：一是卫生、科技、农业等行政主管部门和教学科研、医疗卫生、制药等机构在日常工作中，一旦发现可疑的新精神活性物质，要及时向当地禁毒委员会报告。二是禁毒委员会接到报告必须及时上报省禁毒委员会。省禁毒委员会接到报告后需要组织相关力量，包括医学方面和禁毒方面的专业的研究力量，对可疑的新精神活性物质进行分析评估，正确判断可疑物质的性质和潜在的危害，根据评估分析研究的结果，决定是否向国家禁毒委员会报告。一般的做法是，如果经过分析研究，认定可疑物质属于新精神活性物质，并且潜在的危害较大，极易被滥用，形成新的危害，就要向国家禁毒委员会及时报告相关情况；如果经过分析研究，认为可疑物质不具备新精神活性物质的特征，被作为毒品滥用的可能性较小，潜在的社会危害不大，可以不向国家禁毒委员会报告，只是将发现情况和分析评估结果认真做好详细的记录即可。

**第二十二条　药品监管行政主管部门应当加强对含麻黄碱类复方制剂的检查，及时发现异常销售情况，依法查处违法行为。**

**药品零售企业应当严格执行含麻黄碱类复方制剂凭处方购买、实名登记、限量销售、专柜专人管理等制度。**

**药品生产、批发、零售企业发现出售的含麻黄碱类复方制剂被用于非法目的的，或者超过正常医疗需求，大量、多次购买含麻黄碱类复方制剂的，应当立即停止销售并向药品监管行政主管部门或者公安机关报告。**

**【本条主旨】**本条是对含麻黄碱类复方制剂监管的规定。

**【立法依据】**《禁毒法》第21条规定，国家对麻醉药品和精神药品实行管制，对麻醉药品和精神药品的实验研究、生产、经营、使用、储存、运输实行许可和查验制度。国家对易制毒化学品的生产、经营、购买、运输实行许可制度。禁止非法生产、买卖、运输、储存、提供、持有、使用麻醉药品、精神药品和易制毒化学品。

《易制毒化学品管理条例》(2016年2月6日修正版)。

《关于进一步加强含麻黄碱类复方制剂管理的通知》(国家食品药品监督管理局2008年10月27日发布)。

**【立法目的】**明确药品监管行政主管部门对含麻黄碱类复方制剂进行严格管理负有职责，工作中必须主动去发现含麻黄碱类复方制剂的异常销售情况，并且依法查处违法行为；明确规定了药品零售企业要严格遵守含麻黄碱类复方制剂的购买、登记等管理要求；明确了药品生产、批发、零售企业在日常经营中发现含麻黄碱类复方制剂的买卖出现异常必须主动停止销售并及时报告，防止含麻黄碱类复方制剂流入非法渠道成为制毒原料。

**【条文详解】**随着毒品形势的变化，我国一些地区出现含麻黄碱类复方制剂流入非法渠道被用于制毒的问题，云南省这一问题也很严重，境外“金三角”毒源地目前生产数量最大的毒品是冰毒片剂，即“麻古”，麻古的主要成瘾物质是甲基苯丙胺，生产甲基苯丙胺需要麻黄素，从含麻黄碱类复方制剂中提取麻黄素成为一个重要的制毒方法，所以导致很多不法分子大量购买含麻黄碱类复方制剂，然后走私贩卖给境外“金三角”地区的毒贩用于生产制造“麻古”。云南省围绕含麻黄碱类复方制剂的贩卖、运输、走私活动也比较突出，所以需要加强对含麻黄碱类复方制剂的管制，

1. 含麻黄碱类复方制剂

含麻黄碱类复方制剂，是指含有《易制毒化学品管理条例》(国务院令第445号)品种目录所列的麻黄碱(麻黄素)、伪麻黄碱(伪麻黄素)、消旋麻黄碱(消旋麻黄素)、去甲麻黄碱(去甲

麻黄素)、甲基麻黄碱(甲基麻黄素)及其盐类,或者麻黄浸膏、麻黄浸膏粉等麻黄碱类物质的药品复方制剂。这类制剂是人民日常生活中不可或缺的常备、常用药品,但其所含成分麻黄碱是合成苯丙胺类毒品,即冰毒的最主要原料。为防止含麻黄碱类复方制剂流入非法渠道被用于制毒,国家食品药品监督管理总局(CFDA)发布了《关于进一步加强含麻黄碱类复方制剂管理的通知》《关于加强含麻黄碱类复方制剂管理有关事宜的通知》,并且发布了含麻黄碱类复方制剂参考目录。

2. 对含麻黄碱类复方制剂异常销售的监管

根据《关于进一步加强含麻黄碱类复方制剂管理的通知》《关于加强含麻黄碱类复方制剂管理有关事宜的通知》的规定,含麻黄碱复方制剂的销售必须遵守以下规定:从事含麻黄碱类复方制剂的批发业务必须具有蛋白同化制剂、肽类激素定点批发资质;批发时要核实购买方资质证明材料、采购人员身份证明;零售一次不得超过5个最小包装,除处方药按处方剂量销售外,一次销售不得超过2个最小包装;单位剂量麻黄碱类药物含量大于30mg(不含30mg)的含麻黄碱类复方制剂必须凭处方销售;除个人合法购买外禁止使用现金交易;销售含麻黄碱类复方制剂,应当查验购买者的身份证,并对其姓名和身份证号码予以登记;药品零售企业不得开架销售含麻黄碱类复方制剂,应当设置专柜由专人管理、专册登记。我们认为此条文所述的异常销售是违反上述规定的销售行为。

药品监管行政主管部门必须依据有关法律、法规加强对含麻黄碱类复方制剂的检查,防止麻黄碱类复方制剂流入非法渠道成为制毒原料,本条款将这一工作任务明确而具体地交由各地药品监管行政主管部门来承担,不仅明确了职责,也讲明了工作要求。对含麻黄碱类复方制剂的常规检查由药品监管行政主管部门负责,但由于其可能涉及毒品违法犯罪活动,所以必要时可以请求公安机关协助调查,也可以由禁毒办主要负责部门牵头,联合公安机关汇同药品监管行政主管部门组成联合检查小组进行专项检查。检查时如发现异常销售情况，可以依据本条例第六十一条予以处罚。

3. 对药品零售企业执行含麻黄碱类复方制剂制度的监管

《药品管理法实施条例》第十章第83条药品经营企业分为两类：药品零售企业与药品批发企业。药品零售企业，是指将购进的药品直接销售给消费者的药品经营企业。药品批发企业，是指将购进的药品销售给药品生产企业、药品经营企业、医疗机构的药品经营企业。该条款是对药品零售企业执行含麻黄碱类复方制剂管理制度的职责要求。目前药品零售企业数量非常大，遍布全社会，含麻黄碱类复方制剂的种类数量很大，麻黄碱在药品中主要起到收缩上呼吸道血管，缓解鼻塞，流涕，打喷嚏，减轻鼻腔黏膜充血症状的作用，广泛用于治疗感冒或鼻炎。在复方制剂中，含有麻黄碱类药物，通俗地说就是某种药物有很多种成分，其中包括麻黄碱类（如麻黄碱、伪麻黄碱、盐酸麻黄碱等）。这类药品的用途广，属于药店里的常见药品，销量和用量都很大，实施严格的管控客观上存在较大的困难，药品零售企业是承担管控任务最主要的力量。

药品零售企业对含麻黄碱类复方制剂的管理制度主要包括：

凭处方购买：单位剂量麻黄碱类药物含量大于30mg（不含30mg）的含麻黄碱类复方制剂，列入必须凭处方销售的处方药管理。医疗机构应当严格按照《处方管理办法》开具处方。药品零售企业必须凭执业医师开具的处方销售上述药品。

实名登记：零售企业在销售时需查验购买者的身份证，并对其姓名和身份证号码予以登记。

限量销售：除处方药按处方剂量销售外，一次销售不得超过2个最小包装。

专柜专人管理：药品零售企业不得开架销售含麻黄碱类复方制剂，应当设置专柜由专人管理、专册登记，登记内容包括药品名称、规格、销售数量、生产企业、生产批号、购买人姓名、身份证号码。

4. 对出售的含麻黄碱类复方制剂被用于非法目的的或者超过正常医疗需求的监管

出售的含麻黄碱类复方制剂被用于非法目的的，或者超过正常医疗需求，大量、多次购买含麻黄碱类复方制剂的，应当立即停止销售并向药品监管行政主管部门或者公安机关报告。这里的非法目的，主要指购买含麻黄碱类复方制剂被用于加工、提炼制毒物品，或者被用于非法买卖或走私目的。该条款规定了药品生产、批发、零售企业的职责，在日常经营活动中，一旦发现含麻黄碱类复方制剂被用于非法目的，或者销售活动出现异常，企业首先必须停止销售，避免含麻黄碱类复方制剂流入非法渠道，并且及时向药品监管行政主管部门或者直接向公安机关报告异常情况。这里所提及的经营异常情况包括：超过正常医疗需求，大量、多次购买含麻黄碱类复方制剂，简单地说就是购买的量大、次数多，按常识判断已经远远超过正常的医疗需求。

**第二十三条　从事旅馆、洗浴、会所、茶馆、酒吧、歌舞厅、网吧等娱乐服务场所的经营者、管理者，应当与公安机关签订禁毒责任书，落实禁毒防范措施，对从业人员进行禁毒培训，在其场所内发现涉毒违法犯罪活动的，应当立即报告公安机关并协助调查取证。**

**房屋出租人、管理人、物业服务企业发现承租人有涉毒违法犯罪活动的，应当立即报告公安机关。**

**【本条主旨】**本条是关于易涉毒场所（娱乐服务场所与出租房）毒品管制的规定。

**【立法依据】**《禁毒法》第27条规定，娱乐场所应当建立巡查制度，发现娱乐场所内有毒品违法犯罪活动的，应当立即向公安机关报告。

《娱乐场所管理条例》（2016年修订版）第14条规定，娱乐场所及其从业人员不得实施下列行为，不得为进入娱乐场所的人员实施下列行为提供条件：

1. 贩卖、提供毒品，或者组织、强迫、教唆、引诱、欺骗、容留他人吸食、注射毒品；

2. 组织、强迫、引诱、容留、介绍他人卖淫、嫖娼；

3. 制作、贩卖、传播淫秽物品；

4. 提供或者从事以营利为目的的陪侍；

5. 赌博；

6. 从事邪教、迷信活动；

7. 其他违法犯罪行为。

娱乐场所的从业人员不得吸食、注射毒品，不得卖淫、嫖娼；娱乐场所及其从业人员不得为进入娱乐场所的人员实施上述行为提供条件。

**【立法目的】**对娱乐服务场所的经营者、管理者；房屋的出租人、管理人、物业服务企业提出具体防毒、拒毒、禁毒的要求，明确易涉毒场所相关责任主体的禁毒义务及责任承担；有利于防止娱乐服务场所及出租房出现和发生各类涉毒问题、挤压涉毒违法犯罪空间、维护社会治安稳定并推动社会经济健康持续发展。

**【条文详解】**娱乐服务场所在提供和满足人们日益增长的物质文化生活需要的同时，对促进社会主义精神文明建设起到了重要作用。但随着经济的发展、合成毒品的快速蔓延，吸毒、容留吸毒、零星贩毒等涉毒问题不断加剧，尤其是旅游业增加势头迅猛，出租房、民宿等场所涉毒问题日益突出，严重影响了社会治安秩序的稳定。因此，落实娱乐服务场所和出租房等易涉毒场所的毒品防范措施是当务之急。本条通过两个条款分别明确了娱乐服务场所及出租房的毒品管制工作。

1. 娱乐服务场所的毒品管制

这一条款主要是对娱乐服务场所的经营者和管理者，提出了开展和参与各种禁毒工作的要求。本条所指的娱乐服务场所，是指以营利为目的，并向公众开放以提供文化、娱乐等经营服务的旅馆、洗浴、会所、茶馆、酒吧、歌舞厅、网吧等场所。娱乐场所的经营者、管理者是毒品管制等禁毒工作开展的义务与责任主体。娱乐场所的经营者，是指提供营利性服务的法人、其他经济组织和个人，可能是业主也可能是非业主的经营者。娱乐场所管理者是在娱乐场所参与和帮助他人工作的人，一般为场所法定代表人和主要负责人。对于娱乐服务场所的毒品管制措施包括三个方面：

一是必须与当地公安机关签订禁毒责任书，通过责任书来明确娱乐服务场所的经营者和管理者所必须承担的责任，日常经营活动中必须做的工作，按照禁毒责任书的要求具体落实各项禁毒防范措施。

二是必须对自己的服务场所里的所有从业人员进行必要的禁毒培训，提高从业人员防毒反毒的意识和能力。这里的从业人员，是指在娱乐服务场所工作并取得报酬的全部人员，包括法定代表人；主要负责人、管理人员；一般服务人员；临时服务人员；公关人员、保安；演艺人员；安全检查人员；保洁、维修、财务、音响、厨师等其他从业人员等。

三是在娱乐经营场所内一旦发现涉毒违法犯罪活动，经营管理者必须马上报告公安机关，否则就要承担相关的行政、刑事责任。公安机关前来调查涉毒违法犯罪活动时，经营管理者有义务主动积极地协助执法人员开展各种调查取证工作。

2. 出租房的毒品管制

出租房，是指出租人（一般为房屋所有权人）出租给承租人居住或提供给他人从事经营活动及以合作方式与他人从事经营活动，由承租人向出租人支付租金的房屋。房屋出租人、管理人、物业服务企业是毒品管制等禁毒工作开展的义务与责任主体。房屋的出租人，是指将房屋交付给承租人使用并获得收益之人。房屋管理人，是指对出租房进行实际管理的人，包括业主、出租代理人、转租人等，这里不宜扩大解释。物业服务企业，是指依法成立、具备专门资质并具有独立企业法人地位，依据物业服务合同从事物业管理相关活动的经济实体。[1] 出租房是吸毒、容留他人吸毒、零星贩毒等涉毒违法犯罪活动高发的地方，随着毒情形势的发展变化，在娱乐服务场所出现的吸毒、容留吸毒、零星贩毒等涉毒活动逐步转移到出租屋，出租屋已经成为涉毒问题的高发区域，为了加强对出租屋的监管，防止涉毒问题的出现，需要房屋出租人、管理人、物业服务企业的积极配合。所以，该条款规定房屋出租人、管理人、物业服务企业的报告义务，一旦发现承租人有涉毒违法犯罪活动的，应当立即报告公安机关。明知承租人有涉毒违法行为而不履行报告义务的应当承担相应的法律责任。

**第二十四条　邮政、寄递、物流等经营单位应当建立寄递实名登记、收寄验视、信息保存以及收寄人员禁毒培训等管理制度，配备必要的检查设备，发现寄递疑似毒品、易制毒化学品等违禁物品的，应当停止运送、寄递，并立即报告公安机关。**

**公安、交通运输、邮政、工业和信息化等部门应当建立健全禁毒联合检查机制，对邮政、寄递、物流等经营单位执行禁毒管理制度进行检查，对托运、寄递的物品进行抽查。对未严格执行相关管理制度的邮政、寄递、物流等经营单位应当增加检查频次。**

**【本条主旨】**本条是对物流、寄递业毒品管控的规定。

**【立法依据】**《禁毒法》第26条规定，公安机关根据查缉毒品的需要，可以在边境地区、交通要道、口岸以及飞机场、火车站、长途汽车站、码头对来往人员、物品、货物以及交通工具进行毒品和易制毒化学品检查，民航、铁路、交通部门应当予以配合。

海关应当依法加强对进出口岸的人员、物品、货物和运输工具的检查，防止走私毒品和易制毒化学品。

---

① 360百科 https://baike.so.com/doc/5979395-6192357.html.

邮政企业应当依法加强对邮件的检查，防止邮寄毒品和非法邮寄易制毒化学品。

《中央综治办等九部门关于加强邮件、快件寄递安全管理工作的若干意见》（2014 年 9 月 26 日发布实施）第（三）条规定，逐步实行寄递实名制。对在重点时期、或者寄往重要区域、特殊场所的邮件、快件实行实名收寄。2016 年后，实行全行业的实名收寄，除信件、已有安全保障机制的协议客户快递、通过自助邮局（智能快件箱）等交寄的邮件、快件外，一律要求寄件人出具有效身份证件并登记相关身份信息后方可收寄。期间，邮政管理部门应加强对实名寄递制度的研究，制订规范的操作流程，为全面实行实名寄递制度奠定基础。第（四）条规定，完善收寄验视制度。明确不同种类物品的验视方法、验视标准，要求寄递企业对收寄的邮件、快件 100%实行先“验视”后“封箱”制度，在邮件、快件上加盖收寄验视戳记或在《快递运单》上设置收寄验视签字栏并签名。第（五）条规定，完善寄递服务信息登记制度。实行邮件、快件统一码号资源管理。制定寄递服务信息登记标准，修改、完善《邮政市场监管信息系统数据管理办法》，规范寄递渠道信息登记，保障用户个人信息安全。

《邮件快件收寄验视规定（试行）》（国家邮政局 2015 年 7 月 15 日发布）第四条规定，邮政管理部门应当与公安、交通运输、国家安全、海关、检验检疫、安全生产监督管理、铁路、民航等部门相互协调配合，加强对邮件、快件收寄验视的监督管理。第六条规定，邮政企业、快递企业应当按照“谁收寄、谁负责”的原则，明确本单位主要负责人、直接责任人的收寄验视岗位责任，制定收寄验视操作规程，配备验视邮件、快件所需的设备和工具，向用户告知禁止寄递、限制寄递物品有关规定，严格执行收寄验视制度。第七条规定，邮政企业、快递企业应当强化对其从业人员验视邮件、快件的知识与技能的教育和培训。教育和培训应当包括关于禁止寄递、限制寄递的法律、行政法规、国家规定和标准，验视邮件、快件的操作方法，禁止寄递物品辨识方法以及处置措施等内容。第九条规定，邮政企业、快递企业接收用户交寄的邮件、快件，应当履行下列职责：（一）当面提醒用户必须遵守国家有关禁止寄递、限制寄递的规定；（二）指导用户完整、清楚填写邮件详情单或者快递运单，并提醒用户填写的信息应当真实、有效；（三）当面验视用户交寄的物品及使用的封装材料、填充材料，协助用户妥善封装；（四）验视时发现疑似禁止寄递物品或者不能当场确定安全性的物品的，应当要求用户依法出示相关专业机构或者有关部门开具的安全证明；（五）按照法律、行政法规的规定需要用户出示身份证件或者其他书面凭证的，应当向用户详细说明证件或者书面凭证的类别和要求；（六）对验视发现的可能危害国家安全、公共安全的禁止寄递物品，按照有关规定处理并及时报告。

**【立法目的】**本条通过明确邮政、寄递、物流等经营单位的物流涉毒问题管控义务及公安、交通运输、邮政、工业和信息化等部门物流涉毒问题检查义务，有利于加强对物流涉毒问题的管控，提高对物流毒品违法犯罪行为的预防能力和打击力度。

**【条文详解】**随着物流业的高速发展，物流寄递涉毒问题不断蔓延，这已经发展成一个非常严重的社会问题，该条从物流业的经营方与监管方两个方面分两款对物流寄递涉毒问题的管控进行规定。

1. 物流经营方的毒品管控制度

物流指的是物品从供应地向接收地的实体流动过程中，根据实际需要，将运输、储存、装卸搬运、包装、流通加工、配送、信息处理等功能有机结合起来实现用户要求的过程。[①] 本条中的邮政、寄递业务属于广义的物流业务。

物流经营方——邮政、寄递、物流等经营单位是对物流涉毒问题进行管控的主要力量，该条款规定了物流经营方毒品管控中的寄

① 中华人民共和国国家标准：物流术语 3. 2.

递实名登记、收寄验视、信息保存以及收寄人员禁毒培训四项禁毒管理制度及相关义务。

这四个方面的工作制度，是保证对物流涉毒问题进行有效监控的重要措施。

（1）寄递实名登记制度是指寄快件需要将寄件人身份证号码和手机号录入电脑的必要程序。

（2）收寄验视制度。指邮政企业、快递企业接收用户交寄的邮件、快件，并查验用户交寄的邮件、快件是否符合禁寄、限寄有关规定，以及用户在邮件详情单或快递运单上所填报内容是否与其交寄的实物相符的过程。

（3）信息保存制度。物流经营企业在收寄物品时应该对收寄的物品进行如实记录。该条款未明确具体信息保存的要求，但可以参照《快递市场管理办法》第31条的规定，经营快递业务的企业收寄已出具安全证明的物品时，应当如实记录收寄物品的名称、规格、数量、重量、收寄时间、寄件人和收件人名址等内容。记录保存期限不少于一年。对相关寄递品信息进行保存。

（4）收寄人员禁毒培训制度。指物流经营企业的收寄物品人员在任职前、任职中需要进行禁毒知识培训。熟悉《寄递服务企业收寄物品安全管理规定》《禁寄物品指导目录及处理办法》；了解国家管制的麻醉药品、精神药品目录、易制毒化学品目录等法律法规和知识，提高识别通过物流渠道寄递毒品、制毒物品等的能力。

（5）寄递禁毒制度相关义务。不法人员通过物流寄递的方式运送毒品或者易制毒化学品都是经过精心的包装掩藏的，简单的检查验视发现不了这些精心隐藏的毒品和易制毒化学品，因此物流经营单位有根据业务发展情况及时配备必要的检查设备的义务。例如，须配备X光透视检查机器、密度探测仪、内窥镜等必备的仪器设备，在具体进行验视物品的过程中，应努力提高发现寄递物品中疑似毒品、易制毒化学品等违禁物品的能力。此外，物流经营企业在实际工作中一旦发现可疑物品，有立即停止运送、寄递和报告的义务。根据《寄递服务企业收寄物品安全管理规定》的有关规定，经营快递业务的企业对不能确定安全性的可疑物品，应当要求用户出具相关部门的安全证明。用户不能出具安全证明的，不予收寄。物流经营企业在要求用户出具安全证明的同时应该将可疑物品情况及时报告公安机关。

2. 物流寄递业监管方的毒品管控制度

公安、交通运输、邮政、工业和信息化等部门对物流寄递行业都负有一定的监管职责，物流寄递企业同时接受这些行政部门的管理。多部门管理容易出现一哄而上、一哄而散的情况，面对有利的形势一哄而上，所有部门都来管理，出现问题和难题时，各个部门一哄而散，大家都不管。所以，为了更好地开展对物流涉毒问题的监管，这些行政部门必须建立健全禁毒联合检查机制，共同对邮政、寄递、物流等经营单位执行禁毒管理制度进行检查，对托运、寄递的物品进行抽查，保证监管工作能够有条不紊地展开。目前寄递物流安全管理普遍要求达到三个 100%：一是收寄验视 100%。寄递企业应严格执行收寄验视制度，对收寄物品一律先验视、后封箱。根据“谁收寄、谁负责”的原则，明确收寄验视责任。二是实名收寄 100%。除信件和已有安全保障机制的协议客户、通过自助邮局（智能快件箱）等交寄的邮件、快件外，须对寄件人有效身份信息比对核实后方可收寄。三是过机安检 100%。从邮件、快件收件到最终投递或者寄运出本市（州）之前，至少通过一次 X 光机检查。对未严格执行相关管理制度的邮政、寄递、物流等经营单位应当增加检查频次。

物流寄递行业的涉毒问题涉及面比较广，治理管控工作的难度大，物流寄递企业普遍存在消极应付的现象，所以各个管理部门必须要加大检查工作的力度，努力推进对物流企业的监管控制，进而遏制物流涉毒违法犯罪活动。

**第二十五条　寄递、物流、运输、仓储企业应当加强其分支机构、挂靠经营单位的管理。其分支机构、挂靠经营单位违法运输、寄递、仓储毒品或者易制毒化学品的，应当追究企业及其相关人员的法律责任。**

**【本条主旨】**本条是对物流分支机构和挂靠单位禁毒责任的规定。

**【立法依据】**《禁毒法》第22条规定，国家对麻醉药品、精神药品和易制毒化学品的进口、出口实行许可制度。国务院有关部门应当按照规定的职责，对进口、出口麻醉药品、精神药品和易制毒化学品依法进行管理。禁止走私麻醉药品、精神药品和易制毒化学品。

《禁毒法》第23条规定，发生麻醉药品、精神药品和易制毒化学品被盗、被抢、丢失或者其他流入非法渠道的情形，案发单位应当立即采取必要的控制措施，并立即向公安机关报告，同时依照规定向有关主管部门报告。

公安机关接到报告后，或者有证据证明麻醉药品、精神药品和易制毒化学品可能流入非法渠道的，应当及时开展调查，并可以对相关单位采取必要的控制措施。药品监督管理部门、卫生行政部门以及其他有关部门应当配合公安机关开展工作。

《快递业务经营许可管理办法》（2015年6月24日施行）第15条规定，取得快递业务经营许可的企业设立分公司、营业部等非法人分支机构，凭企业法人快递业务经营许可证（副本）及所附分支机构名录，到分支机构所在地工商行政管理部门办理注册登记。企业分支机构取得营业执照之日起二十日内到所在地省级以下邮政管理机构办理备案手续。经营快递业务的企业合并、分立或者撤销分支机构的，应当向邮政管理部门备案。

第31条规定，快递企业设立分支机构、合并、分立，未向邮政管理部门备案的，依照《邮政法》第73条规定予以处罚。

**【立法目的】** 制定此条款的目的就是为了让寄递、物流、运输、仓储企业切实承担起对自己的分支机构和挂靠单位的管理职责，认真按照要求严格管理好数量众多的分支机构和挂靠单位，扎实开展堵源截流工作，遏制毒品来源，规范、加强物流寄递渠道安全管理工作，堵塞毒品物流贩运通道，提升物流寄递企业禁毒安全防控能力。

**【条文详解】** 在实际工作中，随着物流企业的高速发展，除了大量的物流寄递企业如雨后春笋般涌现出来，同时还伴随着出现了大量的分支机构和挂靠经营单位，这些分支机构和挂靠单位使得企业的经营灵活便捷，但是由于数量庞大，从业人员众多，疏于管理的现象非常突出，违规经营、各项禁毒管理制度如实名制、验视制度常常形同虚设，导致物流涉毒问题层出不穷。为了有效治理物流毒品管控，必须加强对这些分支机构和挂靠经营单位的管理。

1. 分支机构与挂靠经营单位

经营快递业务的企业分支机构，是指依法取得快递业务经营许可的企业设立的，经营快递业务的分公司、营业部等非法人分支机构。挂靠经营单位是指为了获得较好的经营资格、凭证、信誉或国家优惠政策等便利条件，与另一方主体达成协议，以该主体的经营资格、凭证或名义等进行经营活动的自然人、合伙组织、法人或者其他组织。

该条明确了寄递、物流、运输、仓储企业对分支机构和挂靠经营单位的管理义务，在禁毒工作制度上，物流企业有义务对分支机构和挂靠经营单位进行管理。

2. 物流企业分支机构与挂靠经营单位的涉毒违法行为的责任承担

本条所提的物流企业分支机构、挂靠单位涉毒违法行为是运输、寄递、仓储毒品或者易制毒化学品。该违法行为的责任主体为寄递、物流、运输、仓储企业及其相关人员。寄递、物流、运输、仓储企业对其下属的分支机构和其挂靠经营单位管理不到位，缺乏一些必要的监管措施，或者是监管的力度严重不足，导致这些分支机构和挂靠单位在经营业务的过程中处于脱管失控的状态，出现涉毒违法行为，如违法运输毒品或者易制毒化学品、仓储易制毒化学品等，企业及其相关工作人员负有不可推卸的责任。从法理上看，《民法总则》第 74 条规定，法人可以依法设立分支机构。法律、行政法规规定分支机构应当登记的，依照其规定。分支机构以自己的名义从事民事活动，产生的民事责任由法人承担；也可以先以该分支机构管理的财产承担，不足以承担的，由法人承担。物流企业的分支机构决策权在物流企业法人本身，分支机构仅具有执行能力，不具有独立的民事责任能力，故而无法承担行政违法责任，能承担责任的只有法人本身。挂靠经营单位虽然有独立的民事责任能力，但是其在挂靠时是依协议以物流企业的资质、名义参与活动，双方之间存在一定的委托代理关系，被代理人物流企业应该承担相应责任。另外，挂靠经营实质上就是一些自然人、合伙组织利用企业法人的独立人格和资质，规避国家法律政策对某种行业的要求和限制，并利用所挂靠的企业法人所具有的某种资质从事经营活动的行为。从这个意义上讲，挂靠经营其实是一种“违法”行为，该行为会严重扰乱市场秩序，挂靠单位和被挂靠单位都应受到行政处罚。对于非违法的挂靠行为，被挂靠单位作为被代理人，是责任承担的主体。相关工作人员主要是指在企业工作，对分支机构和挂靠单位负有监管职责的工作人员。

注意：本条强调了分支机构的法人和被挂靠企业的法律责任，并不代表违法挂靠企业、违法行为人不需要承担责任，违法主体仍应根据其违法行为承担相应的法律责任。

**第二十六条　任何单位和个人不得制作、发布、传播、转载、链接包含吸毒、制毒、贩毒的方法、技术、工艺、工具、原料来源等违法信息。**

**各类互联网服务提供者及网络空间的创建者、管理者，应当采**

**取有效措施，防止他人利用互联网、网络空间进行涉毒违法犯罪活动。发现涉毒违法犯罪活动的，应当立即向公安机关报告，并采取停止传播、保存记录等措施。**

**公安、通信、网络等管理部门应当建立查处网络涉毒行为的协作机制，加强网上涉毒违法信息的监测，依法处理涉毒违法犯罪活动。**

**【本条主旨】**本条是对互联网毒品问题管制的规定。

**【立法依据】**《禁毒法》第24条规定，禁止非法传授麻醉药品、精神药品和易制毒化学品的制造方法。公安机关接到举报或者发现非法传授麻醉药品、精神药品和易制毒化学品制造方法的，应当及时依法查处。

《中国互联网禁毒公约》（2015年6月29日国家禁毒委员会办公室、中国互联网协会、中央宣传部、中央网信办、最高人民法院、最高人民检察院、公安部等多家单位联合发布）第二部分禁止行为里规定：不在互联网上制作、发布、传播、转载、链接包括吸毒、制毒、贩毒等违法犯罪的方法、技术、工艺、经验在内的任何涉毒违法有害信息，不参与任何网上涉毒违法犯罪活动。

即时通信、电子商务、聊天交友等各类互联网服务提供者以及网站、论坛、微博客、移动应用（APP）、即时聊天群组等各种网络空间的创建者、管理者拒绝以任何形式允许、放任他人利用其提供的互联网服务、网络空间进行涉毒违法犯罪活动、传播涉毒违法有害信息。

《关于加强互联网禁毒工作的意见》（公安部等九部门2015年5月28日发布）第三部分规定了互联网行业责任：担负主体责任。互联网接入服务、信息服务提供者对网站、即时聊天群组的公共信息加强巡查，自查自纠、主动清理涉毒有害信息，不得为涉毒活动提供传播条件、渠道。要严格落实信息发布审核、用户日志记录和信息内容留存等措施，一旦发现利用其服务发布、传输的信息属于涉毒违法信息的，应当立即删除，保存有关记录并向公安机关报告。如未履行上述责任和义务的，依法追究有关互联网企业、网站、论坛、即时聊天群组等的创建者、实际管理者的法律责任。

**【立法目的】**本条通过明确各类互联网服务提供者及网络空间的创建者、管理者对网络涉毒问题的管理职责以及明确要求公安、通信、网络等管理部门必须共同协作做好对网络的管理，共同治理网络涉毒问题以加强对网络的管理，遏制网络涉毒问题的蔓延发展，积极推进网络毒品犯罪问题的有效治理。

**【条文详解】**网络的迅速发展极大地便利了人们的生活和工作，与此同时，利用网络优势进行毒品违法犯罪活动也日益成为禁毒工作的重点和难点。该条以三个条款明确了网络毒品三个方面的管制措施。一是对网络毒品违法信息的管制；二是对网络违法犯罪活动的业内管控；三是对网络毒品违法犯罪的外部打击。

1. 网络毒品违法信息的管制

网络信息指的是以电子数据的形式，储存在光、磁等非印刷质的介质中，通过网络进行发布、传递、储存的各类文字、图像、声音、动画等多种形式的信息。网络违法信息是指违反宪法、法律和行政法规规定的网络信息。根据《禁毒法》和《中国互联网禁毒公约》的规定，网络毒品违法信息包括吸毒、制毒、贩毒等违法犯罪的方法、技术、工艺、经验在内的任何涉毒违法有害信息。

该措施的管制对象是任何单位和个人。网络涉毒信息包括的内容非常广泛，网络传播涉毒信息的人群大多是以牟利为目的，也有一些人是为了满足个人的虚荣心，展示自己化学技术方面的能力，利用网络从事传播涉毒技术或信息的活动，具有一些技术人员特征。网络是一个虚拟的空间，很多人认为在这一个空间是自由的、不受约束和限制的，传播涉毒信息也没人管，针对这种想法，针对这些不法人员，此条款明令禁止制作、发布、传播、转载、链接各种各样的涉毒信息。当前，各类毒品违法犯罪活动向网上蔓延。制贩毒犯罪分子通过互联网发布毒品销售信息、传播制毒技术、联络毒品及涉毒物品交易，不法分子还利用即时通信工具和论坛、贴吧、聊天室，大肆传播制毒工艺、交流吸贩毒经验，在网上集体视频吸毒、引诱发展新吸毒人员。让现实毒品问题蔓延至网上，网上涉毒信息突破传统时空、人际等客观因素制约，网上网下相互作用，加速毒品传播，加重毒品危害，加剧毒品问题复杂程度。因此，根据《中国互联网禁毒公约》的规定，不在互联网上制作、发布、传播、转载、链接包括吸毒、制毒、贩毒等违法犯罪的方法、技术、工艺、经验在内的任何涉毒违法有害信息，制定该条款。同时按《中国互联网禁毒公约》的规定，发现网上涉毒行为有害信息的，应及时向公安机关举报。

2. 对网络违法犯罪活动的内部管控

网络服务提供者是指通过信息网络向公众提供信息或者为获取网络信息等目的提供服务的机构，包括网络上的一切提供设施、信息和中介、接入等技术服务的个人用户、网络服务商以及非营利组织。根据其提供的“服务”不同，网络服务提供者具体可以分为网络接入服务提供者、网络平台服务提供者、网络内容及产品服务提供者。网络空间是构建在信息通信技术基础设施之上的用以支撑互联网用户在该空间中开展各类与信息通信技术相关活动的物理空间与虚拟空间相结合的人造空间[①]。网络空间的创建者是设计创造空间的人。网络空间的管理者是维护网络空间安全，能够对网络空间进行监督指导并为网络空间安全负责的人。目前，我国对网络安全的管理者内涵与外延的界定还存在较大的差异，有必要根据网络空间的基本要素进行界定。网络空间的创建者与管理者属于网络空间的内部成员，是防止网络涉毒违法犯罪活动借助互联网快速传播蔓延，造成巨大危害的主要力量，其对网络涉毒违法犯罪活动的管控属于互联网内部管控，故而可以伴随其日常工作通过互联网技术，结合自己的工作内容积极采取有效措施防止他人利用互联网、

① 方滨兴．定义网络空间安全．网络与信息安全学报，2018（1）．

网络空间进行涉毒违法犯罪活动。网络服务提供者及网络空间的创建者、管理者，在完成各自的经营活动、实现企业利润最大化的同时，要强调作为企业应有的社会责任意识，结合企业自身的业务努力提升企业的管理水平，积极主动地加强对互联网的网页、聊天室、论坛、贴吧的巡查监管，努力发现涉毒信息，为净化互联网虚拟世界的社会环境做好基础性的服务工作。网络服务提供者及网络空间的创建者、管理者在日常工作中要及时删除有涉毒信息的不良帖子，追踪可疑人员的活动轨迹，并及时主动地报告公安机关禁毒侦查部门。发现涉毒问题有义务和责任向公安机关报告，并采取停止传播涉毒信息、保存相关记录等措施，积极配合公安机关的调查工作。

3. 网络毒品违法犯罪的外部打击

公安、通信、网络等管理部门应当建立共同查处网络涉毒行为的协作机制。公安、通信、网络等管理部门都承担着对互联网络实施监督管理的职责，各个部门的工作侧重点有所不同，所承担的具体工作任务也不同，在开展具体工作时各个部门之间要加强协作，建立良好的协作机制，形成合力，发挥各自的作用，共同加强对网上涉毒违法信息的监测，依法处理涉毒违法犯罪活动。

对网络进行管理的部门很多，公安、通信等管理部门在对网络进行管理时，必须强调相互间的协作配合，只有各个管理部门之间形成了良好的协作机制，不推诿不扯皮，积极作为，尽量避免管理监督工作中出现漏洞和死角，才能把网络监管工作做好，及时把握网上涉毒违法犯罪活动的各种信息，发现网络涉毒违法犯罪案件，查清违法犯罪事实，依法严惩，最终有效地遏制网络涉毒问题。

公安部、国家禁毒办会同中央网信办、最高人民法院、最高人民检察院、工信部等部门联合出台《关于加强互联网禁毒工作的意见》，进一步明确各部门职责任务、互联网行业主体责任和整治处罚措施。为加强互联网禁毒工作的宏观指导、组织协调和联合整治，国家禁毒委成立由中央网信办、公安部、工商总局等9部门组成的互联网禁毒工作小组，标志着我国第一个多部门打击互联网违法犯罪活动长效机制形成。

**第二十七条　公安机关会同有关部门建立健全毒品联防联控机制，需要在口岸、机场、车站、码头以及其他重点区域和交通要道设置查缉点的，应当按照有关规定经批准后方可设置。在查缉地点应当设置警示牌。**

**公安机关在毒品查缉点对来往人员及其携带的物品、货物以及交通工具等开展毒品和易制毒化学品检查，应当文明执法，规范执法，提高检查效率。被检查的单位和个人应当予以配合。**

**【立法主旨】**本条是对公安机关开展毒品公开查缉的规定。

**【立法依据】**《禁毒法》第26条第1款规定，公安机关根据查缉毒品的需要，可以在边境地区、交通要道、口岸以及飞机场、火车站、长途汽车站、码头对来往人员、物品、货物以及交通工具进行毒品和易制毒化学品检查，民航、铁路、交通部门应当予以配合。

**【立法目的】**毒品犯罪活动极强的流动性特征要求公安机关通过特定场所的缉查执法行为，堵截毒品违法犯罪通道。本条为公安机关开展毒品缉查执法活动提供了法律依据。

**【条文详解】**云南是我国禁毒斗争的最前线和主战场。由于毗邻境外毒源地，成为境外毒品的主要入境地，公开查缉成为阻止毒品非法流入我国危害社会的重要手段。本条根据《禁毒法》的规定对毒品公开查缉工作进行了授权和规范。

1. 公安机关进行毒品查缉的场合

根据《禁毒法》第26条的规定，公安机关根据查缉毒品的需要，可以在边境地区、交通要道、口岸以及飞机场、火车站、长途汽车站、码头对来往人员、物品、货物以及交通工具进行毒品和易制毒化学品检查，民航、铁路、交通部门应当予以配合。本条是对

《禁毒法》第26条的进一步完善，将查缉的场合及配合查缉的单位外延扩大，具体场合增加了其他重点区域以适应禁毒工作的开展，配合单位扩大增加海关、航运以及其他毒品非法流通的相关单位和部门，以加强查缉工作的有效性。

2. 查缉点设置

公安机关查缉点的设置应当按照规定履行审批程序。公安机关应当在毒品查缉点显著位置设置明显的禁毒警示牌，对相关法律规定进行告知，对替他人携带行李物品以及其他可疑物品的，应主动向查缉人员报告。

3. 查缉检查的对象

公安机关根据毒品公开查缉的需要，可以对来往人员及其携带的物品、货物以及交通工具等开展毒品和易制毒化学品检查。

4. 查缉执法要求

公安机关毒品查缉工作应当文明执法，规范执法，严格遵守《人民警察法》及其他相关法律法规的规定。公开查缉中被检查的单位和个人应当予以配合，对于拒不配合的，公安机关按照相关法律法规的规定处置，并依法追究其相关法律责任。

**第二十八条　反洗钱行政主管部门和金融机构应当加强对大额交易和可疑交易的监测，发现涉嫌毒品违法犯罪的资金流动情况，应当向公安机关报告，并配合调查取证。**

**【立法主旨】**本条是对可疑涉毒资金监测的规定。

**【立法依据】**《禁毒法》第29条规定，反洗钱行政主管部门应当依法加强对可疑毒品犯罪资金的监测。反洗钱行政主管部门和其他依法负有反洗钱监督管理职责的部门、机构发现涉嫌毒品犯罪的资金流动情况，应当及时向侦查机关报告，并配合侦查机关做好侦查、调查工作。

**【立法目的】**本条确定了云南省行政区域内反洗钱行政主管部

门和金融机构对涉毒可疑资金流动的监测义务，并明确反洗钱行政主管部门和金融机构应当主动向公安机关报告涉毒资金流动线索，并在公安机关依法进行调查取证时予以配合。防止毒品犯罪组织和个人通过洗钱将毒资合法化。

**【条文详解】**毒品犯罪的巨额利润是驱动贩毒集团和贩毒分子铤而走险进行毒品交易的关键原因，非法毒品交易的利润如何洗白为犯罪分子所利用是毒品犯罪中的一个重要问题，故而各式各样的毒资“洗钱”活动成为了新的犯罪问题。获利是毒品犯罪的要害所在。查缴毒品收益，断绝贩毒者获利的途径，从根本上摧毁毒品犯罪组织的实力常常是对犯罪组织及其各种贩毒活动施以有力打击的唯一办法。本条规定了可疑毒品违法犯罪资金的监控措施，以进一步预防纷繁复杂、变化多端的毒资洗钱活动。本条依据《反洗钱法》对《禁毒法》第29条的内容进行了补充。

首先，该条强调了反洗钱行政主管部门和金融机构在毒资洗钱活动中的义务责任和主体地位。反洗钱行政主管部门指的是中国人民银行，负责反洗钱的监督管理工作。但是最有效的反洗钱内部控制实施者主要是金融机构，所以本条例在《禁毒法》基础上强调了金融机构在反洗钱工作中的义务主体地位。这里所指的金融机构包括中华人民共和国境内依法设立的下列金融机构：（1）商业银行、城市信用合作社、农村信用合作社、邮政储汇机构、政策性银行；（2）证券公司、期货经纪公司、基金管理公司；（3）保险公司、保险资产管理公司；（4）信托投资公司、金融资产管理公司、财务公司、金融租赁公司、汽车金融公司、货币经纪公司；（5）中国人民银行确定并公布的其他金融机构。从事汇兑业务、支付清算业务和基金销售业务的机构适用本规定对金融机构反洗钱监督管理的规定。

其次，该条进一步明确了反洗钱行政主管部门和金融机构在毒资洗钱活动中的监测与报告义务。根据《反洗钱法》与《金融机构反洗钱规定》，中国人民银行负责人民币和外币反洗钱的资金监测；负责监督、检查金融机构履行反洗钱义务的情况；金融机构办理的单笔交易或者在规定期限内的累计交易超过规定金额或者发现可疑交易的，应当及时向反洗钱信息中心报告。该条强调了反洗钱行政主管部门和金融机构对大额交易和可以交易的监测义务。

根据《金融机构大额交易和可疑交易报告管理办法》的规定，大额交易包括：(1) 单笔或者当日累计人民币交易 20 万元以上或者外币交易等值 1 万美元以上的现金缴存、现金支取、现金结售汇、现钞兑换、现金汇款、现金票据解付及其他形式的现金收支。(2) 法人、其他组织和个体工商户银行账户之间单笔或者当日累计人民币 200 万元以上或者外币等值 20 万美元以上的款项划转。(3) 自然人银行账户之间，以及自然人与法人、其他组织和个体工商户银行账户之间单笔或者当日累计人民币 50 万元以上或者外币等值 10 万美元以上的款项划转。(4) 交易一方为自然人、单笔或者当日累计等值 1 万美元以上的跨境交易。

商业银行、城市信用合作社、农村信用合作社、邮政储汇机构、政策性银行、信托投资公司检测的可疑交易包括：(1) 短期内资金分散转入、集中转出或者集中转入、分散转出，与客户身份、财务状况、经营业务明显不符。(2) 短期内相同收付款人之间频繁发生资金收付，且交易金额接近大额交易标准。(3) 法人、其他组织和个体工商户短期内频繁收取与其经营业务明显无关的汇款，或者自然人客户短期内频繁收取法人、其他组织的汇款。(4) 长期闲置的账户原因不明地突然启用或者平常资金流量小的账户突然有异常资金流入，且短期内出现大量资金收付。(5) 与来自贩毒、走私、恐怖活动、赌博严重地区或者避税型离岸金融中心的客户之间的资金往来活动在短期内明显增多，或者频繁发生大量资金收付。(6) 没有正常原因的多头开户、销户，且销户前发生大量资金收付。(7) 提前偿还贷款，与其财务状况明显不符。(8) 客户用于境外投资的购汇人民币资金大部分为现金或者从非同名银行账户转入。(9) 客户要求进行本外币间的掉期业务，而其资金的来源和用途可疑。(10) 客户经常存入境外开立的旅行支票或者外币汇票存款，与其经营状况不符。(11) 外商投资企业以外币现金方式进行投资或者在收到投资款后，在短期内将资金迅速转到境外，与其生产经营支付需求不符。(12) 外商投资企业外方投入资本金数额超过批准金额或者借入的直接外债，从无关联企业的第三国汇入。(13) 证券经营机构指令银行划出与证券交易、清算无关的资金，与其实际经营情况不符。(14) 证券经营机构通过银行频繁大量拆借外汇资金。(15) 保险机构通过银行频繁大量对同一家投保人发生赔付或者办理退保。(16) 自然人银行账户频繁进行现金收付且情形可疑，或者一次性大额存取现金且情形可疑。(17) 居民自然人频繁收到境外汇入的外汇后，要求银行开具旅行支票、汇票或者非居民自然人频繁存入外币现钞并要求银行开具旅行支票、汇票带出或者频繁订购、兑现大量旅行支票、汇票。(18) 多个境内居民接受一个离岸账户汇款，其资金的划转和结汇均由一人或者少数人操作。

证券公司、期货经纪公司、基金管理公司监测的可疑交易包括：(1) 客户资金账户原因不明地频繁出现接近于大额现金交易标准的现金收付，明显逃避大额现金交易监测。(2) 没有交易或者交易量较小的客户，要求将大量资金划转到他人账户，且没有明显的交易目的或者用途。(3) 客户的证券账户长期闲置不用，而资金账户却频繁发生大额资金收付。(4) 长期闲置的账户原因不明地突然启用，并在短期内发生大量证券交易。(5) 与洗钱高风险国家和地区有业务联系。(6) 开户后短期内大量买卖证券，然后迅速销户。(7) 客户长期不进行或者少量进行期货交易，其资金账户却发生大量的资金收付。(8) 长期不进行期货交易的客户突然在短期内原因不明地频繁进行期货交易，而且资金量巨大。(9) 客户频繁地以同一种期货合约为标的，在以一价位开仓的同时在相同或者大致相同价位、等量或者接近等量反向开仓后平仓出局，支取资金。(10) 客户作为期货交易的卖方以进口货物进行交割时，不能提供完整的报关单证、完税凭证，或者提供伪造、变造的报关单证、完税凭证。(11) 客户要求基金份额非交易过户且不能提供合法证明文件。(12) 客户频繁办理基金份额的转托管且无合理理由。(13) 客户要求变更其信息资料但提供的相关文件资料有伪造、变造嫌疑。

保险公司监测的可疑交易包括：(1) 短期内分散投保、集中退保或者集中投保、分散退保且不能合理解释。(2) 频繁投保、退保、变换险种或者保险金额。(3) 对保险公司的审计、核保、理赔、给付、退保规定异常关注，而不关注保险产品的保障功能和投资收益。(4) 犹豫期退保时称大额发票丢失的，或者同一投保人短期内多次退保遗失发票总额达到大额的。(5) 发现所获得的有关投保人、被保险人和受益人的姓名、名称、住所、联系方式或者财务状况等信息不真实的。(6) 购买的保险产品与其所表述的需求明显不符，经金融机构及其工作人员解释后，仍坚持购买的。(7) 以趸交方式购买大额保单，与其经济状况不符的。(8) 大额保费保单犹豫期退保、保险合同生效日后短期内退保或者提取现金价值，并要求退保金转入第三方账户或者非缴费账户的。(9) 不关注退保可能带来的较大金钱损失，而坚决要求退保，且不能合理解释退保原因的。(10) 明显超额支付当期应缴保险费并随即要求返还超出部分。(11) 保险经纪人代付保费，但无法说明资金来源。(12) 法人、其他组织坚持要求以现金或者转入非缴费账户方式退还保费，且不能合理解释原因的。(13) 法人、其他组织首期保费或者趸交保费从非本单位账户支付或者从境外银行账户支付。(14) 通过第三人支付自然人保险费，而不能合理解释第三人与投保人、被保险人和受益人关系的。(15) 与洗钱高风险国家和地区有业务联系的。(16) 没有合理的原因，投保人坚持要求用现金投保、赔偿、给付保险金、退还保险费和保单现金价值以及支付其他资金数额较大的。(17) 保险公司支付赔偿金、给付保险金时，客户要求将资金汇往被保险人、受益人以外的第三人；或者客户要求将退还的保险费和保单现金价值汇往投保人以外的其他人。发现以上大额交易和可疑交易及其他交易的金额、频率、流向、性质等有异常情形，经分析认为涉嫌洗钱的，应当向中国反洗钱监测分析中心提交大额交易或可疑交易报告。

最后，该条进一步明确了反洗钱行政主管部门和金融机构向公安机关报告与配合的义务。反洗钱行政主管部门和金融机构除向中国反洗钱监测分析中心提交报告外，对于发现有涉嫌毒品违法犯罪资金流动的，应该及时主动向公安机关报告。根据《反洗钱法》第13条规定，反洗钱行政主管部门和其他依法负有反洗钱监督管理职责的部门、机构发现涉嫌洗钱犯罪的交易活动，应当及时向侦查机关报告。以便公安机关对洗钱活动采取及时有效的措施，在公安机关依法进行的涉毒可疑资金调查取证期间应当予以及时的配合。公安机关与反洗钱行政主管部门之间的合作可以依据《公安部、中国人民银行关于可疑交易线索核查工作的合作规定》进行。

**第二十九条　公安、商务、工业和信息化、市场监管、海关等行政主管部门应当建立易制毒化学品信息共享、流向追溯、责任倒查等制度。**

**生产、经营、购买、运输和进出口易制毒化学品的单位，应当执行国家有关许可、备案等规定，建立和落实单位内部管理制度。**

**【立法主旨】**本条是关于易制毒化学品管制的规定。

**【立法依据】**《易制毒化学品管理条例》第35条规定，有关行政主管部门应当将易制毒化学品许可以及依法吊销许可的情况通报有关公安机关和市场监督管理部门；市场监督管理部门应当将生产、经营易制毒化学品企业依法变更或者注销登记的情况通报有关公安机关和行政主管部门。

《易制毒化学品管理条例》第36条规定，生产、经营、购买、运输或者进口、出口易制毒化学品的单位，应当于每年3月31日前向许可或者备案的行政主管部门和公安机关报告本单位上年度易制毒化学品的生产、经营、购买、运输或者进口、出口情况；有条件的生产、经营、购买、运输或者进口、出口单位，可以与有关行政主管部门建立计算机联网，及时通报有关经营情况。

《易制毒化学品管理条例》第 37 条规定，县级以上人民政府有关行政主管部门应当加强协调合作，建立易制毒化学品管理情况、监督检查情况以及案件处理情况的通报、交流机制。

《易制毒化学品管理条例》第 5 条规定，易制毒化学品的生产、经营、购买、运输和进口、出口，除应当遵守本条例的规定外，属于药品和危险化学品的，还应当遵守法律、其他行政法规对药品和危险化学品的有关规定。

禁止走私或者非法生产、经营、购买、转让、运输易制毒化学品。

禁止使用现金或者实物进行易制毒化学品交易。但是，个人合法购买第一类中的药品类易制毒化学品药品制剂和第三类易制毒化学品的除外。

生产、经营、购买、运输和进口、出口易制毒化学品的单位，应当建立单位内部易制毒化学品管理制度。

**【立法目的】**各有关部门进行有效的信息共享、流向追溯、责任倒查，对于加强易制毒化学品管理，及时发现流入非法渠道的易制毒化学品和管理漏洞具有重要的意义。本条的规定明确了公安、商务、工业和信息化、市场监管、海关等行政主管部门和生产、经营、购买、运输和进出口易制毒化学品的单位在易制毒化学品管理工作中各自的义务，以加强对易制毒化学品生产、经营等各环节的管控，从源头上控制易制毒化学品进入非法制毒渠道。

**【条文详解】**易制毒化学品具有双重性，既广泛运用于工农业生产和人民生活，又可能流入非法渠道用于制造毒品。随着新型合成毒品的发展蔓延，加强对易制毒化学品各个环节的管制，可从源头上防止易制毒化学品流入非法渠道。本条就以两个条款对易制毒化学品的管制制度进行了规定。

本条第1款是关于易制毒化学品信息共享、流向追溯、责任倒查等制度的规定。易制毒化学品管制的主体包括公安、商务、工业和信息化、市场监管、海关等行政主管部门。公安机关是易制毒化学品管制的核心部门，商务部门主要负责易制毒化学品的进出口管制，工业和信息化部门主要负责互联网易制毒化学品管制，市场监管部门主要负责易制毒化学品的许可备案管制，海关主要负责易制毒化学品的走私出口管制。这些主管行政单位应当建立易制毒化学品信息共享、流向追溯、责任倒查等制度。

易制毒化学品信息共享制度：公安、商务、工业和信息化、市场监管、海关等行政主管部门应该将易制毒化学品的信息进行交流和共用，以防范不法分子利用易制毒化学品进行违法犯罪活动。为方便易制毒化学品企业通过互联网上报数据，公安部开发了全国化学品管理信息系统。

易制毒化学品流向追溯制度：根据《加强禁毒工作意见》的规定，要求建立健全易制毒化学品流失追溯制度。即流向追溯制度，确保企业经营行为可追溯，防止易制毒化学品流入非法渠道。目前企业易制毒化学品流向追溯制度的建立可以依照《企业非药品类易制毒化学品规范化管理指南》建立健全销售台账、档案及销售信息系统，检查台账记录和档案整理情况，定期组织易制毒化学品库存销售盘点，及时通报、报告易制毒化学品销售管理情况等进行制度建设。

易制毒化学品责任倒查制度：对于涉及易制毒化学品流入非法渠道案件的单位，相关行政监管部门应该组织专项检查，查清涉案单位对易制毒化学品的管理情况，对存在的漏洞要求单位限期整改，存在非法行为的，要停业整顿，暂扣或吊销相关许可、登记备案证明，情节严重的应依法追究法律责任。

本条第2款是关于易制毒化学品管制的许可备案制度。许可备案制度的管制对象为生产、经营、购买、运输和进出口易制毒化学品的单位。本条根据《易制毒化学品管理条例》《易制毒化学品购销和运输管理办法》《非药品类易制毒化学品生产、经营许可办法》，重申了在云南省要坚持执行易制毒化学品生产、经营、购买、运输和进出口方面的许可备案制度。对第一类非药品类易制毒化学品的生产、经营实行许可证管理，对第二类、第三类易制毒化学品的生产、经营实行备案证明管理。生产、经营第一类非药品类易制毒化学品的，必须取得非药品类易制毒化学品生产、经营许可证方可从事生产、经营活动。生产、经营第二类、第三类非药品类易制毒化学品的，应当将生产的品种、数量，经营的品种、数量、主要流向等情况，向所在地相应级别人民政府安全生产监督管理部门备案。为提高易制毒化学品单位的管理水平，切实预防易制毒化学品流入非法渠道，本条例规定了易制毒化学品单位应该根据本单位的实际情况建立单位内部管理制度，由安全生产监督管理局监督，使制度落到实处。

**第三十条　含有麻黄素类物质、麻醉药品、精神药品的易被提取制毒物品的复方制剂，以及尚未纳入国家易制毒化学品管理但易用作制毒原料或者配剂的化学品，由省公安机关会同负责药品监管、安全生产监管的行政主管部门制定管理措施，报省人民政府批准后实施。**

**【立法主旨】**本条是对易被提取制毒物品的复方制剂以及尚未纳入国家易制毒化学品管理但易用作制毒原料或者配剂的化学品的管制规定。

**【立法依据】**《易制毒化学品管理条例》第32条规定，县级以上人民政府公安机关、药品监督管理部门、安全生产监督管理部门、商务主管部门、卫生主管部门、价格主管部门、铁路主管部门、交通主管部门、市场监督管理部门、生态环境主管部门和海关，应当依照本条例和有关法律、行政法规的规定，在各自的职责范围内，加强对易制毒化学品生产、经营、购买、运输、价格以及进口、出口的监督检查；对非法生产、经营、购买、运输易制毒化学品，或者走私易制毒化学品的行为，依法予以查处。

**【立法目的】**由于立法工作具有滞后性，为了严格管控用于非法制造毒品的易制毒化学品，严厉打击毒品犯罪，本条对未列管的化学品及制剂的管控措施进行授权。

**【条文详解】**云南省根据本条规定依法对含有麻黄素类物质、麻醉药品、精神药品的易被提取制毒物品的复方制剂，以及尚未纳入国家易制毒化学品管理但易用作制毒原料或者配剂的化学品进行管理。易被提取制毒物品的复方制剂指的是麻黄素类物质、麻醉药品或精神药品与其他药物混合而成的易于被提取用于制毒的药剂；尚未纳入国家易制毒化学品管理但易用作制毒原料或者配剂的化学品是指没有在列管的易制毒化学品清单内，但是易用作制毒原料或者配剂的化学品。制毒原料、制毒配剂的不断变化是当前新型毒品发展的一个趋势，由于易制毒化学品的民用与制毒的双重性，易制毒化学品的管制必须要考虑其与生产发展的平衡性，故而对极易用于制毒且危害性较大的化学品应当列入管制进行严格管理，对于未列入管制但又随着毒品形势的变化而需要进行管制的易用作制毒原料或者配剂的化学品也应当主动采取有效的管制措施，但需谨慎管制，需在有充分的数据、证据的基础上，由省公安机关会同负责药品监管、安全生产监管的行政主管部门制定相应措施，报省人民政府批准后实施。

**第三十一条　易制毒化学品持有者在办理运输、仓储时，应当出示合法来源证明及其相关许可文件。不能出示的，有关单位不得为其提供运输、仓储等服务。**

**【立法主旨】**本条是对易制毒化学品的运输和仓储的规定。

**【立法依据】**《易制毒化学品管理条例》第20条规定，跨设区的市级行政区域（直辖市为跨市界）或者在国务院公安部门确定的禁毒形势严峻的重点地区跨县级行政区域运输第一类易制毒化学品的，由运出地的设区的市级人民政府公安机关审批；运输第二类易制毒化学品的，由运出地的县级人民政府公安机关审批。经审批取得易制毒化学品运输许可证后，方可运输。

运输第三类易制毒化学品的，应当在运输前向运出地的县级人民政府公安机关备案。公安机关应当于收到备案材料的当日发给备案证明。

《易制毒化学品管理条例》第 24 条规定，接受货主委托运输的，承运人应当查验货主提供的运输许可证或者备案证明，并查验所运货物与运输许可证或者备案证明载明的易制毒化学品品种等情况是否相符；不相符的，不得承运。

运输易制毒化学品，运输人员应当自启运起全程携带运输许可证或者备案证明。公安机关应当在易制毒化学品的运输过程中进行检查。

运输易制毒化学品，应当遵守国家有关货物运输的规定。

**【立法目的】**运输和仓储是易制毒化学品违法犯罪的重要环节。本条通过明确规定运输、仓储有关单位不得为无法出示合法许可文件的易制毒化学品持有者办理运输、仓储。从运输仓储环节管控易制毒化学品，防止进入非法制毒渠道。

**【条文详解】**本条从两个方面规定了易制毒化学品的运输和仓储管制。

1. 办理易制毒化学品的运输、仓储的条件

办理易制毒化学品的运输、仓储需要出示合法来源证明以及许可或备案文件。根据《易制毒化学品购销和运输管理办法》的规定，跨设区的市级行政区域、在禁毒形势严峻的重点地区跨县级行政区域运输第一、二类易制毒化学品的，应当向运出地的相关级别人民政府公安机关申请运输许可证；运输第三类易制毒化学品的，应当向运出地县级人民政府公安机关备案。运输供教学、科研使用

的100克以下的麻黄素样品和供医疗机构制剂配方使用的小包装麻黄素以及医疗机构或者麻醉药品经营企业购买麻黄素片剂6万片以下、注射剂1.5万支以下，货主或者承运人持有依法取得的购买许可证明或者麻醉药品调拨单的，无须申请易制毒化学品运输许可。因治疗疾病需要，患者、患者近亲属或者患者委托的人凭医疗机构出具的医疗诊断书和本人的身份证明，可以随身携带第一类中的药品类易制毒化学品药品制剂，但是不得超过医用单张处方的最大剂量。许可和备案文件应当由货主向公安机关申请。运输、仓储有关企业和单位在办理运输、仓储业务时必须先对易制毒化学品的合法来源证明以及许可或备案文件进行查验。

2. 不满足办理条件的限制

针对无合法来源证明或者许可、备案文件的，应该参考或根据《易制毒化学品购销和运输管理办法》的规定，承运人接受货主委托运输易制毒化学品，保管人接受存储人交付易制毒化学品的，应当查验货主或存储人提供的运输或仓储许可证或者备案证明，并查验所运货物或仓储物与许可证或者备案证明载明的易制毒化学品的品种、数量等情况是否相符；不相符的，不得承运或仓储。承运人或存储人查验许可证或者备案证明时，对不能确定其真实性的，可以请当地人民政府公安机关协助核查。公安机关应当当场予以核查，对于不能当场核实的，应当于3日内将核查结果告知承运人或仓储人。

**第三十二条　海关在口岸监管区发现可能流入非法渠道的易制毒化学品，应当不予放行，并报告公安机关，由公安机关及时开展调查，调查应当在1个月内完成。货物所有人、发货人、收货人和运输人应当配合调查。**

**【立法主旨】**本条对在云南省行政区域内口岸监管区发现可能流入非法渠道的易制毒化学品时海关、公安机关、货物所有人、发货人、收货人和运输人的责任和义务进行了规定。

**【立法依据】**《易制毒化学品管理条例》第30条规定，进口、出口或者过境、转运、通运易制毒化学品的，应当如实向海关申报，并提交进口或者出口许可证。海关凭许可证办理通关手续。

易制毒化学品在境外与保税区、出口加工区等海关特殊监管区域、保税场所之间进出的，适用前款规定。

易制毒化学品在境内与保税区、出口加工区等海关特殊监管区域、保税场所之间进出的，或者在上述海关特殊监管区域、保税场所之间进出的，无须申请易制毒化学品进口或者出口许可证。

进口第一类中的药品类易制毒化学品，还应当提交药品监督管理部门出具的进口药品通关单。

**【立法目的】**加强对在云南省行政区域内口岸监管区内的易制毒化学品的管控。

**【条文详解】**

1. 海关的职责

根据《易制毒化学品进出口管理规定》的规定，国家对易制毒化学品的进出口实行许可证管理制度。以何种方式进出口易制毒化学品，均需申领许可证，海关严格凭易制毒化学品进出口许可证监管验放。海关在口岸监管区应加强对易制毒化学品的核查，发现可能流入非法渠道的易制毒化学品，应当不予放行，并主动报告公安机关。

2. 公安机关处置

对于是否是合法的易制毒化学品进出口的决定，应该由公安机关做出，公安机关应该对海关报告的可疑易制毒化学品依法进行调查，为维护企业利益，公安机关应该在一个月之内做出放行或不放行的决定，并有必要将相关调查结果通知海关。

3. 货物所有人、发货人、收货人和运输人的义务

货物所有人、发货人、收货人和运输人有配合公安机关调查的义务。

**第三十三条　乡镇人民政府、街道办事处应当组织对可能用于制毒的出租屋、闲置厂房仓库、养殖场等场所进行排查，发现异常情况的，及时报告公安机关。**

**【立法主旨】**本条是对制毒违法犯罪活动场所排查防控的规定。

**【立法依据】**《禁毒法》第3条规定，禁毒是全社会的共同责任。国家机关、社会团体、企业事业单位以及其他组织和公民，应当依照本法和有关法律的规定，履行禁毒职责或者义务。

**【立法目的】**针对当前我国非法制毒活动主要集中在出租屋、闲置厂房仓库、养殖场等场所的情况，本条加强了基层组织发现非法制毒活动的职责。

**【条文详解】**

1. 制毒违法犯罪活动场所排查防控的责任主体

近年来，我国制造新型毒品犯罪从无到有，不断发展蔓延，新型毒品，尤其是软性毒品已经成为主要的毒品消费品种。随着警方对制毒管控力量的增强，制毒者也随之不断改革制毒方法，同时在生产方式上将大规模生产与小作坊生产巧妙结合，使得制毒场所日趋隐蔽，分段生产、跨区域跳跃式生产成为制毒生产的基本形式。制毒犯罪的智能化、专业化和职业化使警方打击制毒犯罪的能力受到极大挑战。该条明确基层人民政府与基层组织的制毒场所排查义务，旨在借群众力量构筑打击制毒犯罪的社区防控网。该条首先明确了制毒场所排查的义务主体是乡镇人民政府和街道办事处。街道办事处是市辖区和不设区的市人民政府的派出机关，属于最基层的机关单位。明确基层人民政府和基层机关组织制毒排查工作，是全社会参与禁毒的具体表现，有利于隐蔽式制毒工厂的发现与打击。本条通过列举加概括的立法方式，明确了制毒场所排查的重点对象：出租屋、闲置厂房仓库、养殖场。此外，山区林地内农庄、临时工棚、闲置民房也是易涉毒的场所，排查时要掌握场所所有人、使用人、目前用途等信息，并拍照登记造册。公安机关应对乡镇人民政府、街道办事处人员提供必要的专业知识培训，并配合排查活动。

2. 乡镇人民政府、街道办事处在排查制毒场所过程中的义务

乡镇人民政府、街道办事处在排查制毒场所过程中如发现异常情况，有主动向公安机关报告的义务。公安部禁毒局推荐了制毒场所的建议识别方法（即发现异常情况的方法），主要有以下几种：

（1）场地观察法。

①制毒工厂通常选择在偏僻、废弃的厂房或隐蔽的居民楼内作业。场地通常由当地人提供，或以场地入股，或是采取由当地人出面去租住的方式。

②原本偏僻、废弃的厂房近来又开始运作；有380伏工业用电线路；场地外或出租屋顶有较大蓄水池。

③制毒窝点的隐蔽手法主要有三种：用窗帘、报纸或砖头封堵、遮挡所有窗户；使用、安装监控摄像头；农村地区用铁丝网、看家犬阻止陌生人进入。

（2）制毒行为识别法。

①常雇用少数文化程度较低工人，不公开招工，管理、技术人员行为诡秘，严格限制外人进入。

②采取严格的封闭式生产方式，生产时断时续，而且往往选择在夜间或风雨天气开工。

③生产时排放红黄色或白色具有刺激性气味的烟尘，产生的烟雾较难散去（制造“K粉”的窝点没有刺激性气味）；窝点排污严重，影响居民正常生活。

④窝点人员对居民的投诉没有合理、具体说明，或对外谎称生产“除草剂”“洗洁剂”等，一旦外界有反映就会迅速转移。

（3）排出物、丢弃物判断法。

①排出的废气有浓烈异味，废水是带有泡沫的刺鼻白色黏稠状

液体。

②废气污染周围环境，常常导致附近树木、杂草枯萎死亡；人闻到会明显有恶心、流鼻涕、流眼泪等不适感。

③排出的废水导致附近鱼塘和河沟的鱼虾、家禽中毒死亡。

④加工窝点周围丢弃有大量盛装过易制毒化学品的玻璃瓶、胶罐、包装物。

(4) 制毒过程识别法。

①制造冰毒的设备有反应罐、搅拌机、制冷设备、过滤罐、脱水机、加热装置、各类衡器（如天平、磅秤）、漏斗、不锈钢桶、玻璃器皿、钢罐等。

②制造“摇头丸”的工厂与此类似，不同之处在于一般还会有烘干箱、粉碎机、搅拌机、压片机、封口机、金属模具、钢筛等设备。

③生产、加工 K 粉的设备有加热炉、粉碎机、搅拌机、微波炉、冰箱、封口机、衡器。

④制造麻黄碱的主要设备有玻璃反应釜、离心机、搅拌机、抽滤瓶、真空泵、漏斗等。

**第三十四条　县级以上人民政府根据禁毒工作需要，可以设立专门场所。对下列符合指定居所监视居住条件的毒品犯罪嫌疑人，可以指定其在专门场所监视居住：**

**（一）怀孕、正在哺乳自己不满 1 周岁婴儿的妇女；**

**（二）患有艾滋病、癌症、尿毒症等传染病、严重疾病的人。**

**县级以上人民政府应当加强对专门场所的管理和监督，组织财政、卫生、民政等行政主管部门提供医疗卫生服务和救助保障。**

**【立法主旨】**本条是对特殊毒品犯罪嫌疑人监视居住专门场所的规定。

**【立法依据】**《刑事诉讼法》第 74 条规定，人民法院、人民检察院和公安机关对符合逮捕条件，有下列情形之一的犯罪嫌疑人、被告人，可以监视居住：

（1）患有严重疾病、生活不能自理的；

（2）怀孕或者正在哺乳自己婴儿的妇女；

（3）系生活不能自理的人的唯一扶养人；

（4）因为案件的特殊情况或者办理案件的需要，采取监视居住措施更为适宜的；

（5）羁押期限届满，案件尚未办结，需要采取监视居住措施的。

《刑事诉讼法》第75条规定，监视居住应当在犯罪嫌疑人、被告人的住处执行；无固定住处的，可以在指定的居所执行。对于涉嫌危害国家安全犯罪、恐怖活动犯罪，在住处执行可能有碍侦查的，经上一级公安机关批准，也可以在指定的居所执行。但是，不得在羁押场所、专门的办案场所执行。

**【立法目的】**孕期和哺乳期妇女、病残人员、未成年人等特殊群体贩毒是个老问题，目前呈加重蔓延趋势，所涉人数越来越多、所涉毒品越来越大、所涉区域越来越广、所致危害越来越重。针对特殊人群人权的保护，我国遵循特殊保护和区别对待原则。《刑法》《刑事诉讼法》《妇女权益保障法》《未成年人保护法》等法律都明确提出了对特殊人群的保护，贩毒团伙恰恰利用法律对特殊人群保护和区别对待的原则，组织、利用特殊人群贩运毒品。公安部有关领导在治理中缅边境特殊群体贩毒问题座谈会上要求，要立足本地，由党委、政府出面，按照“应收尽收”原则，通过建立指定居住场所、依托现有医疗机构等多种形式，加强对特殊人群贩毒强制措施的实施，防治贩毒团伙钻法律空子，减少特殊人群贩毒现象。

**【条文详解】**本条是针对云南省在禁毒工作中遇到的利用特殊人群贩毒逃避刑事打击现象的专门性措施。在《刑事诉讼法》的规定下设立专门场所执行特殊毒品犯罪嫌疑人、被告人的监视居住强制措施。本条分两个条款进行规定：

第一款是关于特殊毒品犯罪嫌疑人、被告人的监视居住专门场所设立的规定。首先是监视居住专门场所设立的条件：一是监视对象需为孕期、哺乳期妇女或传染病、严重疾病患者。哺乳期妇女仅指哺乳不满一周岁婴儿的妇女。二是符合《刑事诉讼法》可以在指定的居所执行监视居住条件的。根据《刑事诉讼法》第 75 条的规定，具备两种条件才能在指定居所执行监视居住，一种是无固定住处的，一种是涉嫌危害国家安全犯罪、恐怖活动犯罪，在住处执行可能有碍侦查的。在司法实践中监视居住中的固定住处的认定标准一般是：必须是合法建筑物，犯罪嫌疑人享有居住使用权，固定住处必须有较长时间的稳定性（通常为连续居住至少 6 个月）。另外，如果犯罪嫌疑人经常居住的是宾馆酒店等场所，就不应该作为固定住处。监视居住专门场所的设立人为云南省县级以上人民政府。

需要注意的是，不得在羁押场所、专门的办案场所或者办公场所执行监视居住。

第二款是对专门场所设立设施及管理的要求。专门场所由设立的人民政府负责管理和监督。专门场所应当符合下列条件：

（1）具备正常的生活、休息条件；

（2）便于监视、管理；

（3）保证安全。

财政、卫生、民政等行政主管部门对专门场所内监视居住的毒品犯罪嫌疑人提供必要的医疗卫生服务和救助保障。

# 第四章　戒毒管理和服务

**【本章立法背景】**戒毒工作是个系统工程，需要强有力的政府统一领导，需要各部门齐抓共管、形成合力，需要调动社会各方面力量，整合各方面资源，发挥各方面积极性。为了规范本省的戒毒工作，帮助吸毒成瘾人员戒除毒瘾，维护社会秩序，本着戒毒工作以人为本、科学戒毒、综合矫治、关怀救助的原则，根据《禁毒法》《戒毒条例》等法律法规，并结合本省实际情况，修订本章。

1. 当前国内及云南省的毒品滥用形势与危害

（1）国内毒品滥用形势。自20世纪80年代以来，我国的毒品滥用人数越来越多，滥用问题越来越严重，涉及的范围也越来越广，从过去的区域性问题发展到现在的覆盖全国。目前，全国涉毒县（市、区）达3087个。毒品滥用结构也在发生变化，滥用毒品种类从过去的以传统毒品为主发展到现在的传统毒品与合成毒品滥用同时并存的现状，毒品滥用品种出现了多元化的现象。

吸毒者为了获取毒资，不惜从事有组织犯罪、暴力活动、偷盗、抢劫、卖淫等违法犯罪活动，尤其是合成毒品的快速蔓延，导致因吸食合成毒品引发的自残自伤、自杀、暴力杀人、劫持人质、抢劫盗窃、交通肇事等肇事肇祸案件不断增多，严重影响社会治安，在我国一些毒品问题严重地区超过70%的侵财类案件是吸毒人员作案。

（2）云南省毒品滥用形势与特点。云南省邻近“金三角”毒源地，与缅甸、越南、老挝三国毗邻接壤，伴随世界毒品的泛滥，境外毒品生产发展迅猛，云南受到境外毒源地的包围，特殊的地理环境把云南推向了禁毒斗争的前沿。随着境外毒源地对我国威胁不断加剧，毒品对我省呈多头入境、全线渗透的严峻态势，云南由毒品过境地成为毒品消费地和毒品危害重灾区。截至2014年年底，全省累计登记吸毒人员18.5万人，居全国第六位，其中吸食海洛因等传统毒品人员达15.3万人。近年来，云南吸毒人数继续增加，截至2017年年底，全省吸毒人员达到15.7万人，居全国第五位，滥用合成毒品人员增长迅速。

云南的毒品滥用问题具有以下特点：一是境外毒情严重，紧邻毒源地，毒品流通量大，因此具有毒品易获得性特点；二是吸毒人数多，边境地区吸食传统毒品的问题比较严重，主要是海洛因，以及具有地方特色的卡苦毒品；三是少数民族人员吸毒问题严重；四是毒品纯度高，成瘾严重，更加难以戒断。

相对于其他地区而言，云南省的禁吸戒毒工作压力更大，任务更加艰巨。

2. 国家和云南省戒毒法制建设

（1）我国戒毒相关法制建设情况。1990年12月，全国人大常委会通过了《全国人民代表大会常务委员会关于禁毒的决定》；1995年1月国务院制定了《强制戒毒办法》；2005年7月国务院制定了《麻醉药品和精神药品管理条例》；2007年12月29日第十届全国人民代表大会常务委员会第三十一次会议通过了《禁毒法》，自2008年6月1日起施行；2011年6月26日国务院颁布并施行了《戒毒条例》。

除此以外，各有关部门还不断推出了一系列的规定、办法、文件，使我国的禁毒法制体系建设不断完善，其中与戒毒工作相关的法规政策主要有：

①公安部《吸毒检测程序规定》（公安部令第110号）及《公安部关于修改〈吸毒检测程序规定〉的决定》（公安部令第141号）。

②公安部《吸毒人员登记办法》（公通字〔2009〕26号）。

③公安部、卫生部《吸毒成瘾认定办法》（公安部、卫生部令第115号）及公安部、国家卫计委《关于修改〈吸毒成瘾认定办

法〉的决定》(第142号)。

④卫生部《阿片类药物依赖诊断治疗指导原则》和《苯丙胺类药物依赖诊断治疗指导原则》(卫医政发〔2009〕112号)。

⑤卫生部、公安部、司法部《戒毒医疗服务管理暂行办法》(卫医政发〔2010〕2号)。

⑥国家禁毒办等10部委办制定《关于加强社区戒毒社区康复工作的意见》(禁毒办通〔2013〕5号)。

⑦禁毒办联合11部委下发《关于加强戒毒康复人员就业扶持和救助服务工作的意见》(禁毒办通〔2014〕30号)。

⑧国家禁毒办、国家发改委、公安部、司法部联合制定《关于改进戒毒康复场所试点项目建设管理的意见》(禁毒办通〔2014〕49号)。

⑨人力资源社会保障部、国家禁毒办、公安部、民政部、司法部《关于做好戒毒康复人员就业和社会保障工作的通知》。

⑩公安部《公安机关强制隔离戒毒所管理办法》(公安部令第117号)。

⑪司法部《司法行政机关强制隔离戒毒工作规定》(司法部令第127号)。

⑫国家卫计委、公安部、国家食品药品监管总局《关于戒毒药物维持治疗工作管理办法的通知》(国卫疾控发〔2014〕91号)。

⑬中共中央、国务院印发《关于加强禁毒工作的意见》(中发〔2014〕6号)。

⑭2015年12月15日国家禁毒办联合中央综治办、国家卫计委等11个部门印发《全国社区戒毒社区康复工作规划(2016—2020)》。

⑮国家禁毒办、公安部、民政部、司法部《关于进一步加强和规范社区戒毒社区康复执行工作的通知》(禁毒办通〔2018〕15号)。

这一系列行政法规文件的推出，使我国的戒毒工作体系建设不断完善，从顶层设计的层面极大地推进了我国戒毒工作的开展。

（2）云南省戒毒相关法规和政策建设。作为我国禁毒斗争的最前沿，云南省根据本地毒品问题形势以及禁毒工作需要，以国家禁毒法律法规及国家政策为导向，先后出台了一系列禁吸戒毒相关的地方性法规和文件，如《云南省严禁吸食毒品的实施办法》《云南省禁毒条例》《云南省戒毒规定》《云南省强制戒毒所管理办法》《关于建立强制隔离戒毒工作长效机制的意见》《云南省强制隔离戒毒人员诊断评估暂行办法》《关于深入开展戒毒康复人员就业安置工作的意见》等，其中《云南省禁毒条例》《云南省戒毒规定》是云南省现行开展戒毒工作的最主要的地方性法规文件。

①制定《云南省禁毒条例》。云南省早在我国1990年的《全国人民代表大会常务委员会关于禁毒的决定》出台之后一年，也就是1991年5月27日就颁布了《云南省禁毒条例》，2005年又做了适时修改，发布了2005年版的《云南省禁毒条例》。《云南省禁毒条例》在云南省的戒毒工作中发挥了重要作用，为云南省过去二十多年取得的戒毒工作成效起到了法律保障作用。

②制定《云南省戒毒规定》。2013年11月27日云南省人民政府第25次常务会议通过了《云南省戒毒规定》，自2014年4月1日起施行，1993年10月30日云南省人民政府令第7号公布、根据2011年12月31日云南省人民政府令第172号决定修正的《云南省强制戒毒所管理办法》同时废止。本规定的实施为云南省独具边疆特色的戒毒工作提供了法律保障，使全省的戒毒工作在国家法律法规的框架下有了更加具有针对性的地方法规依据。

3.《云南省禁毒条例》的创新规定

在戒毒措施部分，本条例对原有内容予以了完善，并提出了新举措。一是明确了政府及其有关部门、单位在自愿戒毒、社区戒毒、强制隔离戒毒、社区康复等工作中的措施和责任。二是明确了政府可以建立戒毒医疗机构或者在有条件的公立医院设立专门区域，提供戒毒医疗服务。三是明确了政府可以对老、弱、病、残等特殊吸毒人员进行集中戒毒康复并实施分类戒治。四是明确了对戒毒（康复）人员就业企业可予以经费补助和税收优惠，并支持集中安置基地（点）的建设用地和建设经费。五是明确了预防毒驾行为的措施和管理要求。六是明确了涉毒演艺人员的演艺活动及其相关单位的监管制度。

此次《云南省禁毒条例》的修订对开展新形势下的云南省戒毒工作具有非常积极的意义和作用，为维护国家法制统一、满足全省禁毒工作实际需要，为促进边疆稳定、民族团结、社会和谐，为云南省毒情严峻、吸毒成瘾严重的戒毒工作提供了有力的法制保障。

**第三十五条　各级人民政府通过自愿戒毒、社区戒毒、强制隔离戒毒、社区康复等措施依法开展戒毒工作，并对吸毒人员实行分类评估、分级管理、综合干预，纳入社会综治网格化管理，帮助吸毒人员戒除毒瘾，教育和挽救吸毒人员。**

**【本条主旨】**本条是关于戒毒工作的体制、措施和目的的规定。

**【立法依据】**《禁毒法》第3条规定，禁毒是全社会的共同责任。国家机关、社会团体、企业事业单位以及其他组织和公民，应当依照本法和有关法律的规定，履行禁毒职责或者义务。

《戒毒条例》第2条规定，县级以上人民政府应当建立政府统一领导，禁毒委员会组织、协调、指导，有关部门各负其责，社会力量广泛参与的戒毒工作体制。戒毒工作坚持以人为本、科学戒毒、综合矫治、关怀救助的原则，采取自愿戒毒、社区戒毒、强制隔离戒毒、社区康复等多种措施，建立戒毒治疗、康复指导、救助服务兼备的工作体系。

《戒毒条例》第30条规定，强制隔离戒毒场所应当根据强制隔离戒毒人员的性别、年龄、患病等情况对强制隔离戒毒人员实行分别管理；对吸食不同种类毒品的，应当有针对性地采取必要的治疗措施；根据戒毒治疗的不同阶段和强制隔离戒毒人员的表现，实行逐步适应社会的分级管理。

根据中共中央、国务院印发《关于加强禁毒工作的意见》（中发〔2014〕6号）的规定，把吸毒人员纳入网格化社会管理服务体系，通过风险评估实施分类、分级管理和动态管控，严防吸毒人员肇事肇祸。

《关于开展全国吸毒人员网格化服务管理试点工作的通知》（禁毒办通〔2015〕85号）规定，全面开展吸毒人员信息采集。网格员要充分发挥深入基层、地熟人熟、覆盖广泛的优势，在综合承担网格辖区内社情民意收集、基础信息采集的同时，着重加强对吸毒人员基本情况、行动趋向、生活状况、社会关系、现实表现等信息采集和发现登记，协助社区禁毒工作机构和公安机关摸清网格内吸毒人员的底数和现状，建立畅通、高效的信息报送反馈机制，切实提高对吸毒活动的发现能力。

**【立法目的】**通过明确戒毒措施，有助于规范全省各地戒毒工作，促进全省戒毒工作的有序开展，对吸毒人员实行分类评估、分级管理、综合干预，并纳入社会综治网格化管理，可以确保戒毒治疗工作更有针对性，对吸毒人员的管理更加科学、合理，避免漏管现象的发生。

**【条文详解】**戒毒工作作为禁毒工作的重要组成部分，是全社会的共同责任，政府重视、依法履行职责是做好戒毒工作的前提和保障，只有坚持政府统一领导，才能充分组织和动员全社会力量，保障各项戒毒措施的落实到位，有效减少毒品危害。结合云南实际和执法实践，落实四种措施开展戒毒工作，并对吸毒人员实行分类评估、分级管理、综合干预，纳入社会综治网格化管理，帮助吸毒人员戒除毒瘾，教育和挽救吸毒人员。

1. 戒毒措施

（1）自愿戒毒。自愿戒毒是指吸毒者意识到吸毒行为给自己、家庭、社会带来的影响与伤害，自愿到有资质的戒毒医疗机构接受戒毒治疗的一种戒毒措施。

（2）社区戒毒。社区戒毒是指吸毒成瘾人员在社区的牵头、监管下，整合家庭、社区、公安以及卫生、民政等力量和资源，使吸毒人员在社区里实现戒毒的一种戒毒措施。

（3）强制隔离戒毒。强制隔离戒毒是指对拒绝接受社区戒毒，或者在社区戒毒期间吸食、注射毒品，或者严重违反社区戒毒协议，或者经社区戒毒、强制隔离戒毒后再次吸食、注射毒品的或者吸毒成瘾严重的吸毒成瘾人员，经公安机关决定，在一定时期内，通过行政措施对其强制进行药物治疗、心理治疗和法制教育、技能培训，使其戒除毒瘾的一种戒毒措施。

（4）社区康复。社区康复是指对于被解除强制隔离戒毒的人员，由强制隔离戒毒的决定机关责令其在社区继续接受戒毒治疗及康复训练，以帮助其巩固戒毒成效并重返社会的一种戒毒措施。

2. 政府统一领导

本条提出的“各级人民政府通过自愿戒毒、社区戒毒、强制隔离戒毒、社区康复等措施依法开展戒毒工作”包含了“政府统一领导”和“确立戒毒工作体系”两层含义。戒毒工作作为禁毒工作的一个重要组成部分，是全社会的共同责任，必须组织、集中和调动一切社会力量，全方位、多层次群策群力。而政府切实重视、依法履行职责是做好戒毒工作的前提和保障。只有坚持政府统一领导，才能充分组织和动员社会资源，保障各项戒毒措施落实到位，有效减少毒品危害。

3. 戒毒工作体系

本条对《戒毒条例》确立的集生理脱毒、身心康复、回归社会于一体的戒毒工作模式进行了进一步明确，自愿戒毒、社区戒毒、强制隔离戒毒、社区康复等戒毒工作均应建立集戒毒治疗、康复指导、救助服务兼备的工作体系，促使自愿戒毒、社区戒毒、强制隔离戒毒和社区康复等工作形成一个有序衔接、运转高效的“大戒毒”工作局面。

4. 分类评估、分级管理、综合干预

《戒毒条例》第30条规定，强制隔离戒毒场所应当根据强制隔离戒毒人员的性别、年龄、患病等情况对强制隔离戒毒人员实行分别管理；对吸食不同种类毒品的，应当有针对性地采取必要的治疗措施；根据戒毒治疗的不同阶段和强制隔离戒毒人员的表现，实行逐步适应社会的分级管理。本条例将《戒毒条例》中规定的在强制隔离戒毒场所实行分别、分级管理的措施延伸到了所有形式的戒毒措施当中，也就是在自愿戒毒、社区戒毒、强制隔离戒毒、社区康复等形式的戒毒措施中都可适用，这是本条例在《禁毒法》《戒毒条例》出台之后的执法实践基础上制定的规定，与本条例其他条款如第42条可以设立关爱机构等规定形成呼应，构成了完整、系统的体系，为今后的实际工作提供了执法依据。

（1）分类评估。中共中央、国务院《关于加强禁毒工作的意见》（中发〔2014〕6号）提出，把吸毒人员纳入网格化社会管理服务体系，通过风险评估实施分类、分级管理和动态管控，严防吸毒人员肇事肇祸。吸毒人员有各种不同的具体情况，存在吸食毒品种类不同、成瘾程度不同、吸毒后社会危害性不同、身体状况不同以及生活条件不同等，通过科学、准确的评估对现有吸毒人员进行分类，才能确保开展的各项戒毒工作更有针对性，管理工作更有的放矢。

（2）分级管理。就是对戒毒人员根据其戒毒治疗的不同阶段和戒毒人员的表现，实行逐步适应社会的管理。分级管理解决了以往被采取不同戒毒措施的吸毒人员按照统一的标准进行管理的问题，使吸毒人员的管理更加科学、更有针对性，对于吸毒人员回归社会、避免吸毒人员肇事肇祸更加有效。

（3）综合干预。吸毒人员既是违法者，又是病人和受害者。

对吸毒人员要惩罚，更要教育和救治。吸毒问题不是一个仅依靠医药科技或法律手段就能解决的问题，而是必须依靠多学科进行综合治理的社会问题。因此，必须采用医学戒毒、心理治疗、行为干预、帮教救助等各种方式实施综合干预，以最大限度地挽救吸毒人员，切实巩固戒毒成果，帮助吸毒人员彻底戒除毒瘾。

5. 社会综治网格化管理

网格化管理，即依托统一的城市管理以及数字化的平台，将城市管理辖区按照一定的标准划分为单元网格。通过加强对单元网格的部件和事件巡查，建立一种监督和处置互相分离的形式。

为贯彻落实中共中央、国务院《关于加强禁毒工作的意见》（中发〔2014〕6号）和《中共中央办公厅、国务院办公厅印发〈关于加强社会治安防控体系建设的意见〉的通知》（中办发〔2014〕69号）等文件精神，把吸毒人员作为网格内的一项重要部件加以管理，通过充分发挥基层网格员和相关职能部门的工作优势，逐步提升吸毒人员服务管理的科学化、精细化水平，维护社会和谐稳定，从源头上预防吸毒人员肇事肇祸，推进禁毒工作社会化。

**第三十六条　公安机关应当对吸毒人员进行普查、登记，实行动态管控。吸毒人员户籍所在地与现居住地不一致的，由现居住地公安机关负责动态管控，户籍所在地公安机关应当予以配合。**

**【本条主旨】**本条是关于吸毒人员普查、登记并依法实行动态管控的规定。

**【立法依据】**《禁毒法》第32条第2款规定，公安机关应当对吸毒人员进行登记。

《戒毒条例》第4条第1款规定，县级以上地方人民政府设立的禁毒委员会可以组织公安机关、卫生行政和负责药品监督管理部门开展吸毒监测、调查，并向社会公开监测、调查结果。

《戒毒条例》第4条第2款规定，县级以上地方人民政府公安机关负责对涉嫌吸毒人员进行检测，对吸毒人员进行登记并依法实行动态管控，依法责令社区戒毒、决定强制隔离戒毒、责令社区康复，管理公安机关的强制隔离戒毒场所、戒毒康复场所，对社区戒毒、社区康复工作提供指导和支持。

根据公安部《吸毒人员登记办法》（公通字〔2009〕26号）的规定，根据吸毒人员的登记情况、现实表现和活动规律，建立吸毒人员工作台账，将吸毒人员信息录入吸毒人员数据库，运用信息化手段对吸毒人员进行分类管理。在信息系统中根据吸毒人员的自然状况、吸毒情况、处理情况、戒毒治疗情况等变化及时更新维护，确保吸毒人员信息“真实、准确和及时”，与实际管控工作现状和工作台账相一致。吸毒人员户籍所在地与现居住地不一致的，由现居住地公安机关负责动态管控，并将管控情况通报其户籍所在地公安机关，户籍所在地公安机关应当予以配合落实相关管控措施，准确掌握吸毒人员的现实状况。

**【立法目的】**明确公安机关在吸毒人员普查、登记以及管控工作中的职责，准确掌握吸毒人员信息，规范吸毒人员登记工作，实时了解吸毒人员的动态，提升对吸毒人员管控的有效性。

**【条文详解】**公安机关应当对登记的吸毒人员建立工作台账，并将登记信息录入“全国禁毒信息系统”吸毒人员数据库，实行信息化管理。

1. 吸毒人员的普查

吸毒人员普查是指采用一定方法，在规定的时间内对某地吸毒人员的数量、民族、年龄、文化程度、行业等信息进行登记搜集。

云南省作为毒品滥用重灾区，吸毒人数一直处在全国前列。全面、准确、详尽的吸毒人员基本信息是云南省开展戒毒工作的重要基础。为了准确掌握全省吸毒人员的基本信息，就必须定期对全省吸毒人员的基本信息进行查证、核实并予以更新。本条规定“公安机关应当对吸毒人员进行普查”，这是根据云南省毒情形势严峻的实际情况制定的，为毒品滥用严重地区公安机关开展吸毒人员普查工作提供法律依据。

2. 吸毒人员的登记

吸毒人员登记是指公安机关、司法行政部门、医疗卫生机构对吸毒人员自然状况、吸毒违法行为及处理情况，戒毒情况及其变更等情况予以记载和管理的活动。登记对象为以下四种：一是主动到公安机关进行登记的吸毒人员；二是公安机关发现和采取戒毒措施的吸毒人员；三是在司法行政部门管理的场所执行戒毒措施、刑罚以及强制性教育措施的吸毒人员；四是在医疗卫生机构进行自愿戒毒或社区药物维持治疗的吸毒人员。

为了规范吸毒人员的登记工作，2009 年 5 月 13 日，公安部、司法部、卫生部发布了《吸毒人员登记办法》，要求各级公安机关、司法行政机关、医疗卫生机构按照“谁发现，谁登记”的原则，对在工作中发现和查获的吸毒人员进行登记，并对吸毒人员的自然状况、吸毒违法行为、处理情况、戒毒情况以及变更情况等加以记载、管理，做到“真实、准确和及时”。根据该办法，公安机关对登记的吸毒人员建立工作台账，并将登记信息录入吸毒人员数据库，实行信息化管理。吸毒人员登记是禁毒工作最基础的工作，在多年的禁毒工作中起到了非常重要的作用，为掌握毒品滥用形势、制定适合当地戒毒工作需要的策略及措施提供了依据。

3. 吸毒人员动态管控

吸毒人员动态管控是指公安机关根据吸毒人员登记情况、现实表现和活动规律，运用信息化手段，对其进行分类管理的一项业务工作。

公安机关建立吸毒人员的动态管控机制，是以全国禁毒信息管理系统数据库为平台，把所有吸毒人员信息及时纳入计算机系统的查询与统计范围，实现信息共享、网上跟踪、有效管理、动态监控。吸毒人员的动态管控机制始于 2006 年。2006 年 8 月，国家禁毒办召开全国公安机关建立吸毒人员动态管控机制电视电话会议，部署在全国公安机关组织开展对吸毒人员的大排查，在摸清底数、核实身份、掌握现状的基础上，将吸毒人员信息全部登记上网，以实现全国信息共享、动态监控和网上跟踪，建立对吸毒人员的动态管控机制。动态管控机制工作要求公安机关在该项工作中坚持做到见面排查、查清真实身份、如实采集现状信息、高质量录入信息数据，并积极建立信息维护制度，实时更新、维护吸毒人员动态信息，不断完善吸毒人员信息数据库。各级公安禁毒、治安、边防、刑侦、监管和司法等部门各负其责，密切协作，全力推进吸毒人员动态管控机制建设。

动态管控机制信息管理机制的建立在禁毒工作中发挥着重要的作用，它使公安机关和有关部门能够掌握我国的毒品滥用形势，并能掌握实时的吸毒人员动态，有效地减少了社会面失控吸毒人员，为更好地管控吸毒人员、开展戒毒工作、帮助和挽救吸毒人员发挥了重要的作用。

本条例根据我国吸毒人员动态管控机制实施多年的经验和云南省的实际情况制定了本条规定，并进一步做出了“吸毒人员户籍所在地与现居住地不一致的，由现居住地公安机关负责动态管控，户籍所在地公安机关应当予以配合”的规定，为避免工作中可能出现的相互推诿的问题明晰了职责、确立了规定。

**第三十七条　乡镇人民政府、街道办事处应当成立社区戒毒（康复）工作领导小组及其办公室，配备与任务相适应的专职工作人员，组成社区戒毒（康复）工作小组，具体实施社区戒毒（康复）措施。**

**社区戒毒（康复）工作小组由社区民警、专职工作人员、医务人员、志愿者、社会工作者以及社区戒毒（康复）人员的家庭成员等组成。**

**【本条主旨】**本条是关于社区戒毒社区康复工作组织和工作人

员的规定。

**【立法依据】**《戒毒条例》第15条规定，乡（镇）人民政府、城市街道办事处应当根据工作需要成立社区戒毒工作领导小组，配备社区戒毒专职工作人员，制定社区戒毒工作计划，落实社区戒毒措施。

《戒毒条例》第17条规定，社区戒毒专职工作人员、社区民警、社区医务人员、社区戒毒人员的家庭成员以及禁毒志愿者共同组成社区戒毒工作小组具体实施社区戒毒。

**【立法目的】**本条规定乡（镇）人民政府、城市街道办事处应当成立社区戒毒、社区康复工作组织，建立相应的工作队伍，主要是鉴于云南省特殊的地理区位和严峻的毒情形势。社区戒毒、社区康复工作涉及方方面面，为保证社区戒毒、社区康复工作的顺利开展，需要建立相应的工作队伍和管理体制、工作机制。

**【条文详解】**成立社区戒毒、社区康复工作组织，是开展具体工作的前提，为加强和推进社区戒毒、社区康复工作，2013年1月18日国家禁毒办等十部委联合制定下发了《关于加强社区戒毒社区康复工作的意见》（禁毒办通〔2013〕5号），2015年12月15日国家禁毒办联合中央综治办等十一个部门联合印发了《全国社区戒毒社区康复工作规划（2016—2020）》，在这两个文件中分别就社区戒、毒社区康复工作提出了具体要求。

1. 社区戒毒（康复）工作领导小组及其办公室

在各地禁毒委员会指导下，乡（镇）人民政府、城市街道办事处应当建立健全社区戒毒、社区康复工作领导小组，由乡（镇）人民政府、城市街道办事处分管领导任组长，综治、公安、卫生、民政、司法行政、人力资源社会保障等有关部门负责人为成员，负责组织本辖区的社区戒毒、社区康复工作。工作任务较重的地方，主要领导要亲自负责，定期研究工作，落实责任分工。县（市、区）禁毒委员会要定期召开社区戒毒、社区康复工作会议，对社区戒毒、社区康复工作进行专题部署。社区戒毒、社区康复工作领导小组负责组织开展社区戒毒、社区康复工作，推动乡（镇）人民政府、城市街道办事处为社区戒毒、社区康复工作提供办公用房、活动场所等工作环境，落实办公设备、办公经费等必备条件。

在领导小组之下应设立社区戒毒、社区康复工作办公室，其职能是组织、指导、落实和协调社区戒毒、社区康复相关工作。落实办公用房、活动场地等基础设施，为社区戒毒、社区康复人员提供心理辅导、职业技能培训、职业指导、社会支持网络重建、社会功能修复、社会融入服务，以及就学、就业、就医援助。按照有关规定，社区戒毒、社区康复工作办公室至少配备1名专职或兼职公务员，具体负责整个乡镇人民政府、城市街道办事处的社区戒毒、社区康复工作。

2. 配备工作人员

在社区戒毒、社区康复办公室之下应该再设置具体开展社区戒毒、社区康复的工作小组，工作小组由社区戒毒、社区康复专兼职工作人员、社区民警、社区医务人员、社区戒毒社区康复人员的家庭成员以及禁毒志愿者共同组成。根据国家规定，按照每30名实有吸毒人员配备1名专职工作人员的比例，配齐专职工作人员，专门从事社区戒毒、社区康复人员管理和服务工作。辖区实有吸毒人员不足30名的，也应当至少配备1名专职工作人员，并对专职人员进行培训。

社区戒毒、社区康复工作是整个戒毒体系的重要组成部分。依靠基层人民政府，依托社区组织资源，建立戒毒治疗、康复指导、救助服务工作体系，充分发挥社区、家庭的作用帮助吸毒人员戒除毒瘾，是推进社会治理创新的重要举措。

目前，云南省按照国家禁毒委的工作部署，积极开展社区戒毒、社区康复工作，建立了工作网络，形成了工作机制，积累了工作经验，取得了一定的工作成效。但是云南特殊的地理环境、人文环境和经济社会发展等情况决定了戒毒工作的艰巨性和复杂性，社区戒毒、社区康复工作仍然存在很多突出问题。一些地方政府对社区戒毒、社区康复工作不够重视，组织领导不到位，经费保障不落实，致使这项工作发展滞后。有些基层组织没有认真履行社区戒毒、社区康复工作职责，缺乏相应的工作机构和工作人员，有的甚至长期没有正常开展工作，导致工作措施执行不力，社戒社康人员超期未报到、严重违反协议，吸毒人员脱管失控突出、特殊病残吸毒人员收戒收治难等问题。

下一步，通过强化组织领导，提高思想认识，健全管理机构，配备工作人员，落实保障政策，加强责任督查，规范相关工作机制，创新治理方法，推进社区戒毒、社区康复工作良性发展。

**第三十八条　社区戒毒（康复）工作人员履行下列职责：**

**（一）针对社区戒毒（康复）人员吸食毒品种类、吸毒成瘾程度等情况制定帮教和戒毒计划，实行动态管控；**

**（二）督促社区戒毒（康复）人员履行社区戒毒（康复）协议，对其进行禁毒法制宣传教育、劝导和心理辅导，给予帮扶；**

**（三）协助公安机关对社区戒毒（康复）人员是否吸毒进行检测；**

**（四）社区戒毒（康复）工作领导小组交办的其他工作。**

**【本条主旨】**本条是关于社区戒毒（康复）工作人员职责的规定。

**【立法依据】**《戒毒条例》第18条规定，乡（镇）人民政府、城市街道办事处和社区戒毒工作小组应当采取下列措施管理、帮助社区戒毒人员：（一）戒毒知识辅导；（二）教育、劝诫；（三）职业技能培训，职业指导，就学、就业、就医援助；（四）帮助戒毒人员戒除毒瘾的其他措施。

**【立法目的】**为了进一步提高社区戒毒（康复）工作人员管理服务水平，对社区戒毒（康复）人员进行有效管理和帮扶救助，在《戒毒条例》的框架下细化社区戒毒（康复）工作人员职责，明确工作内容。

**【条文详解】**社区戒毒（康复）工作人员是开展社区戒毒（康复）工作的主要力量，通过与社区戒毒（康复）人员签订社区戒毒（康复）协议，制定帮教和戒毒计划，做到三天一见面、五天一谈话，掌握社区戒毒（康复）人员思想动态和行动轨迹，落实尿检等管理工作措施，加强部门协作，做好社区戒毒（康复）人员的就业扶持和就助帮扶工作，帮助他们戒除毒瘾，达到回归社会的目的。

1. 制定有针对性的帮教和戒毒计划，实行动态管控

本条规定的“针对社区戒毒（康复）人员吸食毒品种类、吸毒成瘾程度等情况制定帮教和戒毒计划，实行动态管控”是立足于对毒品科学研究的基础上提出的。不同种类的毒品，在成瘾机理、戒断症状、治疗方法等方面存在很大差别。因此，对吸食不同种类毒品的人员，必须分类评估，再采取有针对性的治疗方法和管理措施。社区戒毒（康复）工作人员要针对社区戒毒（康复）人员吸食毒品种类、吸毒成瘾程度、身体健康状况等制定帮教和戒毒计划，并实行动态管控，掌握社区戒毒（康复）人员的实时动态，以更好地对不同类型吸毒人员开展有针对性的戒毒工作。

2. 督促履行社区戒毒（康复）协议，实施综合干预

社区戒毒协议是约束社区戒毒管理部门和社区戒毒人员之间关系的法律文书。乡镇人民政府、城市街道办事处，应当在社区戒毒人员报到后及时与其签订社区戒毒协议，明确社区戒毒的具体措施、社区戒毒人员应当遵守的规定以及违反社区戒毒协议应承担的责任。社区戒毒协议的主要内容有：

（1）社区戒毒人员的自然情况；

（2）社区戒毒人员的住所，就医、就业、就学场所及联系方式；

（3）社区戒毒人员合法权益的保障；

（4）社区戒毒人员接受治疗、监护、辅导和检测的规定；

（5）社区戒毒计划；

（6）社区戒毒人员应当遵守的规定；

（7）对社区戒毒人员违反协议的法律后果的告知。

在实际工作中，经常存在着社区戒毒（康复）人员违反或不履行协议的问题，因此，非常需要工作人员的督促和监督，这是工作人员需要履行的重要职责。

在社区戒毒（康复）工作的实施中，工作人员对社区戒毒（康复）人员进行禁毒法制宣传教育、劝导和心理辅导，给予帮扶。这些综合干预工作，对于改变吸毒人员的错误认知、防止复吸、巩固戒毒疗效都具有积极的作用。

3. 协助吸毒检测工作

吸毒检测是对社区戒毒（康复）人员监督管理的重要工作内容，《关于加强社区戒毒社区康复工作的意见》（禁毒办通〔2013〕5号）规定，公安机关应当按照定期不定时的原则，认真做好社区戒毒社区康复人员的吸毒检测工作，社区戒毒社区康复工作人员应当给予协助。对社区戒毒人员的检测为3年内至少22次，第一年为每月1次，第二年为每2个月1次，第三年为每3个月1次；对社区康复人员的检测为3年内至少12次，第一年为每2个月1次，第二年为每3个月1次，第三年为每6个月1次。

但实际工作中存在着社区戒毒（康复）人员不配合管理、不按规定检测、超期不报到、监管脱失、严重违反协议等情况，因此，工作人员对吸毒检测工作的协助可以加强此项工作的落实，促使监管工作落到实处。

4. 交办的其他工作

社区戒毒（康复）工作内容繁杂，除了规定的职责外，还会有大量的事务性工作或者突发性事件需要处理，因此，社区戒毒（康复）工作人员还需要承担一些社区戒毒（康复）工作领导小组交办的其他工作。

实践中各级禁毒委员会办公室要加强督导，经常性地开展社区戒毒（康复）工作人员业务培训，建立社区戒毒（康复）工作人员考核方案，将社区戒毒（康复）工作的开展情况纳入个人、工作小组绩效考核范围，确保社区戒毒（康复）人员管控落实、措施到位，社区戒毒（康复）执行率、管控率、戒断巩固率和就业安置稳步提升。

**第三十九条 县级以上人民政府可以在公立医院设立专门区域或者建立专门的戒毒医疗机构，提供戒毒医疗服务，卫生、公安机关等部门应当加强业务指导并给予政策支持。**

**【本条主旨】**本条是在公立医院设立专门区域或者戒毒医疗机构的规定。

**【立法依据】**《禁毒法》第36条第2款规定，设置戒毒医疗机构或者医疗机构从事戒毒治疗业务的，应当符合国务院卫生行政部门规定的条件，报所在地的省、自治区、直辖市人民政府卫生行政部门批准，并报同级公安机关备案。戒毒治疗应当遵守国务院卫生行政部门制定的戒毒治疗规范，接受卫生行政部门的监督检查。

《戒毒条例》第4条第4款规定，县级以上地方人民政府卫生行政部门负责戒毒医疗机构的监督管理，会同公安机关、司法行政等部门制定戒毒医疗机构设置规划，对戒毒医疗服务提供指导和支持。

国家禁毒办联合十一部委下发的《关于加强戒毒康复人员就业扶持和救助服务工作的意见》（禁毒办通〔2014〕30号）规定，卫生计生行政部门要加强戒毒医疗卫生机构建设，充分运用社区卫生医疗服务机构、自愿戒毒医疗机构等卫生医疗资源，积极为戒毒康复人员提供门诊治疗、住院治疗、药物维持治疗、心理咨询等戒毒医疗服务；会同有关部门，根据工作需要，稳步扩大戒毒药物维持治疗覆盖面，探索建立激励机制，加强对服药人员的管理和综合服务，提高维持治疗保持率，确保治疗效果。

**【立法目的】**为了解决当前云南省专业戒毒医疗机构少、戒毒医疗服务滞后的现状，本条规定了县级以上人民政府可以在公立医院设立专门区域或者建立专门的戒毒医疗机构，卫生、公安等部门加强业务指导并给予政策支持，对吸毒人员采取相应的医疗、护理、康复等戒毒医疗服务，帮助其减轻毒品依赖、促进身心康复。

**【条文详解】**戒毒医疗服务是戒毒康复工作中的最基本环节，戒毒人员在实施戒毒的初级阶段往往都处在生理依赖和心理依赖的严重阶段，需要医疗手段干预。同时这些人还常常伴有各种疾病，健康状况都很差，这个阶段的吸毒人员尤其需要医疗服务，医疗服务与戒毒治疗效果、身体康复状况以及复吸率等直接相关。吸毒人员是特殊的病人，病人最需要的首先是医疗服务，对戒毒人员提供医疗服务是戒毒工作最重要的内容。

戒毒医疗机构，是指经省级人民政府卫生行政部门批准从事戒毒医疗服务的戒毒医院或设有戒毒治疗科的其他医疗机构，对吸毒人员采取相应的医疗、护理、康复等医学措施，帮助其减轻毒品依赖、促进身心康复。

根据卫生部、公安部、司法部《戒毒医疗服务管理暂行办法》(卫医政发〔2010〕2号)的规定，医疗机构申请开展戒毒医疗服务，必须同时具备下列条件：

(1) 具有独立承担民事责任的能力；

(2) 符合《戒毒医院基本标准（试行）》或《医疗机构戒毒治疗科基本标准（试行）》和本办法规定；

(3) 省级以上卫生行政部门规定的其他条件。

任何组织、单位和个人，未经省级卫生行政部门批准取得戒毒医疗服务资质，不得开展戒毒医疗服务。

截至2018年5月，云南省成立的戒毒医疗机构仅3家，均集中在昆明市，设有床位130张，执业医师18名，2017年接诊人数2970人次。

目前，上海、浙江、江苏等国内一些经济发达地区的戒毒医疗工作开展得比较好，一般都建立了社区戒毒医疗服务体系，而国内很多地区的戒毒医疗服务还是相对比较缺乏的。云南省医疗基础条件差，专业戒毒医疗机构少，戒毒医疗服务滞后，而毒品滥用问题又很严重，戒毒医疗服务需求比较大。针对云南省的实际情况，本条规定了“县级以上人民政府可以在公立医院设立专门区域或者建立专门的戒毒医疗机构，提供戒毒医疗服务”，这样可以使一些毒品滥用问题严重的地区在县级地区就可以得到戒毒治疗，同时也可以充分依托、利用各地的医疗资源，使现有的医疗资源效益最大化。

**第四十条　自愿戒毒的人员可以到设有专门区域的公立医院、戒毒医疗机构、戒毒康复场所或者强制隔离戒毒所接受戒毒治疗，并签订和履行自愿戒毒协议。**

**社区戒毒（康复）人员自愿，经执行地乡镇人民政府、街道办事处同意，可以到戒毒康复场所执行社区戒毒（康复）。**

**【本条主旨】**本条是关于自愿戒毒人员和社区戒毒（康复）人员在自己申请，并履行相关手续的基础上选择戒毒方式、地点的规定。

**【立法依据】**《禁毒法》第36条第1款规定，吸毒人员可以自行到具有戒毒治疗资质的医疗机构接受戒毒治疗。

《禁毒法》第38条第3款规定，吸毒成瘾人员自愿接受强制隔离戒毒的，经公安机关同意，可以进入强制隔离戒毒场所戒毒。

《禁毒法》第49条第2款规定，戒毒人员可以自愿在戒毒康复场所生活、劳动。

《戒毒条例》第9条规定，国家鼓励吸毒成瘾人员自行戒除毒瘾。吸毒人员可以自行到戒毒医疗机构接受戒毒治疗。对自愿接受戒毒治疗的吸毒人员，公安机关对其原吸毒行为不予处罚。

《戒毒条例》第41条规定，自愿戒毒人员、社区戒毒、社区康复的人员可以自愿与戒毒康复场所签订协议，到戒毒康复场所戒毒康复、生活和劳动。

**【立法目的】** 在云南省的一些偏远地区，戒毒基本医疗服务缺乏，自愿戒毒人员在戒毒过程中面临极大的戒毒风险。同时，由于社区功能不完善，社区戒毒（康复）人员分散，难以有效开展社区戒毒（康复）工作。自愿戒毒人员到设有专门区域的公立医院、戒毒医疗机构、戒毒康复场所或者强制隔离戒毒所接受戒毒治疗，社区戒毒（康复）人员到戒毒康复场所执行社区戒毒（康复）可以坚定自愿戒毒人员和社区戒毒（康复）人员的戒毒意愿，便于开展治疗和服务工作，降低戒毒风险。

**【条文详解】** 国家鼓励吸毒成瘾人员自愿戒毒，并且规定社区戒毒（康复）人员可以到戒毒康复场所执行社区戒毒（康复）。

1. 自愿戒毒

国家鼓励吸毒成瘾人员自行戒除毒瘾，鼓励自愿戒毒人员到具有资质的戒毒医疗机构接受戒毒治疗，也可以到戒毒康复场所或者强制隔离戒毒所实施自愿戒毒。也就是实施自愿戒毒的场所包括设有专门区域的公立医院、戒毒医疗机构、戒毒康复场所或者强制隔离戒毒所。戒毒医疗机构应当与自愿戒毒人员或者其监护人签订自愿戒毒协议，戒毒人员也应遵守戒毒医院或场所的相关规定。

自愿戒毒的方式可以充分利用现有的医疗资源，发挥在自愿戒毒工作中的作用。自愿戒毒可与社区戒毒、强制隔离戒毒工作在某些可结合点上相互补充，发挥其作用。对自愿接受戒毒治疗的吸毒人员，公安机关对其原吸毒行为不予处罚，这样在戒毒工作的实际操作中，就提示了自愿戒毒的治安处罚的阶段性豁免权；对吸毒人员而言，自愿戒毒相对于社区戒毒、强制隔离戒毒，享有优先选择权。

2. 戒毒康复场所戒毒

戒毒康复场所是一项新生事物，是我国戒毒制度的创新之举，也是对戒毒人员这一特殊人群进行社会管理创新的重要措施。从

2006年开始，国家禁毒委员会部署各地试点建设戒毒康复场所，此后一直在大力推行和发展戒毒康复场所的建设，将戒毒康复场所的建立作为更好地解决戒毒人员的就业和生活问题的一项重要举措，建立戒毒康复场所是完善我国禁吸戒毒工作体系、有效解决我国吸毒人员复吸率高问题的重要措施。云南省的戒毒康复场所建设工作启动早，开远雨露社区、昆明和谐都曾经是走在全国前列的先进单位，为后来国内全面展开戒毒康复场所建设工作积累了经验，起到了示范作用。

《戒毒条例》第41条第1款规定，自愿戒毒人员、社区戒毒、社区康复的人员可以自愿与戒毒康复场所签订协议，到戒毒康复场所戒毒康复、生活和劳动。这一规定凸显了戒毒康复场所的公益性，戒毒康复场所既可以安置自愿戒毒的人员，也可以安置被公安机关责令接受社区戒毒、社区康复的人员，即承载多种戒毒身份和处在各种戒毒背景状态下的戒毒人员到此戒毒，其前提是双方签订协议。协议的内容应当包括戒毒康复人员应当遵守的康复场所管理制度、双方的权利和义务、违反协议应当承担的法律后果等。需要明确的是，自愿戒毒人员与社区戒毒、社区康复人员申请到戒毒康复场所的程序略有不同。自愿戒毒人员是自愿到戒毒康复场所参加戒毒康复的，其在戒毒康复场所的期限由其本人根据其戒毒康复的需要与戒毒康复场所签订协议。而社区戒毒、社区康复人员申请到戒毒康复场所，属于变更社区戒毒、社区康复的执行地点，需要其戒毒康复所在地乡（镇）人民政府、城市街道办事处的审批；戒毒康复场所应当与其戒毒康复所在地乡（镇）人民政府、城市街道办事处建立联系机制，定期通报戒毒康复人员戒毒康复的情况。

由于云南省的戒毒医疗机构较少且分布不均，目前多采用通过与戒毒康复场所或者强制隔离戒毒所签订自愿戒毒协议开展自愿戒毒工作。下一步各地公安机关要根据工作需求加强与卫生行政部门的沟通协作，建立健全完善的戒毒医疗机构，满足自愿戒毒工作的多元化需求。

实践中随着云南省戒毒康复场所的不断修缮、功能不断优化，在戒毒康复场所执行社区戒毒（康复）取得了很大成绩。截至2018年4月，全省11个戒毒康复场所共收治戒毒康复人员5066人。目前全省正加大力度改造23个公安管理的闲置场所，为下一步开展吸毒人员戒毒康复、强制隔离戒毒和病残吸毒人员的收治工作打基础。

**第四十一条　社区戒毒（康复）人员户籍所在地或者现居住地不具备社区戒毒（康复）条件的，执行地乡镇人民政府、街道办事处可以安排其到戒毒康复场所或者戒毒康复人员集中就业基地接受社区戒毒（康复）。**

**社区戒毒（康复）人员违反社区戒毒（康复）协议但达不到强制隔离戒毒条件的，执行地乡镇人民政府、街道办事处可以将其变更到戒毒康复场所或者戒毒康复人员集中就业基地执行剩余的社区戒毒（康复）期限。**

**执行地乡镇人民政府、街道办事处将上述人员送交戒毒康复场所或者戒毒康复人员集中就业基地前，应当征求本人或者其父母、其他监护人同意并签订戒毒（康复）协议。同时，将变更等情况及时通报作出社区戒毒（康复）决定的公安机关。**

**【本条主旨】**本条是关于社区戒毒（康复）人员戒毒场所变更和戒毒康复场所接收社区戒毒（康复）人员的规定。

**【立法依据】**《戒毒条例》第41条第1款规定，自愿戒毒人员、社区戒毒、社区康复的人员可以自愿与戒毒康复场所签订协议，到戒毒康复场所戒毒康复、生活和劳动。

《关于加强社区戒毒社区康复工作的意见》（禁毒办通〔2013〕5号）规定，公安机关、司法行政部门应当充分利用戒毒康复场所资源，积极引导社区戒毒社区康复人员到戒毒康复场所生活就业。

《关于改进戒毒康复场所试点项目建设管理工作的意见》（禁

毒办通〔2014〕49号）规定，对无业可就、无家可归、无亲可投以及保持操守能力较差、在社区没有条件戒毒的社区戒毒社区康复人员，可以通过指定执行地点、签订协议等形式，千方百计督促其到戒毒康复场所生活康复，切实防止其发生复吸。该《意见》还规定，戒毒康复场所要加强与强制隔离戒毒所、社区戒毒社区康复工作办公室的协作配合，建立有序衔接、整体联动的工作机制，最大限度接收强制隔离戒毒出所和责令社区戒毒社区康复人员，不断拓宽来源渠道、扩大安置规模。

**【立法目的】**当前云南很多地区不具备开展社区戒毒的条件，通过变更戒毒场所，可以解决社区禁毒（康复）工作中收戒难、管控难等突出问题。同时，对违反社区戒毒（康复）协议，但又达不到强制隔离戒毒条件的吸毒人员，将其执行地变更到戒毒康复场所或者戒毒康复人员集中就业基地，执行剩余的社区戒毒、社区康复期限，既可以对其进行有效管控，又可以提高社区戒毒、社区康复的效果。

**【条文详解】**目前全省有社区戒毒（康复）任务的乡镇人民政府、街道办事处共1355个，已成立社区戒毒（康复）办公室1318个，占97.3%，基本满足了对责令社区戒毒（康复）人员管控工作需要。工作中各地为加强社区戒毒（康复）人员管理服务，对不具备社区戒毒（康复）条件的、违反社区戒毒（康复）协议但达不到强制隔离戒毒条件的社区戒毒（康复）人员，在本人或者其父母、其他监护人的同意下，积极协调戒毒康复场所或者戒毒康复人员集中就业基地执行社区戒毒（康复），并取得良好效果。

1. 戒毒康复场所集中实施社区戒毒（康复）

当前我国社区戒毒、社区康复工作存在着区域发展不平衡、城乡发展不平衡的现象，这是由于不同地区的经济水平和社会基础条件存在差异，使得开展社区戒毒（康复）工作的条件也存在着差异。云南是地处边疆的经济欠发达地区，吸毒问题严重，开展社区戒毒（康复）工作的条件与经济发达地区存在着很大的差距，很多边远山区根本不具备开展社区戒毒（康复）工作的条件。在此情况下，云南省一些地区结合当地实际，已开始了利用戒毒康复场所集中开展社区戒毒（康复）工作的尝试，探索出了一些经验，是一种符合法律规范因地制宜的变通尝试。

利用戒毒康复场所开展集中式社区戒毒具有如下优势：

(1) 充分利用戒毒康复场所资源；

(2) 弥补社区功能不健全的缺失；

(3) 解决戒毒人员分散问题；

(4) 变通工作队伍建设问题；

(5) 有利于解决医疗条件配备问题；

(6) 有利于开展监管工作；

(7) 有利于解决就业安置问题；

(8) 有利于解决经费问题。

2. 违反社区戒毒（康复）协议执行地点变更

在云南省的执法实践中，有些社区戒毒（康复）人员多次违反社区戒毒（康复）协议，逃避检测，管理难度大，但又达不到强制隔离戒毒的条件，针对这种难以管控、戒毒（康复）效果差的情况，执行地乡镇人民政府、街道办事处可以将其变更到戒毒康复场所或者戒毒康复人员集中就业基地执行剩余的社区戒毒（康复）期限，形成了一个监管梯度，填补了社区戒毒（康复）工作中的空缺。这样的规定既不与上位法冲突，又解决了现实工作中的难题，可以有效地提高社区戒毒社区（康复）工作的实施成效。

3. 执行地变更后签订戒毒（康复）协议

执行地乡镇人民政府、街道办事处将违反社区戒毒（康复）协议的戒毒人员，送交戒毒康复场所或者戒毒康复人员集中就业基地前应当征求本人或者其父母、其他监护人同意，并签订变更戒毒（康复）协议。

同时，将变更等情况及时通报做出社区戒毒（康复）决定的公安机关。签订变更执行地协议是为了避免在变更过程中或在戒毒康复场所实施戒毒康复中产生纠纷，让变更后的集中社区戒毒（康复）工作能够顺利实施。

**第四十二条　县级以上人民政府根据需要，可以设立关爱机构。对接受社区戒毒（康复）的老、弱、病、残等特殊吸毒人员，执行地乡镇人民政府、街道办事处征求本人或者其父母、其他监护人同意并签订戒毒（康复）协议后，可以送交关爱机构进行集中戒毒（康复）。**

**【本条主旨】**本条是设立关爱机构的规定。

**【立法依据】**《禁毒法》第44条第2款规定，强制隔离戒毒场所对有严重残疾或者疾病的戒毒人员，应当给予必要的看护和治疗。

国家禁毒委员会办公室、公安部、国家卫计委、国家发改委、民政部、司法部、财政部、人力资源社会保障部联合制定的《关于加强病残吸毒人员收治工作的意见》（禁毒办通〔2015〕87号）规定，各地禁毒委员会要协调公安、司法行政、卫生计生行政等有关部门根据实际需要，依托当地戒毒场所、医疗卫生机构等资源，改建收治病残吸毒人员的特殊医疗机构，或者在医疗机构开辟专门病区，或者改建病残吸毒人员收治中心，收治患严重疾病、所外就医以及强制隔离戒毒所不具备治疗条件的病残吸毒人员。卫生计生行政部门应当在禁毒委员会协调下，利用当地医疗资源，组织医护人员对病残吸毒人员进行治疗。公安、司法行政等有关部门应当派驻专门力量，做好安全防范、管理教育、救助服务等工作。

**【立法目的】**病残吸毒人员收戒是戒毒工作中长期存在的老大难问题，为了破解部分病残吸毒人员因无法收戒而继续实施违法犯罪活动，严重危害社会秩序等问题，本条对此做了规定。

**【条文详解】**近年来，各地公安、司法行政等有关部门深入开展强制隔离戒毒工作，积极教育挽救吸毒成瘾人员，收到良好社会效果。但是，受场所条件、医疗能力等因素的影响和制约，一些患有艾滋病、心脏病、尿毒症、传染病等严重疾病和吞食异物自伤自残的吸毒成瘾严重人员（即病残吸毒人员）没有入所执行强制隔离戒毒，致使大量病残吸毒人员流散社会，有的公然在社会上吸食毒品，造成艾滋病等传染性疾病传播扩散，有的大肆进行盗窃、抢劫、敲诈、贩毒等违法犯罪活动，严重危害社会治安，严重影响人民群众安全，严重损害法律严肃性和执法公信力。

2011年3月，云南省强制隔离戒毒执行工作职能统一交由司法行政部门承担后，由于司法强制隔离戒毒所管理要求和容量不足等原因，大量老、弱、病、残等特殊吸毒人员无法得到收戒或者收戒后短期内变更戒毒措施出所流散于社会。但其回到社区执行戒毒（康复）期间，多缺乏社会的接纳和家庭的关爱，居无定所，属于被严重边缘化的群体，加之乡镇、城市街道办事处医疗资源、条件普遍匮乏，难以对其进行有效的救治管控和管理服务，成为危害社会治安的严重隐患，也是人民群众反响强烈的特殊群体。为有效管控这类特殊群体，2012年以来，云南省德宏州、保山市隆阳区和腾冲市、西双版纳州勐海县等，相继在当地党委政府的统筹协调下，设立了由公安、民政、卫计等部门共同管理的关爱中心，采取由乡镇人民政府、街道办事处委托并签订社区戒毒（康复）协议后，送关爱中心集中戒毒治疗，收到了良好的社会效果。

根据《禁毒法》和《关于加强病残吸毒人员收治工作的意见》的规定，针对云南省社区禁毒（康复）工作中特殊病残吸毒人员收戒收治难的问题，在云南省部分地区实践经验积累的基础上，制定了本条规定，以提升对病残吸毒人员特殊群体的关爱，对老、弱、病、残等社区戒毒（康复）人员进行集中关爱、戒治、治疗，提高管控效果，真正做到应收尽收、应治尽治，做好病残吸毒人员收治工作。

**第四十三条　吸毒成瘾人员被依法决定强制隔离戒毒的，由作**

**出决定的公安机关送交强制隔离戒毒所执行。强制隔离戒毒所应当依法予以接收。**

**强制隔离戒毒场所应当开辟专门区域收治病、残吸毒人员，实施分类戒治。**

**【本条主旨】** 本条是关于强制隔离戒毒执行程序和强制隔离戒毒场所收治病残吸毒人员的规定。

**【立法依据】**《禁毒法》第 41 条第 1 款规定，对被决定予以强制隔离戒毒的人员，由作出决定的公安机关送强制隔离戒毒场所执行。

《禁毒法》第 44 条第 1 款规定，强制隔离戒毒场所应当根据戒毒人员的性别、年龄、患病等情况，对戒毒人员实行分别管理。第 2 款规定，强制隔离戒毒场所对有严重残疾或者疾病的戒毒人员，应当给予必要的看护和治疗；对患有传染病的戒毒人员，应当依法采取必要的隔离、治疗措施……

《戒毒条例》第 30 条规定，强制隔离戒毒场所应当根据强制隔离戒毒人员的性别、年龄、患病等情况对强制隔离戒毒人员实行分别管理；对吸食不同种类毒品的，应当有针对性地采取必要的治疗措施；根据戒毒治疗的不同阶段和强制隔离戒毒人员的表现，实行逐步适应社会的分级管理。

国家禁毒委员会办公室、公安部、国家卫计委、国家发改委、民政部、司法部、财政部、人力资源社会保障部联合制定的《关于加强病残吸毒人员收治工作的意见》（禁毒办通〔2015〕87 号）规定，建立专门收治区域。各级公安、司法行政部门要根据收治吸毒人员的实际需要，在现有强制隔离戒毒所开辟专门区域，用于收治病残吸毒人员。强制隔离戒毒场所要加强医疗卫生服务能力建设，配齐必要的医疗卫生设备，利用社会医疗资源，提升戒毒医疗服务能力。卫生计生行政部门要协调医疗机构提供医疗技术支持，协助开展戒毒医疗、常规治疗和大病救治。

国家禁毒委员会办公室、国家发展和改革委员会、公安部、司法部《关于改进戒毒康复场所试点项目建设管理工作的意见》（禁毒办通〔2014〕49号）规定，对于已经完成基础设施建设、长期没有安置人员、运行状况不佳的戒毒康复场所试点项目，应当根据《“十二五”政法基础设施建设规划方案》和当地禁毒工作实际需要，原则上调整用于规划内的强制隔离戒毒所，主要用于收治病残戒毒人员，有效解决送戒难、收治难问题。

**【立法目的】**做出强制隔离戒毒决定的公安机关应当把被决定人员送交强制隔离戒毒所，避免了被决定人员脱管问题的发生，强制隔离戒毒所应当予以接收，避免了推诿拒收问题的发生，强制隔离戒毒场所开辟专门区域收治病、残吸毒人员，实施分类戒治，可最大限度地收戒收治病残吸毒人员，也可以起到隔离具有传染性疾病的吸毒人员、保护其他戒毒人员的作用。

**【条文详解】**根据国家禁毒委和云南省禁毒委加强病残吸毒人员收戒收治工作的部署要求，结合禁毒工作责任考核，各地公安和司法部门始终保持工作任务、力度、措施不减，同时，加快推进云南省病残吸毒人员收戒收治场所、专区建设，完善相关工作机制，最大限度地收戒收治病残吸毒人员，实现对吸毒人员的应收尽收、应治尽治。

1. 强制隔离戒毒人员的移交

《禁毒法》第41条第1款规定，对被决定予以强制隔离戒毒的人员，由作出决定的公安机关送强制隔离戒毒场所执行。在2011年云南省公安厅和司法厅联合制定的《关于建立强制隔离戒毒工作长效机制的意见》中，专门就公安机关和司法行政部门在强制隔离戒毒工作中的职责进行了分工，将被决定人投送强制隔离戒毒所执行强制隔离戒毒的职责规定为公安机关承担，这样的规定便于实施、管理。

2. 强制隔离戒毒人员的接收

对被决定予以强制隔离戒毒的人员，强制隔离戒毒所依法凭强制隔离戒毒决定书接收戒毒人员，不得拒收病残的被决定人。2011年3月，云南省强制隔离戒毒执行职能统一由司法行政部门承担后，省公安厅、司法厅制定了《关于建立强制隔离戒毒工作长效机制的意见》，要求各司法强制隔离戒毒所对公安机关投送的强制隔离戒毒人员应收尽收、随到随收。八年来，全省各级公安机关和司法行政部门密切配合，按照省人民政府下达的强制隔离戒毒任务，每年收戒强制隔离戒毒人员25000人次以上，日均在所强制隔离戒毒人员保持在32000人左右。

3. 病残吸毒人员的收治

强制隔离戒毒所在国家有关强制隔离戒毒场所建设标准的基础上，应当在所内开辟专门区域，收治病残吸毒人员，根据戒毒人员的性别、年龄、患病等情况，对戒毒人员实施分类治疗和管理。《关于加强病残吸毒人员收治工作的意见》中规定，各级公安、司法行政部门要根据收治吸毒人员的实际需要，在现有强制隔离戒毒所开辟专门区域，用于收治病残吸毒人员。强制隔离戒毒场所要加强医疗卫生服务能力建设，配齐必要的医疗卫生设备，利用社会医疗资源，提升戒毒医疗服务能力。卫生计生行政部门要协调医疗机构提供医疗技术支持，协助开展戒毒医疗、常规治疗和大病救治。

(1) 建立病残专门收治区域。近年来，随着毒品滥用的发展蔓延，截至2017年年底，云南全省现有吸毒人员达到15.7万人，人数较2010年年底翻了一番，但司法行政部门14个强制隔离戒毒所35000人的容量却没有变化，分布不均的状况也没有改观。司法强制隔离戒毒所在收戒收治正常和轻微疾病的病残吸毒人员已显吃力的情况下，且受医疗条件、资源缺乏和管理规定限制的制约，大量病残吸毒人员无法收戒或者入所短期内变更出所、所外就医，流散于社会，形成“抓—放—抓”的恶性循环，不但增加重复办案成本，更严重挫伤工作积极性。部分病残吸毒人员更是有恃无恐公开进行零星贩毒或反复多次作案，对抗执法。对这类人员，看守所、拘留所多不予以羁押，刑事、行政处罚困难，严重影响人民群众的安全感和满意度。

针对云南省禁吸戒毒工作面临的严峻工作形势，为加强病残吸毒人员的收戒收治，结合贯彻国家禁毒办等八部门《关于加强病残吸毒人员收治工作的意见》，在前期充分调研论证并学习西安、中山、镇雄、个旧经验做法的基础上，省禁毒委要求各司法强制隔离戒毒所加快推进病残吸毒人员收戒专区建设，并提出公安机关依法履行强制隔离戒毒职能，改建戒毒康复场所闲置部分和修缮原强制隔离戒毒所，加挂公安强制隔离戒毒所和病残吸毒人员救治中心牌子，采取“公卫”“公医”合作模式，收戒收治病残吸毒人员。目前，全省15个司法强制隔离戒毒所设立了专区，公安机关8个戒毒康复场所设立了专区，设立了公安专门收治场所、监管医疗区14个。2018年1月以来，共收戒收治在所病残吸毒人员6000余人。

（2）实施分类戒治。我国吸毒人员滥用毒品种类以阿片类和苯丙胺类为主，由于传统毒品和合成毒品的成瘾机理、戒断症状、治疗方法有很大不同。对于阿片类毒品，我国已经有较为成熟的脱毒治疗方法，可以根据国家卫生部门制定的相关诊断治疗规范，针对戒毒人员的药物依赖程度、戒断症状表现等个体差异制定不同的治疗方案。但对苯丙胺类、“摇头丸”“K粉”等合成毒品目前是以对症处理为主。阿片类滥用成瘾呈现的是戒断症状强烈、毒难戒的特征，而冰毒类滥用则是损害神经系统，出现精神异常的现象。所以，对不同种类毒品的滥用依赖者一定要有不同的治疗方法和管理措施，要分类治疗、区别管理。

**第四十四条　戒毒（康复）人员在戒毒康复场所、关爱机构、强制隔离戒毒场所患病或者自杀、自伤、自残的，戒毒（康复）机构应当及时进行医疗和救治，并通知其亲属，依法妥善处置；戒毒（康复）人员死亡的，戒毒（康复）机构应当立即报告所属主管机关，并通知其亲属、决定机关和有关部门。戒毒（康复）人**

**员亲属对死亡原因有疑义的，可以委托有资质的机构进行鉴定。**

**【本条主旨】**本条是对戒毒（康复）人员伤亡处置的规定。

**【立法依据】**《禁毒法》第44条第2款中规定，对可能发生自伤、自残等情形的戒毒人员，可以采取相应的保护性约束措施。

国家禁毒委员会办公室、公安部、司法部、国家卫计委、民政部联合制定的《强制隔离戒毒人员死亡处理规定》（禁毒办通〔2015〕80号）第4条规定，戒毒人员死亡后，强制隔离戒毒所应当立即通知其近亲属，报告所属公安机关或者司法行政部门，并通报原决定机关。第9条规定，公安机关、司法行政部门可以指派本单位有专门鉴定资格的人或者鉴定机构进行尸检，也可以委托本单位以外具有鉴定资格的人或者鉴定机构进行尸检。

国家禁毒委员会办公室、公安部、国家卫计委、国家发改委、民政部、司法部、财政部、人力资源社会保障部联合制定的《关于加强病残吸毒人员收治工作的意见》（禁毒办通〔2015〕87号）规定，各级公安、司法行政部门要加强对强制隔离戒毒场所的监督管理，既最大限度预防和减少病残戒毒人员发生所内死亡事件，又积极稳妥做好戒毒人员死亡的善后处理事宜。对于戒毒人员在收治期间死亡的，公安、司法行政部门要按照《强制隔离戒毒人员死亡处理规定》，在第一时间按照有关规定进行调查，及时查明原因，做好舆论引导，防止媒体炒作。

**【立法目的】**为规范戒毒康复场所、关爱机构、强制隔离戒毒场所中戒毒（康复）人员发生患病、自杀、自伤、自残等意外事件的处置，保障戒毒人员合法权益，维护各戒毒康复场所的管理工作秩序，制定本条规定，为此类戒毒工作中发生的特殊情况提供管理依据。

**【条文详解】**各类场所内戒毒康复人员患病、自杀、自伤、自残，或者因病死亡等，一直是场所管理工作的重中之重，也是场所管理风险责任的主要因素，场所内戒毒康复人员死亡处置更是管理的难点问题。长期以来，各戒毒康复场所遵循依法管理、科学管理、人性化管理、规范化管理的原则，戒毒康复人员自杀、自伤、自残行为已基本杜绝，各地通过与当地医院合作，开通绿色通道，对在相关机构内无法治疗的人员送医院进行救治。同时，针对戒毒康复人员死亡处置难的问题，部分地方依据国家禁毒办、公安部、司法部、国家卫计委、民政部联合出台的《强制隔离戒毒人员死亡处理规定》，结合实际出台了死亡处理规定，完善了相关的救治、处置程序，确保了戒毒康复人员医疗救治、善后处置的妥善解决。

云南省结合省禁毒委全面收戒收治病残吸毒人员的安排部署，组织公安、司法、卫计、民政等部门，认真贯彻落实国家禁毒办等八部门加强病残吸毒人员收戒收治工作的意见，在每个州市至少确定一个以上二级医院，大力推进“公卫、司卫”“公医、司医”合作戒毒人员医疗救治模式，妥善解决戒毒康复人员的医疗救治问题，减轻场所负担和风险。同时，学习借鉴西安、中山、镇雄、个旧等地的经验做法，建立完善全省戒毒康复人员死亡处置的规定和程序，切实解决场所的后顾之忧，确保全面、全员收戒吸毒人员。

根据《禁毒法》和《强制隔离戒毒人员死亡处理规定》等有关法律法规，在云南省多年实践的基础上，本条规定提出了要对患病或者自杀、自伤、自残的戒毒人员及时进行医疗和救治，并通知其亲属，依法妥善处置；若戒毒（康复）人员死亡的，应当立即报告所属主管机关，并通知其亲属、决定机关和有关部门。本条规定还将针对部门从强制隔离戒毒所延伸到了戒毒康复场所、关爱机构等集中戒毒场所，为此类戒毒工作中发生的特殊情况提供管理依据，使具有相似性质的戒毒场所的工作得到规范。

**第四十五条　对被解除强制隔离戒毒的人员，公安机关应当根据其强制隔离戒毒诊断评估结果，决定是否责令其接受社区康复；**

**但对已强制隔离戒毒2次以上的，应当直接作出责令其接受社区康复的决定。**

**【本条主旨】**本条是关于社区康复决定的规定。

**【立法依据】**《禁毒法》第48条、《戒毒条例》第37条同时规定，对于被解除强制隔离戒毒的人员，强制隔离戒毒的决定机关可以责令其接受不超过3年的社区康复。

公安部、司法部、国家卫计委制定的《强制隔离戒毒诊断评估办法》（公通字〔2013〕32号）第3条规定，强制隔离戒毒诊断评估结果，是强制隔离戒毒所对戒毒人员按期解除强制隔离戒毒、提出提前解除强制隔离戒毒或者延长强制隔离戒毒期限意见以及责令社区康复建议的直接依据。第16条第1款规定，强制隔离戒毒所对解除强制隔离戒毒的人员，可以根据其综合诊断评估情况提出对其责令社区康复的建议。

国家禁毒委员会办公室、公安部、民政部、司法部《关于进一步加强和规范社区戒毒社区康复执行工作的通知》（禁毒办通〔2018〕15号）规定，对因阿片类毒品成瘾的强制隔离戒毒人员、被责令强制隔离戒毒2次以上人员，原则上应当在其强制隔离戒毒期满解除时责令其接受社区康复。

**【立法目的】**对被解除强制隔离戒毒的人员由公安机关根据诊断评估结果，决定是否责令其接受社区康复有利于合理利用社会资源，保障吸毒人员的权益。对已强制隔离戒毒2次以上吸毒成瘾重的人员，责令其接受社区康复，有利于帮助其彻底戒除毒瘾。

**【条文详解】**《禁毒法》在强制隔离戒毒措施之后规定社区康复措施，是对国内外在戒毒治疗方面比较成熟的经验和做法的总结和借鉴，使我国的戒毒制度形成了完整的、符合科学戒毒治疗原则的戒毒治疗康复模式，即集生理脱毒、身心康复、融入社会功能于一体的“三位一体”戒毒康复新模式。社区康复的对象是被解除强制隔离戒毒的戒毒人员。从《禁毒法》的立法本意看，并非要求公安机关责令所有被解除强制隔离戒毒的人员都要接受社区康复，而是规定强制隔离戒毒的决定机关“可以”责令接受社区康复，实际上是授权公安机关应当根据不同情况，责令需要接受社区康复的戒毒人员接受社区康复。那么公安机关责令社区康复的依据是什么呢？根据有关规定，一是根据诊断评估结果，二是有过2次以上强制隔离戒毒经历者。

1. 诊断评估

《强制隔离戒毒诊断评估办法》（公通字〔2013〕32号）规定，强制隔离戒毒诊断评估结果，是强制隔离戒毒所对戒毒人员按期解除强制隔离戒毒、提出提前解除强制隔离戒毒或者延长强制隔离戒毒期限意见以及责令社区康复建议的直接依据。同时规定强制隔离戒毒诊断评估应当坚持依法、科学、公正、公开的原则。根据诊断评估结果来决定是否责令社区康复既符合科学管理原则，又对戒毒人员具有行为上的激励作用。吸毒人员若想获取较好的评估结果就会积极配合治疗，改变不良行为。因此，以评估结果作为责令社区康复的依据对戒毒者具有正向激励作用，有利于促使戒毒人员在行为上向好的方向转变。

2. 两次以上强制隔离戒毒

国家禁毒委员会办公室、公安部、民政部、司法部《关于进一步加强和规范社区戒毒社区康复执行工作的通知》（禁毒办通〔2018〕15号）规定，对因阿片类毒品成瘾的强制隔离戒毒人员、被责令强制隔离戒毒2次以上人员，原则上应当在其强制隔离戒毒期满解除时责令其接受社区康复。在实际情况中，2次以上强戒者一般都是成瘾较为严重、容易发生复吸行为、比较顽固的吸毒人员，对这类已经完成强制隔离戒毒的成瘾严重者直接责令其实施社区康复有利于加强监管，巩固戒毒效果。

各级公安机关和司法行政部门管理的强制隔离戒毒所要加强沟通衔接工作，规范对强制隔离戒毒出所人员的诊断评估，对符合社区康复条件的戒毒期满人员，要在其期满前30日内向公安机关提出责令社区康复的建议；公安机关作出社区戒毒社区康复决定后，应当在 7 个工作日内书面通知拘留所或强制隔离戒毒所、负责执行社区戒毒社区康复的乡（镇）人民政府、城市街道办事处，并将决定书送达本人及其家属。

**第四十六条　戒毒医疗机构、戒毒康复场所、关爱机构或者强制隔离戒毒所应当按照要求采集戒毒（康复）人员的信息和戒毒治疗情况，定期提供给当地公安机关。**

**参加药物维持治疗的戒毒（康复）人员，按照国家有关规定执行，其登记和脱失的信息由药物维持治疗机构每月向公安机关备案。**

**【本条主旨】**本条是关于戒毒人员信息、治疗情况采集和报备的规定。

**【立法依据】**《戒毒条例》第 12 条第 1 款规定，符合参加戒毒药物维持治疗条件的戒毒人员，由本人申请，并经登记，可以参加戒毒药物维持治疗。登记参加戒毒的药物维持治疗的戒毒人员的信息应当及时报公安机关备案。

公安部《吸毒人员登记办法》（公通字〔2009〕26 号）第 2 条第 1 款规定，本办法所称吸毒人员登记，是指公安机关、司法行政部门、医疗卫生机构对吸毒人员自然状况、吸毒违法行为及处理情况、戒毒情况及其变更情况等加以记载和管理的活动。第 3 条规定，对下列吸毒人员应当进行登记：（一）主动到公安机关进行登记的吸毒人员；（二）公安机关发现和采取戒毒措施的吸毒人员；（三）在司法行政部门管理的场所执行戒毒措施、刑罚以及强制性教育措施的吸毒人员；（四）在医疗卫生机构进行自愿戒毒或社区药物维持治疗的吸毒人员。

国家卫计委、公安部、国家食品药品监管总局《戒毒药物维持治疗工作管理办法》（国卫疾控发〔2014〕91 号）第 6 条第 3

款规定，省级公安机关负责本辖区治疗人员信息的备案登记工作。第25条规定，维持治疗机构应当为治疗人员建立病历档案，并按规定将治疗人员信息及时报维持治疗机构所在地公安机关登记备案。

**【立法目的】**为了准确掌握云南省吸毒人数和各戒毒场所戒毒人员的有关情况和状况，规范对戒毒人员的登记工作，进一步加强对吸毒人员的管控。

**【条文详解】**根据《戒毒条例》、公安部《吸毒人员登记办法》等有关法规制定本办法，以便更好地掌握戒毒人员的状况。各戒毒机构和戒毒场所通过采集戒毒（康复）人员的信息和戒毒治疗情况等信息可以便于本机构或场所对戒毒人员的管理，将登记信息定期提供给当地公安机关以便公安机关对登记的吸毒人员建立工作台账，并将登记信息录入全国禁毒信息系统吸毒人员数据库，实行信息化管理。登记吸毒人员信息应当做到“真实、准确、及时”，在吸毒人员数据库中登记的信息应当与实际管控工作现状和工作台账相一致。戒毒机构和场所采集戒毒（康复）人员的信息并提供给公安机关，这既是戒毒管理工作的需要，又对全国吸毒人员数据库具有建设作用，为上层对戒毒工作的决策部署提供数据依据。

1. 戒毒机构和场所的信息采集

根据《吸毒人员登记办法》，对于在司法行政部门主管的强制隔离戒毒场所、戒毒康复场所、监狱、未成年人管教所等监管场所内的吸毒人员，由场所所在地司法行政部门按照标准采集相关信息，填写相应的强制隔离戒毒人员登记表或者在教/服刑/被监管吸毒人员登记表、戒毒康复场所人员登记表，每月定期提供给公安机关禁毒部门并统一录入吸毒人员数据库。

对于在医疗卫生机构接受戒毒治疗的吸毒人员，由当地医疗卫生机构采集其参加自愿戒毒或社区药物维持治疗等相关信息，填写戒毒人员治疗情况登记表，每月定期提供给当地公安机关禁毒部门，由公安机关禁毒部门对其身份进行核实后统一录入吸毒人员数据库。

对于被责令接受社区戒毒或者社区康复的戒毒人员，由对其实施定期检测的公安机关按照标准采集信息，填写社区戒毒/社区康复人员登记表，及时录入吸毒人员数据库。社区戒毒或者社区康复人员接受定期检测的信息应当以每次检测结果的书面报告材料为依据。

需要说明的是这里所说的戒毒机构和场所除了通常所指的戒毒医疗机构、强制隔离戒毒所、戒毒康复场所，还包括本条例提出要设置的关爱机构，也就是本条对所有戒毒机构和场所都适用。

2. 药物维持治疗机构登记报备

维持治疗机构应当为治疗人员建立病历档案，并按规定将治疗人员信息及时报维持治疗机构所在地公安机关登记备案。县级以上地方公安机关应当对维持治疗机构的治疗人员信息登记备案情况进行监督检查。本条例除了要求维持治疗机构要按照国家有关规定执行登记报备工作，还强调了戒毒人员登记和脱失的信息都要报公安机关备案，报备的时间是每月一次。

**第四十七条　各级人民政府应当对符合条件的戒毒（康复）人员，采取集中就业安置、分散就业安置、提供公益性岗位、鼓励自主创业等方式进行就业帮扶。**

**县级以上人民政府应当对参与戒毒（康复）人员就业安置的单位和个人以及自主创业的戒毒（康复）人员按照有关规定给予经费补助和税收优惠，支持集中安置基地（点）的建设用地和建设经费。**

**【本条主旨】**本条是关于戒毒康复人员就业安置的规定。

**【立法依据】**《禁毒法》第49条第1款规定，县级以上地方各级人民政府根据戒毒工作的需要，可以开办戒毒康复场所；对社会力量依法开办的公益性戒毒康复场所应当给予扶持，提供必要的便利和帮助。

国家禁毒委员会办公室联合11部委下发的《关于加强戒毒康复人员就业扶持和救助服务工作的意见》（禁毒办通〔2014〕30号）规定，①明确就业扶持对象。各地区、各有关部门要从本地实际出发，积极做好社会面戒毒康复人员的就业扶持工作。当前，要重点促进社会面上有就业愿望和劳动能力的吸食阿片类毒品的戒毒康复人员就业，有条件的地方可以开展强制隔离戒毒出所、家庭生活困难、有就业愿望和劳动能力的滥用合成毒品人员的就业扶持工作。②加强失业登记和就业援助。各地可以适当放宽戒毒康复人员就业困难人员的认定条件，对符合条件的戒毒康复人员提供就业援助。戒毒康复人员符合条件的，按照有关规定享受税费减免、信贷支持、社会保险补贴、公益性岗位补贴等就业扶持政策。③鼓励企业吸纳戒毒康复人员就业。对符合税收政策规定条件的招用戒毒康复人员的企业，按规定享受相应的税收优惠政策。人力资源社会保障部门要按规定对各类企业招用符合就业困难人员条件的戒毒康复人员给予社会保险补贴。④大力支持自主创业和自谋职业。各地要充分运用国家现有政策，制定各种优惠措施，鼓励戒毒康复人员自主创业、自谋职业。工商行政管理部门要为戒毒康复人员创办个体工商户、私营企业提供法规、政策咨询等优质服务。金融机构要按照国家有关规定给予小额担保贷款等信贷支持。农业部门要利用农业发展资金和科技项目，扶持戒毒康复人员创办种植、养殖等生产基地，积极为戒毒康复人员提供农业科技信息。人力资源社会保障部门要按规定对符合就业困难人员条件的灵活就业的戒毒康复人员给予社会保险补贴。戒毒康复人员从事个体经营符合税收政策规定条件的，按规定享受相应的税收优惠政策。

国家禁毒委员会办公室等十部委《关于加强社区戒毒社区康复工作的意见》（禁毒办通〔2013〕5号）规定，促进就业安置。乡（镇）人民政府、城市街道办事处应当把帮助社区戒毒社区康复人员就业安置作为社区戒毒社区康复工作的重要任务，立足社区，依托企业，充分运用集中就业安置、分散就业安置、提供公益岗位、鼓励自主创业等多种方式，积极为社区戒毒社区康复人员提供就业机会。

国家禁毒委员会办公室、国家发展和改革委、司法部《关于改进戒毒康复场所试点项目建设管理工作的意见》（禁毒办通〔2014〕49号）规定，积极推动有关部门落实场所内部劳动康复企业享受优惠政策，对招用符合条件的戒毒康复人员的劳动康复企业按规定享受相应的税收优惠政策，对招用符合就业困难人员条件的戒毒康复人员给予社会保险补贴，鼓励企业参与戒毒康复事业。

人力资源社会保障部办公厅、国家禁毒委员会办公室、公安部办公厅、民政部办公厅、司法部办公厅《关于做好戒毒康复人员就业和社会保障工作的通知》（人社厅发〔2015〕123号）规定，对吸纳戒毒康复人员就业的企业，以及实现创业、灵活就业的戒毒康复人员，按规定落实信贷支持、税费减免、社会保险补贴、岗位补贴等扶持政策。对纳入当地就业援助对象范围的戒毒康复人员，可通过辖区内公益性岗位安置就业，并按规定落实社会保险补贴和岗位补贴。

**【立法目的】**为了更好地解决云南省戒毒康复人员的就业安置问题。帮助戒毒人员自食其力、重新回归社会，有效降低复吸率，巩固戒毒成果，减少毒品危害，维护社会和谐安定。

**【条文详解】**吸毒成瘾人员能否成功戒除毒瘾，重新回归社会，一个重要的环节就是能否得到妥善的就业安置。做好戒毒康复人员就业安置和救助服务工作，是帮助戒毒人员重新回归社会、自立于社会的基本要求，是巩固戒毒成果、减少毒品危害的有效手段，也是创新特殊人群管理服务、改善保障民生、维护社会和谐稳定的重要举措。戒毒康复人员是一个特殊群体，由于长期吸毒带来的身心危害，绝大多数戒毒康复人员失去工作岗位和家庭亲人，家庭生活陷入困境，加之缺乏一技之长，难以实现就业与再就业，有的又重新吸毒，有的走上犯罪道路，严重影响社会和谐稳定。因此，做好他们的就业和社会保障工作，对于减少毒品社会危害、维护社会治安、构建和谐社会具有重要意义。开展戒毒人员就业安置工程一直是社区戒毒社区康复工作中的一个重点，是打开工作局面的一个切入点，是推进社区戒毒社区康复工作的一个重要抓手。国家禁毒委员会一直在积极推进以就业安置为重点的社区戒毒社区康复工作，坚持把促进就业安置作为社区戒毒社区康复工作的重要任务。近年来各有关部门相继出台了一系列与戒毒康复人员就业安置相关的政策文件，高位推动此项工作。国家禁毒委员会办公室、公安部、司法部、国家发展和改革委、民政部、人社部等多个相关部门相继出台了与戒毒康复人员就业安置有关的文件，可以说在所有与戒毒相关的法规和政策文件中，涉及戒毒康复人员就业安置和救助服务内容的文件是最多的，足见国家政府对此项工作的高度重视。

在国家大力倡导和推行戒毒康复人员就业安置、救助服务的背景下，云南省也积极响应并推行此项工作。2012 年 8 月 30 日，中共云南省委办公厅、云南省人民政府办公厅联合印发《关于深入开展戒毒康复人员就业安置工作的意见》（云办发〔2013〕25 号），2014 年云南省禁毒委员会下发《云南省禁毒委员会关于认真贯彻国家禁毒办等十一部委加强戒毒康复人员就业扶持和救助服务工作意见的通知》，2015 年云南省人力资源和社会保障厅、云南省禁毒委员会办公室等五部门转发了《关于做好戒毒康复人员就业和社会保障工作的通知》。这些文件对戒毒康复人员的就业安置渠道、经费保障、建设用地支持、税收优惠、救助帮扶、职业技能培训等方面提出了具体要求，并对各级党委、政府及其政府各部门的职责任务予以明确。在做好社区戒毒（康复）各项基础工作和对戒毒康复人员进行有效救助帮扶的同时，采取集中就业安置、分散就业安置、提供公益性岗位、鼓励自主创业等方式，尽心竭力为戒毒康复人员提供更多的就业机会，使更多戒毒康复人员戒断毒瘾、回归社会。

为进一步促进云南省戒毒康复人员就业安置工程，创新社会管理，维护社会和谐稳定，根据国家的政策方略，根据云南省的实际情况，以及多年实践积累的经验，本条规定对重点工作和重点环节进一步强调，以借此推动此项工作，更好地解决云南省长期存在的吸毒人员“戒毒难、康复难、巩固难、融入社会难”等问题，积极为戒毒康复人员提供更多的就业机会，使他们能够自食其力，重新恢复生活的信心，真正做到重返社会。

1. 就业帮扶

采取集中就业安置、分散就业安置、提供公益性岗位、鼓励自主创业是多年来探索出来的多渠道就业安置方式，可为戒毒康复人员提供尽可能多的就业机会。多年来各地涌现了很多就业安置工作实施较好的先进典型，早期的方式主要是开展戒毒康复场所的建设，实施集中就业安置，如云南的“开远雨露社区”和昆明的“和谐家园”等；后来又有了贵州的“阳光工程”，实施的是集中就业和分散就业相结合的多种形式，这些都为后面的全面推广打下了基础，积累了经验。

(1) 集中安置基地和安置点。有条件的地方可以企业为载体，实现戒毒康复人员集中安置就业。有关部门可促成将大中型企业作为戒毒康复人员集中安置就业基地，将小型企业作为集中安置点。可利用社区现有条件，提供基础设施等必要条件，引进企业建立社区工厂，作为集中安置基地或者集中安置点，并支持企业申请建设用地，新建集中安置基地。

(2) 分散安置。在戒毒康复人员不多、人员分散、不需集中安置就业的地区，鼓励企业分散接纳戒毒康复人员就业安置。各地要广泛宣传动员社会各界力量为戒毒康复人员提供就业创业机会，加强与有社会责任感的企业沟通与合作，鼓励和倡导企业吸纳戒毒康复人员就业。

(3) 公益性岗位。各地政府要开发提供安置戒毒康复人员就业的公益性岗位，可结合当地实际，有针对性地开发环卫清洁、绿化管理、物业管理、看门护院、车辆看守、社区服务、交通安全协管等劳动强度和技术含量相对较低的公益性岗位，安排戒毒康复人员上岗就业。

(4) 自主创业。引导戒毒康复人员树立正确的择业观，提高就业能力和创业能力，鼓励自主创业、自谋职业。政府有关部门要简化程序，提高效率，依法减免行政事业性收费，为戒毒康复人员自主创业、自谋职业提供便利。乡镇（街道）及其社区组织要对具有一定自主创业条件的戒毒康复人员提供帮助，扶持他们依法开办企业，或者从事个体经营及投资少、风险小、见效快的经营项目，实现自主创业、自主就业。

2. 政策优惠

经费补助和税收优惠、信贷支持、社会保险补贴、公益性岗位补贴等就业扶持政策，是激励有关单位和个人参与戒毒（康复）人员就业安置工作及戒毒（康复）人员自主创业的有效措施。通过政府有关部门实行优惠政策、采取激励措施和动员引导，可以鼓励事业单位、国有企业、民营企业、个体业主积极接纳安置戒毒康复人员就业，也可以鼓励戒毒（康复）人员自主创业。同时，各地区要把戒毒康复人员就业安置基地建设纳入当地基础设施建设规划，对建立集中安置基地的企业，在建设用地、基础设施建设等方面给予大力支持。

政府对戒毒（康复）人员就业安置的优惠政策是在对此项工作提供有力保障，是给戒毒（康复）人员提供了回归社会的阶梯，是帮助他们戒毒康复、自食其力、融入社会的有力举措。

**第四十八条　严禁吸毒后驾驶机动车、船舶、轨道交通工具、航空器等。**

**交通运输企业应当建立健全驾驶人员涉毒筛查制度，将吸毒筛查纳入驾驶人员体检项目，并主动接受公安机关的监督检查；发现驾驶人员有吸毒行为的，应当责令其立即停止驾驶，并向公**

**安机关报告。**

**【本条主旨】**本条是关于禁止吸毒人员驾驶交通运输工具及交通运输企业预防毒驾的规定。

**【立法依据】**《道路交通安全法》第22条第2款规定，饮酒、服用国家管制的精神药品或者麻醉药品，或者患有妨碍安全驾驶机动车的疾病，或者过度疲劳影响安全驾驶的，不得驾驶机动车。

《道路交通安全法实施条例》第104条规定，机动车驾驶人有下列行为之一，又无其他机动车驾驶人即时替代驾驶的，公安机关交通管理部门除依法给予处罚外，可以将其驾驶的机动车移至不妨碍交通的地点或者有关部门指定的地点停放：（三）饮酒、服用国家管制的精神药品或者麻醉药品、患有妨碍安全驾驶的疾病，或者过度疲劳仍继续驾驶的。第105条规定，机动车驾驶人有饮酒、醉酒、服用国家管制的精神药品或者麻醉药品嫌疑的，应当接受测试、检验。

《机动车驾驶证申领和使用规定》（公安部令第139号）第13条规定，有下列情形之一的，不得申请机动车驾驶证：（二）三年内有吸食、注射毒品行为或者解除强制隔离戒毒措施未满三年，或者长期服用依赖性精神药品成瘾尚未戒除的。第77条规定，机动车驾驶人具有下列情形之一的，车辆管理所应当注销其机动车驾驶证：（六）被查获有吸食、注射毒品后驾驶机动车行为，正在执行社区戒毒、强制隔离戒毒、社区康复措施，或者长期服用依赖性精神药品成瘾尚未戒除的。

《公安部关于加强吸毒人员驾驶机动车管理的通知》（公通字〔2012〕35号）规定，从严管理客货运驾驶人。公安机关交通管理、禁毒部门要会同道路运输管理机构对现有客货运驾驶人进行集中清理，对大中型客货车和出租车驾驶人因吸毒成瘾未戒除注销驾驶证的，要通报道路运输管理机构和运输企业，取消其营运资格；发现大中型客货车和出租车驾驶人有吸毒行为记录的，要通报道路运输管理机构和运输企业，建议对其加强监管或调整工作岗位。公安机关交通管理部门在办理驾驶证业务、处理交通违法和交通事故时，发现大中型客货车和出租车驾驶人有吸毒行为记录的，按以上规定办理。

**【立法目的】**为进一步加强云南省吸食毒品驾驶交通运输工具问题防范和治理工作，有效管控“毒驾”人员，保障人民群众生命安全。

**【条文详解】**“毒驾”即在吸食毒品后驾驶交通运输工具的行为，是驾驶人吸食、注射毒品后机体在毒品的影响下，或在毒瘾发作时驾驶交通运输工具的一种危险驾驶行为。近年来，随着我国合成毒品滥用问题的日益严重，毒驾引发的道路交通事故不断增多，呈高发态势，特别是导致多人伤亡的恶性交通事故案件时有发生，所造成的悲剧触目惊心，成为严重危及公共安全的一个普遍性、多发性问题。

1. 吸毒后驾驶交通工具、航空器

由于毒品对人体中枢神经产生作用，吸食毒品特别是吸食合成毒品后，会产生精神极度亢奋、抑郁，甚至妄想、幻觉等症状，会导致驾驶人脱离现实场景，判断力低下甚至完全丧失，很容易失控，发生事故的风险明显增加，为恶性交通事故埋下隐患。英国一项调查，酒后驾车比正常状态反应时间慢12%，毒驾则比正常反应时间慢21%，与酒驾相比，毒驾对道路交通安全和社会公共安全的危害更大，2010年8月我国酒驾已经入刑，但由于各种因素毒驾至今尚未入刑，一直还在酝酿当中，目前对毒驾行为的律法规定只能是采取注销机动车驾驶资格和采取强制性的戒毒措施。在毒驾尚未入刑、《禁毒法》和《戒毒条例》也未对毒驾做出相关规定的情况下，本条规定对于完善云南省的禁毒法规体系建设，对加强云南省毒驾问题管控，保障吸毒者自身及广大人民群众财产及生命安全具有积极意义。

2. 驾驶人员涉毒筛查制度

交通运输企业大多经营客货运车的运营，客车、货车驾驶人若吸毒后驾驶车辆危害更大，尤其是大中型客货车、公交汽车、出租车等特种车辆的驾驶人更应当予以重点监管，因此本条提出了交通运输企业应当从严管理客货车驾驶人的规定。

在公安部的部署下，云南省公安机关近年来开展了多次针对“毒驾”的专项治理工作，积极推动交通运输等部门督促运输企业全面落实从业人员内部管理、安全防范等制度；健全入职体检和在岗运营期间的涉毒筛查等制度，对有吸毒迹象的，要调整到非驾驶岗位，并立即报告行业主管、监管部门和所在地公安机关。本条规定的制定，可以敦促交通运输企业进一步建立健全驾驶人员涉毒筛查制度，把吸毒检测作为交通治安管理常规检查工作，完善避免客货车驾驶员涉毒的管理体系，预防和惩治“毒驾”，进而排除“毒驾”形成的道路交通安全隐患。

**第四十九条　广播影视、网络视听、文艺团体及有关单位依照国家有关规定，对因涉毒行为被公安机关查处未满 3 年或者尚未戒除毒瘾的人员，不得邀请其作为主创人员参与制作广播影视节目或者举办、参与文艺演出；对上述人员作为主创人员参与制作的广播影视节目以及代言的商业广告节目，不予播出，但进行禁毒宣传教育的除外。**

**【本条主旨】**本条是关于禁止涉毒人员参与制作广播影视节目，举办、参与文艺演出的规定。

**【立法依据】**《国家新闻出版广播电视总局办公厅关于加强有关广播电视节目、影视剧和网络视听节目制作传播管理的通知》（新广电办发〔2014〕100 号）规定，（一）各级广播电视播出机构要坚持正确导向，不得邀请有吸毒、嫖娼等违法犯罪行为者参与制作广播电视节目；不得制作、播出以炒作演艺人员、名人明星等的违法犯罪行为为看点、噱头的广播电视节目；暂停播出有吸毒、嫖娼等违法犯罪行为者作为主创人员参与制作的电影、电视剧、各类广播电视节目以及代言的广告节目。（二）各级有线电视网络公司在电视视频点播、电视回看等业务服务中，暂停播出（点播）有吸毒、嫖娼等违法犯罪行为者作为主创人员参与制作的电影、电视剧和各类电视节目。（三）城市电影院线、电影院、农村电影放映院线和电影队暂停放映有吸毒、嫖娼等违法犯罪行为者作为主创人员参与制作的电影。（四）网络视听节目服务机构暂停传播有吸毒、嫖娼等违法犯罪行为者作为主创人员参与制作的电影、电视剧、网络剧、微电影和各类节目，不得邀请有吸毒、嫖娼等违法犯罪行为者参与制作网络视听节目、网络剧、微电影；不得制作传播以炒作演艺人员、名人明星等的违法犯罪行为为看点、噱头的网络视听节目。（五）在广播影视对外交流中，暂停有吸毒、嫖娼等违法犯罪行为者作为主创人员参与制作的电影、电视剧和各类节目的赠送、销售和交流。

**【立法目的】**演艺界明星和公众人物吸毒对社会环境尤其是青少年造成了极其恶劣的影响。为净化云南省的广播影视、网络视听、文艺团体环境，营造健康、良好的社会文化氛围，鼓励演艺界公众人物珍视其公众形象，以身作则，拒绝并远离毒品，引导社会公众抵制毒品，制定本条规定。

**【条文详解】**演艺明星作为公众人物，因社会关注程度极高，他们的行为在社会上具有很大的示范效应，也就是具有所谓的“明星效应”。很多明星拥有庞大的粉丝群，是众多青少年痴迷、崇拜的偶像。他们的一言一行对青少年具有很大的影响，被青少年模仿、崇拜，因此，他们的涉毒行为不仅损害了行业形象，造成了极坏的社会影响，对青少年的影响尤其恶劣，或将引发一些青少年的道德危机，必须采取有力措施予以控制。

1. 不得邀请涉毒人员参与制作广播影视节目和文艺演出

演艺人员吸毒除按法律受到应有的吸毒处罚外，还应对其的演艺活动进行相关限制。根据《国家新闻出版广播电视总局办公厅关于加强有关广播电视节目、影视剧和网络视听节目制作传播管理的通知》（新广电办发〔2014〕100号）等国家相关规定，本条规定了对因涉毒行为被公安机关查处未满3年或者尚未戒除毒瘾的人员，不得邀请其作为主创人员参与制作广播影视节目或者举办、参与文艺演出。这样的限制规定一是可以尽可能减少或消除其对社会产生的不良影响；二是对其自身可以起到惩戒促其改过的作用；三是对其他演艺人员也具有警示作用，使他人引以为戒，不要自毁星途，断送演艺前程；四是从戒毒的角度来说，其自身的戒毒治疗与康复也需要一定的时间周期，在戒毒康复期内的主要生活内容是戒毒治疗，调养身心，恢复健康，也不适宜在此阶段参与相关演艺活动。

2. 涉毒人员参与制作的广播影视节目及商业广告不予播出

对于涉毒人员，不仅要停止其至少3年的广播影视节目主创制作和参加演艺活动，还应停播其之前作为主创人员参与制作的广播影视节目及其代言的商业广告。只有让其在大众眼前彻底消失才能最为有效地消除其因吸毒而产生的不良社会影响，对于一个演艺人员来说“封杀”也是对其最大的惩罚，对其他演艺人员也是最好的警示教育。近几年国内一些演艺明星涉毒事件曝光后，其正在国内各大媒体和电视台播放的广告和参演的电视剧等立即被停播，表明了我国政府对涉毒零容忍的态度，也是借此对大众开展了最好的禁毒宣传教育。

# 第五章 禁毒国际合作

**【本章立法背景】**毒品是一个全球性的问题，没有一个国家可以幸免。当今毒品市场在全球化市场条件下向不同地区蔓延和渗透，毒品问题作为全世界所面临的最复杂的问题之一，其对人类的健康、福祉，对社会、对家庭以及对世界的可持续发展都有广泛的影响，单靠一国之力无法阻止毒品的蔓延，需要开展有效的国际合作，在充分尊重国际标准和规范的情况下，阻止毒品违法犯罪是各国禁毒的一项重要义务。我国《禁毒法》专章规定了我国参与国际禁毒合作的主要机构、内容、形式等，形成了以国家禁毒委员会为代表和组织机关，各部门积极参与、各负其责的国际合作组织机构，通过执法合作、司法协助、替代发展等工作开展国际合作。根据《禁毒法》第56条规定，国务院有关部门应当按照各自职责，加强与有关国家或者地区执法机关以及国际组织的禁毒情报信息交流，依法开展禁毒执法合作。经国务院公安部门批准，边境地区县级以上人民政府公安机关可以与有关国家或者地区的执法机关开展执法合作。由于云南西部与缅甸接壤，南部和老挝、越南毗邻，有25个边境县分别与缅甸、老挝和越南交界，是中国通往东南亚、南亚的窗口和门户，也是毒品走私的一条主要通道，边境禁毒任务艰巨，因此有必要在云南省的禁毒条例中突出边境地区禁毒国际合作中的重要性及边境地区相关部门的国际禁毒义务。该章是云南省禁毒条例的创新章节，是新时期国际禁毒合作的实践要求，是大湄公河次区域安全合作机制的重要体现，是推动国际禁毒执法合作深入开展的助推器。

**第五十条** 省人民政府和边境地区州（市）、县（市、区）人

**民政府及有关部门可以根据国家相关部门授权依法开展禁毒国际交流与合作，与周边国家、地区建立禁毒合作机制，开展情报交流、案件协查、国际合作研究及培训等活动。**

**【本条主旨】**本条是对云南省开展边境禁毒国际合作的主体及合作内容的规定。

**【立法依据】**《禁毒法》第54条规定，国家禁毒委员会根据国务院授权，负责组织开展禁毒国际合作，履行国际禁毒公约义务。第56条第2款规定，经国务院公安部门批准，边境地区县级以上人民政府公安机关可以与有关国家或者地区的执法机关开展执法合作。云南省人民政府和边境地区州（市）、县（市、区）人民政府及有关部门可以根据国家相关部门授权依法开展禁毒国际合作工作。按照《联合国打击跨国有组织犯罪公约》《关于加强湄公河流域综合执法安全合作的联合声明》以及中缅、中老、中越、中泰禁毒合作备忘录等有关执法合作的内容，结合国家禁毒委和公安部禁毒局、云南省禁毒委的相关规定以及工作实际需求，云南省政府及边境州市政府机构需要明确执法合作的权限，才能确保边境禁毒工作的正常开展。同时，为宣传我国的禁毒理念，使合作双方掌握彼此的禁毒法律、措施和成功经验，减少因法律制度差异和理念造成的合作障碍，云南省各级政府机构需要对外开展禁毒国际合作研究及培训。

**【立法目的】**中国政府历来坚持厉行禁毒的一贯立场和坚决主张，以负责任大国的态度，认真履行国际禁毒义务，坚持广泛参与、责任共担的原则，推动国际禁毒事业不断发展。该条是我国政府参与禁毒国际合作的具体体现，其立法目的首先在于确定经授权的边境地区可成为直接参与禁毒国际合作的主体，以保障边境地区禁毒国际合作的有效执行。其次通过列举式与概括式相结合的方法，明确国家层面下的边境禁毒国际合作的内容，以明晰国际禁毒义务，减少责任推让。

**【条文详解】** 边境地区开展禁毒合作能充分发挥禁毒国际合作机制的作用，该条从合作主体及其授权、合作内容两个方面为边境地区直接参与禁毒国际合作提供了法律依据。

1. 云南省禁毒国际合作基本原则

边境地区开展禁毒合作必须以我国禁毒合作的基本原则为指导和准绳。我国禁毒合作的基本原则体现在四个方面：一是必须以政府为主体；二是必须以《联合国宪章》的宗旨和原则为指导；三是必须坚持非政治化，非歧视性原则；四是提倡全社会广泛参与。云南省作为边境地区参与禁毒国际合作的主体，在遵守以上四项基本原则的基础上，还需注意其活动应该在《禁毒法》框架下依法开展且必须依据我国缔结的或者参加的国际条约或者按照对等原则开展。此外，还需要明确作为边境地区开展禁毒国际合作的前提条件是经国家授权。由于禁毒国际合作是独立的主权国家之间平等互惠的合作关系，所以地方政府必须在国家授权的前提下开展国际合作工作。

2. 云南省禁毒国际合作的职能主体

云南省负责开展禁毒合作的职能主体是省人民政府和边境地区州（市）、县（市、区）人民政府及有关部门。根据《云南省边境地区公安边防管理规定》及《云南省边境管理条例》，云南边境地区是指云南省与毗邻国家接壤的县（市）级行政区域。云南省有8个边境州市、25个边境县（市），具体包括：怒江州：泸水、福贡、贡山；德宏州：潞西、盈江、陇川、瑞丽；保山市：腾冲、龙陵；临沧市：镇康、耿马、沧源；普洱市：孟连、澜沧、西盟、江城；西双版纳州：景洪、勐海、勐腊；红河州：金平、绿春、河口；文山州：马关、富宁、麻栗坡。

以上边境地方人民政府应该在地区禁毒国际合作中负首要责任，根据《禁毒法》第54条规定，国家禁毒委员会根据国务院授权，负责组织开展禁毒国际合作，履行国际禁毒公约义务，由国家禁毒委员会代表中国政府负责组织开展禁毒国际合作，履行我国加入的国际禁毒条约义务。所以，代表云南省政府开展禁毒国际合作的部门应该是云南省禁毒办，由其负责统筹管理、指导、组织开展云南省禁毒国际合作工作。在禁毒国际合作中发挥主要职能作用的部门主要是公安机关，此外还有海关、商务部、交通、国家药品监督管理局等。

3. 云南省禁毒国际合作的主要内容

针对当前严峻的国际禁毒形势，为履行打击跨国毒品犯罪的各项国际条约义务并结合云南禁毒工作的特点，云南省禁毒国际合作的主要内容体现在以下四个方面：

(1) 建立禁毒合作机制。禁毒合作机制是禁毒合作各方合力解决本地区及周边毒品问题的有效合作平台，也是维系本地区各方深化禁毒合作的紧密联系纽带。中国与其他地区已建立的多项禁毒合作机制在遏制毒品问题蔓延发展、开展高效跨境案件合作与情报交流、提高合作方国家执法能力方面发挥了突出作用。云南省政府及相关部门也根据区域特点积极参与东南亚多边禁毒合作，不断完善构建澜沧江-湄公河次区域（中、老、缅、泰）多边禁毒合作机制。至禁毒条例颁布以来取得了如下工作成效：

一是边境禁毒执法合作机制建设取得新进展，中缅三级禁毒联络机制、云南—泰北禁毒合作机制、西双版纳州—老挝北部四省禁毒合作机制建立后，通过向国家禁毒办提建议的方式，不断充实完善各机制内容。目前缅甸三级联络机制运行顺畅，双方合作有序开展；泰国肃毒委第五区主动提出加强双边禁毒会谈及联合执法；老方要求加强禁毒执法培训和禁毒装备援助；越南老街省、河江省也与红河、文山州禁毒部门签订了多份会议纪要和禁毒合作协定。

二是完善了禁毒联络官办公室工作制度，强化巩固了联络官办公室在对外禁毒合作工作中的统筹领导作用。在国家禁毒委指导下，云南省先后在中缅、中老、中越边境建立了南伞、腾冲、瑞丽、天保、河口、磨憨、江城7个边境禁毒联络官办公室，我禁毒联络官办公室建立后，外方起初并不重视，习惯通过熟人和原有合作渠道开展工作，我联络官办公室没有发挥统筹归口作用。对此云南省各级禁毒部门主动作为，积极分析查找原因，制定策略，在各级双边禁毒会谈上给外方做工作，不断提出强化双方联络官办公室在禁毒合作中的作用，使缅、老、越三国不仅认可了我联络官办公室的地位作用，还建立了多个对应的联络官办公室。目前边境禁毒联络官办公室已成为双边、多边禁毒执法合作的窗口和平台，发挥了重要作用。

（2）开展情报交流。禁毒情报是为禁毒活动提供服务和支持的与毒品违法犯罪行为相关的信息或知识，以及对该信息或知识进行分析、研判、评估所得到的成果，是执法机关打击禁毒违法犯罪行为的重要保障力量，丰富而准确的禁毒情报是提高禁毒工作效率的保障。总结当前重大国际贩毒案件的查获经验，可靠的情报是案件侦破的基础。只有掌握情报，才能在打击毒品犯罪活动中处于主动地位。毒品犯罪情报应该按照双边或多边协议，或联合行动需求，或联合行动一方要求，依法并根据合作的具体方式予以提供。

（3）案件协查。案件协查是打击跨国毒品犯罪案件的务实合作方式之一，截至2017年公安部已与113个国家建立了密切的执法合作关系，搭建了129个双多边合作机制和96条联络热线，同60多个国家的内政警察部门签署各类合作文件近400份，初步构建起了全方位、立体化、多层次、讲实效的国际执法安全合作工作格局。案件协查以及相关的调查取证、证据交换、联合行动等务实合作提高了我国国际合作能力，特别是自2011年中老缅泰四国建立的湄公河流域执法安全合作机制，通过情报信息交流、联合巡逻执法、“平安航道”联合扫毒行动等多种形式的执法合作，严厉打击了本地区跨国犯罪，有效维护了湄公河流域沿岸地区安全稳定，有力促进了地区繁荣发展，为地区执法安全合作树立了良好典范①。

(4) 国际合作研究及培训等活动。禁毒国际合作研究与培训是增强国际执法互信，提高执法能力建设的重要组成部分。作为边境省会，很多禁毒执法合作工作需要基层警务执法人员的有效合作，提高执法技术与执法合作水平。由于周边国家经济相对落后，禁毒资源水平有限，为有效打击跨国贩毒活动，提高周边国家缉毒执法能力，云南省一直以来都按照公安部的安排部署，开展对周边国家的缉毒援助，包括装备、物资援助、技术与人员培训。

**第五十一条 县级以上人民政府及商务、海关等有关行政主管部门应当支持企业依法出境开展毒品原植物替代产业项目，发展替代产业，执行国家在境外开展替代产业的产品依法提供减免税、市场准入和进出口的便利和优惠政策。**

**【本条主旨】**本条是支持开展替代产业的政府工作职能权限以及开展替代产业的鼓励措施规定。

**【立法依据】**根据《禁毒法》第58条规定，国务院有关部门根据国务院授权，可以通过对外援助等渠道，支持有关国家实施毒品原植物替代种植、发展替代产业；以及国务院下发文件《国务院关于在缅甸老挝北部开展罂粟替代种植发展替代产业问题的批复》国函〔2006〕22号第1条及第3条及《云南省人民政府关于我省境外罂粟替代种植返销国内农产品进口计划组织实施有关事项的批复》精神制定。

**【立法目的】**毒品原植物替代种植是禁毒国际合作的有机组成部分，也是禁毒工作的有效辅助手段，只有在法律打击、政治施压

① 刘博晓. 深化国际执法合作 提升服务大局能力［DB/OL］, 法制网 2017-03-28, http://www.legaldaily.com.cn/zfzz/content/2017-03/28/content_7070955.htm.

等充分发挥作用的前提下，才能发挥出其应发挥的作用。近年来，境外替代发展工作内涵不断丰富，外延不断拓展，影响不断扩大，呈现出“两减四增”的特点：减少了传统区域罂粟种植面积和种植群体；增加了当地政府和群众收入、增加了基础设施建设和公益事业投入、增进了双边共识和禁毒合作、增进了双边贸易和农业合作。实践证明，替代种植已超越单纯的禁毒除源范畴，还服务于国家的对外战略，在周边外交、富民兴边等方面发挥着积极作用。本条的立法目的首先在于强调开展替代产业在禁毒国际合作中的重要作用，也明确了县级以上人民政府及有关部门对在境外依法开展替代产业项目，发展替代产业的企业给予支持的职能，并通过减免税收、市场准入和进出口便利等一系列相关优惠政策，鼓励支持企业到境外发展替代产业，在从源头上遏制毒品问题的同时推动边境地区经济发展，维护边疆稳定。

**【条文详解】**

1. 毒品原植物的概念

毒品原植物，即用来提炼、加工成鸦片、海洛因、甲基苯丙胺、吗啡、可卡因等麻醉药品和精神药品的原植物，以罂粟、大麻为主。

2. 替代种植的概念

替代种植是指在本省境外周边国家和地区罂粟等毒品原植物种植区域，利用农经作物及其他产业替代罂粟等毒品原植物种植，以逐步削弱这些地区对毒品的依赖，减少毒品的危害。

3. 替代产业的概念

替代产业不仅仅是单纯的替代种植，而是指毒品原植物替代种植、替代的农产品经营、服务一体化的集合体，是有关替代发展中生产、经营、服务等企业所组成的业态总称。

4. 开展境外替代产业活动的管理主体

境外毒品原植物替代产业管理主体涉及国家商务、公安、财政、发改、外交、农业、海关、质检等部门，主要工作由商务厅下属的境外罂粟替代发展办公室负责。其职责为统筹协调境外罂粟替代发展工作，拟订和组织实施境外替代发展规划以及有关管理制度；核准企业在境外开展替代发展项目并实施监督管理，全面监测分析境外替代发展运行情况并进行绩效评价；管理禁毒境外替代种植专项资金并组织企业申报资金项目；会同有关部门制定和组织实施财政、通关、金融、税收等境外罂粟替代发展扶持政策；申报和组织实施境外罂粟替代种植返销国内农经产品进口计划指标；建立与缅甸、老挝中央政府和地方政府以及驻外使领馆等的联系和沟通渠道，建立和完善境外罂粟替代发展多双边机制，推动双方在替代发展方面的合作。

5. 发展替代产业的鼓励措施

近年来，云南省把开展境外替代发展作为禁毒除源战场的重大举措之一，采取了一系列鼓励措施。该条以法律的方式进一步明确了政府鼓励替代产业发展的措施范围，云南省政府相关部门作为优惠措施的执行方，有制定相关优惠政策鼓励替代企业发展的职能。目前云南省对发展替代产业的鼓励措施主要有以下几个方面：

（1）减免税收。为鼓励替代种植产业发展，对符合条件的境外替代种植企业可以减免部分税收。目前有关税收减免的规定主要有两个文件：《财政部、国家税务总局、海关总署关于云南省边境贸易发展中有关税收政策的通知》《云南省国家税务局关于境外罂粟替代种植农产品增值税有关问题的公告》。

（2）市场准入。根据《云南省开展境外罂粟替代种植项目管理办法（试行）》规定，申请开展替代种植项目资格的企业只需具备两个条件：一是具有进出口经营权、对外经济合作经营权或者边境小额贸易经营权；二是上年度进出口总额在500万元人民币以上。而且对替代种植开展得好的边境地州和企业还可以适当放宽申请条件。

（3）进出口便利。根据国家禁毒形势与禁毒战略部署，相关部门可以依法对境外罂粟替代种植返销农产品提供相应的便捷服务。例如，海关开展的便捷服务工作——加强与开展境外替代种植企业之间的沟通和联系，帮扶企业用好用足替代种植政策；主动联系境外替代种植批准证即将到期的企业，帮助企业解决问题；开通“绿色通道”、专人专岗、优先办理、优先验放，确保批准证在有效期内办结海关手续。出入境检验检疫局制定了《云南省境外罂粟替代种植返销农产品检疫许可实施方案》，为替代种植企业提供服务保障。

（4）专项资金支持等优惠政策和鼓励措施。该法条通过倡导性的规定鼓励相关行政部门给予替代产业发展鼓励，如针对云南省在缅甸、老挝北部开展的替代产业项目，政府对符合支持条件的企业（项目）根据《云南省禁毒境外替代种植发展专项资金管理实施暂行办法》《云南省省级境外罂粟替代种植发展专项资金管理暂行办法》给予专项资金补助。除政策支持外，还应积极采取合法有效的措施推进替代产业发展，有效减少毒品原植物种植群体和种植面积。

**第五十二条　各级禁毒委员会应当加强境外毒品原植物替代发展的协调、服务和指导。**

**【本条主旨】**本条是对境外毒品原植物替代发展工作主管主体的规定。

**【立法依据】**根据《禁毒法》第54条规定，国家禁毒委员会根据国务院授权，负责组织开展禁毒国际合作，履行国际禁毒公约义务。国家禁毒委员会是禁毒国际合作的领导主体。《云南省开展境外罂粟替代种植项目管理办法（试行）》第4条规定，本省替代种植工作主管机关为云南省禁毒委员会，具体由云南省禁毒委员会境外罂粟替代种植项目管理办公室负责管理和指导实施。目前在商务厅设置了境外罂粟替代办公室负责统筹协调境外罂粟替代发展工作。2006年5月，国家禁毒办下发了《关于积极配合有关部门进一步推进境外替代发展工作有关问题的通知》，要求省公安禁毒部门“在宏观上指导、协调和监督”境外罂粟替代发展工作。

**【立法目的】**明确替代产业发展的管理、服务和指导机关，进一步规范管理主体职能职责，改善替代产业发展管理职能部门间的协调性，避免出现多头管理，厘清部门关系，进一步推动替代种植工作科学发展，为国际禁毒合作做出更大贡献。

**【条文详解】**多年来，在党中央、国务院的领导下，云南省委、省政府高度重视，各级禁毒委员会不断加强境外毒品原植物替代发展的协调、服务和指导工作，紧紧围绕“禁种除源、经济发展、社会和谐、周边安全”的工作目标，以经济合作方式，以项目带动形式，支持鼓励国内企业赴缅甸、老挝北部地区开展罂粟替代种植，发展替代产业，在境外禁种除源，促进当地经济社会发展、提高群众生产生活质量等方面取得了显著成效。云南省毗邻东南亚传统罂粟种植区域，区位意义重大，发展替代产业工作义不容辞，作为禁毒工作的重要组成部分，国家禁毒委员会是禁毒工作最高的领导机构，其成员涵盖25个部委。境外毒品原植物替代发展需要多部门合作，有效的部门合作离不开禁毒委的主导。根据《禁毒法》第5条第2款规定，县级以上地方各级人民政府根据禁毒工作的需要，可以设立禁毒委员会，负责组织、协调、指导本行政区域内的禁毒工作。云南省各级禁毒委员会有协调、服务和指导境外毒品原植物替代发展的职能。

根据《云南省开展境外罂粟替代种植项目管理办法（试行）》的规定，云南省替代种植工作主管机关为云南省禁毒委员会。具体由云南省禁毒委员会境外罂粟替代种植项目管理办公室（以下简称“省替管办”）负责管理和指导实施。替代发展受邻国政治经济局势及双边关系的制约和影响，需要国与国之间的合作与共同协调，省替管办负责与外国政府和有关组织协商涉及罂粟替代种植项目的相关事宜并建立替代发展协调机制；同时，各级禁毒委也应该为政府与企业、企业与企业提供协调服务。省替管办在与邻国政府或地方组织取得一致意见的基础上，应根据国内外市场及省内产业结构情况，制订替代种植项目年度及中长期规划，指导企业有计划地开展替代种植项目。此外，省替管办还有指导开展和归口管理本省替代种植工作的职责；对替代种植项目实行动态管理，为企业开展替代种植项目提供服务。

# 第六章　禁毒工作保障

【本章立法背景】近年来，世界毒品违法犯罪活动十分严重，云南省地处西南边陲，与毒情严重的“金三角”地区接壤，禁毒工作任务繁重。由于毒品犯罪的组织性强，普遍存在涉枪问题，禁毒工作人员的人身安全等面临很大的风险，云南省禁毒工作人员伤亡的情形远高于其他地区。为了强化禁毒力量建设，完善禁毒工作保障机制，加大禁毒科技攻关力度，加强禁毒装备和基础设施建设，不断提升禁毒工作保障水平，特制定本章。本章包括禁毒队伍建设和禁毒工作人员职业保障、禁毒经费保障、禁毒基础设施建设和禁毒装备配备、禁毒科技和信息保障、禁毒社会工作力量保障等方面的规定，共五条。

**第五十三条　县级以上人民政府应当加强禁毒队伍建设，保障禁毒工作条件。**

**对存在职业暴露风险的禁毒工作人员应当由其所在单位定期组织专项体检，并为其办理相应的保险；对禁毒工作中牺牲、伤残的人员及家属进行抚恤和优待。**

【本条主旨】本条是关于禁毒队伍建设保障和禁毒工作人员职业保障的规定。

【立法依据】中共中央、国务院《关于加强禁毒工作的意见》要求，各地区各有关部门要加强禁毒工作保障，强化力量建设，建立与毒情形势和禁毒任务相适应、职能配置完善、岗位设置科学的禁毒机构和队伍。

【立法目的】为了加强禁毒队伍建设，解决禁毒工作人员的后顾之忧，加强禁毒工作人员的职业保护，更好地做好禁毒工作，制定本条。

**【条文详解】**本条分两款规定了禁毒队伍建设保障和禁毒工作人员职业风险保障。

1. 禁毒队伍建设保障

本条第1款规定了禁毒队伍建设和保障的责任主体是县级以上的各级人民政府。由于云南省毒情形势严峻，各级人民政府应当根据各地毒情形势和禁毒任务，建立和加强禁毒专业机构和队伍的建设，职能配置应当完善，岗位设置应当科学。加强县级禁毒委员会办公室的建设，完善机构设置，充实人员力量；街道乡镇也应当进一步落实禁毒工作职能，明确公安机关禁毒专业力量的建设，配备的队伍力量应当与禁毒任务相适应；各级禁毒委员会成员单位要根据职责任务由分管领导担任本级禁毒委员会委员，明确本单位负责禁毒工作的部门和人员，人员更替应当报备，并形成制度；海关等承担缉毒任务的执法部门应当加强专业力量建设。加强禁毒队伍建设，除了人员配备适当外，还应当进一步落实禁毒工作职能，明确相关干部和工作人员，完善人员选调、培训、考核、奖励等相关政策。

2. 禁毒工作人员职业风险保障

本条第2款规定了禁毒工作人员职业风险的保障措施：

（1）禁毒职业暴露风险的保障。所谓禁毒职业暴露是指由于禁毒工作人员在从事毒品与易制毒物品管制、戒毒管理与服务等活动中与有毒、有害物质和吸毒人员接触，使其身体暴露在危险因素中，从而可能损害其健康或危及其生命的情况。政府及相关部门应当采取措施，对存在职业暴露风险的禁毒公务人员，首先应当设立相应的职业保护制度，加强保护，防范禁毒工作中的职业风险。禁毒工作人员职业保障制度包括：加强地方性立法、完善社会保险制度、提高禁毒工作人员的待遇、加强禁毒工作人员技能和安全的教育培训、严格禁毒工作人员的晋升制度、对先进的禁毒工作人员进行宣传表彰、提供伤病禁毒工作人员的福利服务、强化禁毒职业安全健康风险评估制度等保障。其次应该关心禁毒工作人员的身心健康。对于存在职业暴露风险的禁毒工作人员，应当定期组织其进行专项体检，包括针对艾滋病、肺结核、肝炎等传染性疾病的检查。由于禁毒工作人员长期面临危险，工作强度大，难免对其精神和心理健康产生某种程度的危害，损害禁毒工作人员的健康，影响禁毒工作的顺利开展，因此，单位还应当组织禁毒工作人员进行心理健康咨询和疏导。

（2）因公伤亡的禁毒公务人员的保障。所谓公务员是指依法履行公职、纳入国家行政编制、由国家财政负担工资福利的工作人员。

首先，国家机关和依照或者参照国家公务员制度进行人事管理的事业单位、社会团体的工作人员因工作遭受事故伤害或者患职业病的，由所在单位支付费用。《工伤保险条例》第 65 条规定，公务员和参照公务员法管理的事业单位、社会团体的工作人员因工作遭受事故伤害或者患职业病的，由所在单位支付费用。具体办法由国务院社会保险行政部门会同国务院财政部门规定。

其次，国家工作人员因公负伤是不能依据《工伤保险条例》认定工伤的，通常的说法为“因公负伤”。但是，目前国务院劳动保障行政部门并没有会同国务院人事行政部门、财政部门制定相关的解决办法，然而，可以肯定地说，国家机关和依照或者参照国家公务员制度进行人事管理的事业单位、社会团体的工作人员因工作遭受事故伤害或者患职业病的，由所在单位支付费用。

目前，很多省市建立了自己的社会保险体制，如山东省机关事业单位社会保险在 1994 年就实行了，云南省也应当逐步建立自己的社会保险体制。

（3）在未建立保险体制的情况下，应当落实对禁毒工作人员的优待抚恤工作。由于缉毒人员面对的是狡猾、凶残的贩毒分子和丧失理智的吸毒分子，戒毒工作人员面对的是身染各种重度传染病的吸毒人员，因此，由于禁毒工作性质的特殊性，使得禁毒工作人员的身体和生命健康往往面临危险，为了解决禁毒工作人员及其家属的后顾之忧，各级政府及相关部门应当将抚恤优待经费列入财政预算，专款专用，并接受财政部门、审计机关的监督。此外，应当做好抚恤优待政策的宣传和执行工作，关心抚恤优待对象的工作和生活，根据国家的相关规定，积极帮助解决困难和问题。相关人员因禁毒工作牺牲、病故、伤残的资料应分类建立档案，长期保存，并应定期对这些工作人员或其家属进行回访，切实保障相关优抚政策的落实。

对于国家机关工作人员，按照民政部《关于国家机关工作人员、人民警察伤亡抚恤如何办理的通知》(民〔1989〕优字 34 号)和国家有关优抚法规、政策处理，其评残条件与范围、伤残抚恤(保健）金标准、补办评残手续和伤残抚恤关系转移等，参照《军人抚恤优待条例》及其解释的有关规定办理。各地实践中由人事部门、组织部门、民政部门批准、评定，发给《国家机关工作人员伤残抚恤证》。

对于公安机关人民警察，按照《人民警察法》和国家有关优抚法规、政策处理，其伤残等级的具体条件按《革命伤残军人评定伤残等级的条件》执行，评残程序、伤残保健金、补办评残手续和伤残抚恤关系转移按照《公安机关人民警察抚恤办法》执行。实践中，革命烈士由公安机关、民政部门和人民政府审批、认定，发给《革命烈士证明书》；评残则由公安机关提出书面申请，省级民政部门做出批准、评定，发给《人民警察伤残抚恤证》。

对于人民法院、人民检察院司法警察，按照《人民警察法》和国家有关优抚法规、政策处理，其伤残等级的具体条件按《革命伤残军人评定伤残等级的条件》执行，评残程序、伤残保健金、补办评残手续和伤残抚恤关系转移按照《人民法院、人民检察院司法警察抚恤办法》执行。实践中，革命烈士由人民法院、人民检察院、民政部门和人民政府审批、认定，发给《革命烈士证明书》；评残则由人民法院、人民检察院提出书面申请，省级民政部门做出批准、评定，发给《人民警察伤残抚恤证》。

对于司法行政系统人民警察，按照《人民警察法》和国家有关优抚法规、政策处理，其伤残等级的具体条件按《革命伤残军人评定伤残等级的条件》执行，评残程序、伤残保健金、补办评残手续和伤残抚恤关系转移按照《司法行政系统人民警察抚恤办法》执行。实践中，革命烈士由司法行政机关、民政部门和人民政府审批、认定，发给《革命烈士证明书》；评残则由司法行政机关提出书面申请，省级民政部门做出批准、评定，发给《人民警察伤残抚恤证》。

（4）对于存在职业暴露风险的禁毒辅助工作人员，由于其身份不同于公务人员，应当为其购买工伤保险、身体意外伤害保险等，主要用于履行禁毒职责中意外伤害、住院治疗、医疗救治、死亡赔付等。

**第五十四条　各级人民政府应当根据禁毒工作需要，保障禁毒经费并专款专用，任何单位和个人不得挤占挪用禁毒专项经费。**

**禁毒警务辅助人员、社区戒毒（康复）专职工作人员的经费实行省、州（市）、县（市、区）三级保障。**

**【本条主旨】**本条是关于禁毒经费保障的规定。

**【立法依据】**《禁毒法》第6条规定，县级以上各级人民政府应当将禁毒工作纳入国民经济和社会发展规划，并将禁毒经费列入本级财政预算。

《戒毒条例》第3条规定，县级以上人民政府应当按照国家有关规定将戒毒工作所需经费列入本级财政预算。

**【立法目的】**为保证各地开展禁毒工作有足够的经费保障，特别是针对禁毒警务辅助人员、社区戒毒（康复）专职工作人员经费保障不足的问题，而做出此条规定。

【条文详解】禁毒工作是各级人民政府责无旁贷的工作，工作顺利开展离不开经费的保障，对于禁毒经费的保障，中央和云南省委省政府高度关注，并做出了相关规定，各级人民政府必须负责落实，做到专款专用，保障各项禁毒工作的顺利开展，省、州（市）、县（市、区）要落实对禁毒警务辅助人员和社区戒毒（康复）专职工作人员的经费保障。

本条第1款依据中共中央、国务院《关于加强禁毒工作的意见》，结合《云南省禁毒专项资金管理暂行办法》对禁毒经费保障和使用原则做出规定。禁毒经费应当包括禁毒宣传教育、禁毒执法、戒毒康复、禁毒科研、设施建设、队伍建设和表彰奖励经费等。

在中央和省委省政府的大力支持下，自2005年以来，云南省禁毒经费得到了强力保障，省、州（市）级在经费保障上已基本能满足禁毒工作需要，但县（市、区）、乡（镇）级经费保障还不能完全满足禁毒工作需要。同时，为了杜绝禁毒专项经费被挤占挪用，有必要在云南省的禁毒条例中对禁毒经费保障和使用原则做出相关规定。下一步，将通过积极努力，完善禁毒经费保障机制，确保各级各部门开展禁毒工作所需经费。各级政府应当根据禁毒工作需要，将禁毒工作经费列入本级财政预算，不断完善保障机制，提供保障水平；各级禁毒委员会成员单位应当合理安排本部门禁毒经费预算，提高经费使用效率；各级财政部门要会同禁毒委员会加强禁毒经费管理，强化绩效评价和考核。

本条第2款是参考《全国社区戒毒社区康复工作规划（2016—2020年）》和《关于规范公安机关警务辅助人员管理工作的意见》，结合实际对禁毒警务辅助人员和社区戒毒（康复）专职工作人员的经费保障做出的规定。

禁毒警务辅助人员承担着公开查缉、打零收戒等大量的禁毒工作，是不可缺少的禁毒力量。但多年来，禁毒警务辅助人员的薪资水平一直较低，平均月工资为1500元左右，无其他保障，造成禁毒警务辅助人员流动性较大，招录十分困难。按照《全国社区戒毒社区康复工作规划（2016—2020年）》的规定，每30名吸毒人员要配备一名社区戒毒（康复）专职工作人员，云南省目前已按照30∶1的标准配齐社区戒毒（康复）专职工作人员，但人员的经费保障却很难落实，很多地方的社区戒毒（康复）专职工作人员只能拿到数百元的工资。

为解决禁毒警务辅助人员和社区戒毒（康复）专职工作人员的经费保障问题，云南省提出“省、州（市）、县（市、区）三级保障”的创新措施，并在云南省禁毒条例中做出相关规定。目前，针对社区戒毒（康复）专职工作人员执行的是按每人每月省级保障800元、州（市）级保障600元、县（市、区）级保障600元，合计2000元的标准进行保障。下一步，云南省将严格按照省、州（市）、县（市、区）三级保障的要求，保障禁毒警务辅助人员和社区戒毒（康复）专职工作人员的工资待遇。

**第五十五条　县级以上人民政府应当加强禁毒教育基地、戒毒（康复）场所、毒品检查站、禁毒情报中心（站）、毒品实验室等禁毒基础设施建设，并按照有关标准配备禁毒装备。**

**【本条主旨】**本条是关于禁毒基础设施建设与禁毒装备配备的规定。

**【立法依据】**依据中共中央、国务院《关于加强禁毒工作的意见》，禁毒基础设施和禁毒装备是开展禁毒工作的基础保障，县级以上人民政府有必要加强禁毒教育基地、戒毒（康复）场所、毒品检查站、禁毒情报中心（站）、毒品实验室等禁毒基础设施的建设和禁毒装备配备。

**【立法目的】**为积极推进云南省各地加强禁毒基础设施建设和禁毒装备配备，做出本条规定。

**【条文详解】**随着毒品犯罪活动的组织化、集团化，要打击装备先进的毒品犯罪分子，禁毒工作人员也离不开高科技、高标准和完备的禁毒装备。

禁毒基础设施方面。目前，云南省列入国家《地方政法基础设施建设“十三五”规划方案》的禁毒基础设施建设项目共有 35 个，包括了情报中心、毒品实验室和毒品检查站等，相关建设项目正在积极推进中。下一步，云南省将建设更多的禁毒基础设施项目，争取中央投资计划，列入国家“五年”规划方案。

禁毒装备方面。近 5 年来，云南省投入禁毒装备经费约 4 亿元，先后购置毒品查缉设备、侦查取证设备、禁毒宣传教育设备、禁毒指挥通信设备、毒品实验室检测设备、禁毒防护设备和其他设备等大量禁毒装备，为云南省禁毒工作提供了强力的技术保障。下一步，云南省将根据基层禁毒部门需求，加大经费投入，购置实用、易用的禁毒装备，重点购置人体藏毒检查仪、货物藏毒检查仪和毒品犯罪信息采集分析一体机等查缉设备；根据工作需要，调研了解新的高科技毒品查缉设备，特别是对大型货物的查缉设备，积极配合科研单位，提出需求，研发新的查缉设备，进行试点、试用，对查缉效果好的设备进行必要的配备，以全面加强全省毒品查缉装备建设，力争提高全省毒品查缉装备水平。

**第五十六条　省禁毒委员会应当会同公安、司法行政、科技、教育、卫生等行政主管部门制定禁毒科研规划，促进禁毒科研成果转化，开发、引进先进禁毒技术、装备和戒毒方法。**

**禁毒委员会应当推进禁毒信息化建设，建立毒品监测预警平台，完善毒品监测评估和毒情预警通报制度。禁毒委员会成员单位应当向毒品监测预警平台及时、准确地传送本单位与禁毒工作有关的信息和数据。**

**【本条主旨】**本条是关于禁毒科技和信息保障的规定。

**【立法依据】**《禁毒法》第 8 条规定，国家鼓励开展禁毒科学技术研究，推广先进的缉毒技术、装备和戒毒方法。

**【立法目的】** 为加强禁毒科技攻关力度，推进科研成果转化，有效提升禁毒工作科技。

**【条文详解】** 本条明确云南省禁毒委员会要会同相关单位和科研部门加强人才的培养和促进科研成果转化及应用。同时，及时掌握准确的涉毒信息对禁毒工作非常重要，因此，条文规定各成员单位应当积极配合禁毒委员会，推进禁毒信息化建设。

1. 关于科技保障的规定

为加强禁毒科技攻关力度，推进科研成果转化，有效提升禁毒工作科技化水平，而做出此条款规定。依据中共中央、国务院《关于加强禁毒工作的意见》，目前，云南省在禁毒技术、装备和戒毒方法上虽有一定成效，但离预期目标还有一定差距，技术方面仍不成熟完善，特别是在毒品查缉技术方面，针对大型货物的查缉技术不成熟，是云南省最大的短板，还需继续攻关。下一步，云南省还将继续在禁毒技术、装备、戒毒方法方面加强科技攻关，推进科研成果转化，解决云南省禁毒工作中面临的技术问题。

（1）各地区、各部门、各单位应当围绕禁毒工作发展设置相关禁毒科研项目或课题，鼓励和集中科研力量对相关难题进行研究，从而为禁毒实践服务。

（2）为了提高禁毒科研工作水平，应当积极建立和推进理论界和实务界的相互联系，建立合作研究的交流和工作机制，促进科研工作发展。

（3）要加强与高校和研究机构的合作，充分发挥禁毒专业科研工作人员的积极性，推动和建立科研基地和平台。

（4）积极学习省外、国外先进的禁毒理念和经验，拓宽交流学习的途径，为云南禁毒工作发展提供更多先进的思维方法和禁毒手段。

2. 关于信息保障的规定

禁毒工作中涉毒信息的准确性和及时性也是至关重要的。禁毒委员会应当积极推进禁毒信息化建设，在各成员单位的积极配合下，建立毒品监测预警平台，采集、分析、研判、发布各类涉毒信息。平台作用具体包括：

（1）对毒品、毒品原植物、易制毒化学品、精神药品进行全面监测。组织力量对毒品市场进行调研和分析，掌握毒品消费市场的毒品种类、毒品价格、毒品信息等。

（2）收集、分析和研究禁毒信息。通过对省内外、国内外禁毒信息的整合，分析和研究各地毒情、成因、毒情发展形势。

（3）发布毒情形势。定期发布毒情形势，有助于各级政府禁毒工作的开展，增加预判性。

各禁毒委员会成员单位对本单位报送的信息和数据的准确性、及时性负有不可推卸的责任，若未履行及时、准确报送信息的职责，则应当承担相应的责任。各成员单位之间应当明确工作职责，完善工作衔接机制，积极促进信息整合与共享。

**第五十七条　各级人民政府和有关部门可以通过政府购买服务等方式，购买禁毒宣传、戒毒康复等社会服务；鼓励和引导社会力量参与禁毒工作，支持社会资金参与禁毒公益事业。**

**【本条主旨】**本条是关于社会禁毒工作力量保障的规定。

**【立法依据】**本条依据《禁毒法》第10条规定，国家鼓励志愿人员参与禁毒宣传教育和戒毒社会服务工作。地方各级人民政府应当对志愿人员进行指导、培训，并提供必要的工作条件。

**【立法目的】**禁毒是一项长期而艰巨的任务，禁毒工作的顺利推进离不开全社会的共同参与，为了保障社会力量参与禁毒工作，特制定本条。

**【条文详解】**本条明确了各级人民政府及相关部门对社会力量

参与禁毒工作服务的，应给予鼓励、支持，在工作上给予指导、帮助和培训。

政府购买服务是指政府通过公开招标、定向委托、邀标等形式将由政府承担的部分禁毒服务工作转交给社会组织、企事业单位履行，以提高禁毒宣传、戒毒康复服务的质量和财政资金的使用效率。在理解本条中应注意：第一，政府购买服务的主体是县级以上的人民政府；第二，政府购买服务的客体是社会组织与企事业单位，社会组织包括社会团体、民办非企业单位、基金会等，企业包括国有企业、民营企业和事业单位；第三，政府购买的服务是禁毒服务工作，服务的对象是社会公众。在政府购买服务中，应当遵守《政府采购法》的相关规定。

禁毒工作长期而复杂，离不开人民群众的参与，禁毒工作除发挥各级政府的主导作用外，还要努力拓宽社会力量参与禁毒工作的渠道，鼓励社会各单位、组织、个人通过捐赠、设立帮扶项目、创办服务机构、提供志愿服务等方式参与禁毒工作。对于参与禁毒服务的单位、社会组织，政府及相关部门应当予以鼓励，给予项目和资金扶持，并帮助提高禁毒志愿者的服务能力，提高相关组织的规范和管理能力；对于积极参与禁毒公益服务的社会力量，政府应当建立健全表彰和奖励制度，通过宣传和表彰，让优秀的组织和个人享有应得的荣誉和社会地位，激励更多的社会力量参与禁毒服务工作。

# 第七章　法律责任

**【本章立法背景】**法律责任是指公民、法人或者其他组织违反法定义务或者实施违法行为而应当承担的法律后果，即因违法行为而依法受到的相应制裁。本条例的前几章中，分别从主体、目的、禁毒宣传教育、毒品管制、戒毒管理和服务、禁毒国际合作和禁毒工作保障等方面，对参与禁毒工作的各类法律主体的法定性义务进行了规范。在本章中，主要是对以上各类法律主体违反法定义务，或者实施违法行为而应当承担的法律后果进行规范。

**第五十八条　违反本条例规定的行为，法律、行政法规已有处罚规定的，从其规定；构成犯罪的，依法追究刑事责任。**

**【本条主旨】**本条是关于违反本禁毒条例的毒品违法犯罪行为法律责任的基本规定。

**【立法依据】**《刑法》《禁毒法》《治安管理处罚法》以及相关法律法规的规定。

**【立法目的】**本条根据毒品违法犯罪行为的性质、危害后果和主观因素的不同，明确行为人对其不同毒品违法犯罪行为应承担的责任不同，目的在于预防和惩治毒品违法犯罪行为，保护公民身心健康，维护社会秩序。

**【条文详解】**法律责任可以分为三种：民事责任、行政责任（包括行政处分和行政处罚）和刑事责任。本条例所涉及的法律责任类型主要是行政责任。

行政责任，是指行为人实施的一般违反法律法规的行为依法应承担的行政法律后果。主要依据的法律是《行政处罚法》《治安管理处罚法》。行政责任又分为行政处分与行政处罚两种方式。行政处分是指国家行政机关依照行政隶属关系给予有违法失职行为的国家机关公务人员的一种惩罚措施，根据《行政机关公务员处分条例》的规定，行政处分包括警告、记过、记大过、降级、撤职、开除六类。行政处罚是行政主体依照法定职权和程序对违反行政法规范，尚未构成犯罪的相对人给予行政制裁的具体行政行为。《行政处罚法》明确规定了警告；罚款；没收违法所得、没收非法财物；责令停产停业；暂扣或者吊销许可证、暂扣或者吊销执照；行政拘留六类行政处罚措施，并以法律、行政法规规定的其他行政处罚为兜底类别。

刑事责任是指行为人实施了刑事法律禁止的行为所必须承担的法律后果。刑事责任主要通过刑罚实现。在我国，刑罚由《刑法》作出规定。依照《刑法》的有关规定，刑罚的种类分为主刑和附加刑，主刑包括管制、拘役、有期徒刑、无期徒刑、死刑，附加刑包括罚金、剥夺政治权利、没收财产、驱逐出境。违反本条例的违法行为，构成犯罪的，应追究刑事责任，尚不构成犯罪的，应依法追究行政责任。

追究行政责任时，上位法有规定的从上位法，如《行政处罚法》《治安管理处罚法》《禁毒法》；上位法未规定的，依本章节承担行政责任。本章节规定的主要行政责任有：通报批评、警告、罚款、没收违法所得及非法财物、责令停产停业、暂扣或者吊销许可证、暂扣或者吊销执照。

通报批评是由“通报”与“批评”两个概念复合而成的。“通报”是指行政主体依法将有关违法人违法情况以书面形式作出，并在一定范围内公开，以对违法者在荣誉或信誉上进行惩戒。而“批评”是指对违法者的违法行为提出意见，目的是希望对方吸取教训，引以为戒。

警告是行政主体对违法行为人提出告诫或谴责，是对违法行为人违法行为所作的正式否定评价。使违法行为人产生心理压力并认识其行为的违法性和危害性，从而不再继续违法。

罚款是行政主体强制违法行为人承担一定金钱给付义务，剥夺一定财产权利的制裁方法，适用性较广。

没收违法所得是指行政主体依法将违法行为人通过非法途径占有取得的部分或全部所得收归国有的制裁方式。没收非法财物是行政主体将违法行为人非法占有的财产和物品（包括违禁品或实施违法行为的工具）收归国有的处罚方式。

责令停产停业是行政主体强制命令实施违法行为的生产经营者暂时或永久停止生产经营和其他业务活动的行政处罚措施。

暂扣或者吊销许可证、暂扣或者吊销执照。这是指行政主体依法收回或暂时扣留违法行为人拥有的国家准许其从事某种活动的权利或资格的证书使其永久或暂时丧失权利和活动资格的制裁方法。

**第五十九条　各级人民政府和有关部门不履行或者不按照规定履行禁毒工作职责的，由上级机关、主管部门责令限期改正；逾期不改正的，予以通报批评；情节严重的，由有权机关对直接负责的主管人员和其他直接责任人员依法给予处分。**

**【本条主旨】**本条是关于各级人民政府和相关部门未履行禁毒工作职责所承担的行政责任的规定。

**【立法依据】**《行政机关公务员处分条例》第 2 条中规定，行政机关公务员违反法律、法规、规章以及行政机关的决定和命令，应当承担纪律责任的，依照本条例给予处分。

法律、其他行政法规、国务院决定对行政机关公务员处分有规定的，依照该法律、行政法规、国务院决定的规定执行；法律、其他行政法规、国务院决定对行政机关公务员应当受到处分的违法违纪行为做了规定，但是未对处分幅度做规定的，适用本条例第三章与其最相类似的条款有关处分幅度的规定。

地方性法规、部门规章、地方政府规章可以补充规定本条例第三章未作规定的应当给予处分的违法违纪行为以及相应的处分幅度。除国务院监察机关、国务院人事部门外，国务院其他部门制定处分规章，应当与国务院监察机关、国务院人事部门联合制定。

《行政机关公务员处分条例》第4条规定，给予行政机关公务员处分，应当坚持公正、公平和教育与惩处相结合的原则。给予行政机关公务员处分，应当与其违法违纪行为的性质、情节、危害程度相适应。给予行政机关公务员处分，应当事实清楚、证据确凿、定性准确、处理恰当、程序合法、手续完备。

**【立法目的】** 强调各级人民政府和部门在禁毒工作中的职责所在，对不履行或者怠于履行禁毒职责的机构和主管人，采用行政处分的方式处罚，推进各级人民政府和部门参与禁毒工作。

**【条文详解】**

1. 本条规定的违法行为

本条是针对未履行本条例第5条与第6条所规定的相关禁毒职责而应承担的行政责任的规定。各级人民政府和有关部门是禁毒工作的组织管理者及实施者，其履行工作职责的认真与否直接影响禁毒工作开展的成效，如果其怠于执行相关职责，会导致各种毒品违法犯罪行为的蔓延和发展。本条规定的违法行为是不履行或不按照规定履行禁毒工作职责；这里所指的禁毒工作职责是本条例第5条及第6条所规定的职责。

2. 本条规定的行政责任

(1) 行政执法主体。本条行政执法主体是各级人民政府和有关部门的上级机关或主管部门。以下是各级人民政府和主要禁毒职能部门的上级机关或主管部门的规定。

地方各级人民政府由上一级国家行政机关主管。

公安机关是代表国家行使公安职权和履行公安职责的，具有武装性质的国家机关。我国各级政府按级别在各省（自治区、直辖市）设公安厅（局），市（地、州、盟）一级设公安局（处）内设处（支队）、科（大队），同时派出若干分局，县（旗）一级公安局内设科（股、大队），同时派出若干派出所。县级以上地方人民政府公安机关在本级人民政府领导下工作。

司法行政部门是国家政权的重要组成部分，在地方政府中，省设司法厅，市、区、县设司法局，乡、镇、街道办事处设司法所，根据行政级属实行部门业务管理。

卫生行政部门是各级政府中负责医疗卫生行政工作的部门，各省、自治区设卫生和计划生育委员会，各市县设卫生和计划生育局，自上而下管理。

财政部门是国家行政机关中负责财政管理工作的部门，各省、自治区财政厅，直辖市财政局，各行政公署财政处，各县、市、自治州、自治县、市辖区财政局，以及各乡、镇财政所依级别由上一级财政机关主管。

民政部门是主管民间社会事务的行政部门。省（自治区）级设民政厅，市县级设民政局，乡镇设社会事务办公室。分别由上一级机关主管。

教育行政部门是对教育事业进行组织领导和管理的机构，地方教育行政部门分为省、市、县三级，它受同级人民政府统一领导，并受上级教育行政部门的领导或者业务指导。

市场监管部门是负责市场监督综合管理的部门，市场监管实行分级管理，药品监管机构只设到省一级，药品经营销售等行为的监管由市县市场监管部门统一承担。

交通运输主管部门是负责路政运政管理的部门，实行级别管理。

海关是行使进出口监督管理职权的国家机关，实行垂直管理体制。

（2）违法责任主体。该条的违法责任主体规定了两类：一是不履行或者不按照规定履行禁毒工作职责的政府和部门；二是不履行或者不按照规定履行禁毒工作职责的政府和部门的直接主管人员和直接责任人。

(3) 具体行政责任。政府和相关部门应为其怠于履行职责而承担被通报批评的行政责任，直接主管人员和直接责任人应承担行政处分责任。

该条通报批评责任承担的前提条件是违法行为人在被责令限期改正后逾期不改正的。责令改正或限期改正是行政主体责令违法行为人停止和纠正违法行为，以恢复原状，维持法定的秩序或者状态，是对违法行为的事后救济措施。本条对不履行或者不按照规定履行禁毒工作职责的政府和部门，首先给予责令限期改正的行政命令作为行政处罚的前提，先给予违法人一定的期限以纠正违法行为，防止损害扩大。对于在期限内已纠正错误的违法行为人不再予以行政处罚，逾期不改的则处以通报批评的申诫罚。责令限期改正应该由行政主管机关以正式书面文书的形式作出，文书中应该明确需要整改的问题，有必要的话应提出整改措施意见。责令限期改正文书应该通知到违法行为人。本条没有规定限期改正的期限，需要参照相关其他规定在责令限期改正文书中确定一个合理的期限。

对于主管人员和直接责任人的行政处分应该按照《行政机关公务员处分条例》第 2 条的规定设立，处罚幅度按照第 4 条的规定来设立。

**第六十条　在生产经营的食品中添加罂粟壳、罂粟籽、罂粟苗等毒品原植物、种子、幼苗及其制品的，由食品监管行政主管部门给予警告，没收违法所得、违法生产经营的食品和原料，可以处 500 元以上 2000 元以下罚款；情节严重的，处 2000 元以上 1 万元以下罚款。**

**【本条主旨】**本条是对在食品的生产经营活动中使用罂粟壳、罂粟籽、罂粟苗等毒品原植物、种子、幼苗及其制品的违法行为的行政责任的规定。

**【立法依据】**《食品安全法》，卫生部公布的《食品中可能违法添加的非食用物质和易滥用的食品添加剂名单》，最高人民法院、最高人民检察院《关于办理危害食品安全刑事案件适用法律若干问题的解释》第20条中关于认定为“有毒、有害物质”的规定，《刑法》第144条关于在生产、销售的食品中掺入有毒、有害的非食品原料的规定。

**【立法目的】**罂粟壳、罂粟籽、罂粟苗等毒品原植物、种子、幼苗及其制品，内含吗啡、可待因、罂粟碱等生物碱类物质，长期食用容易成瘾，而且还会对人体神经系统造成损害，可能造成慢性中毒。在食品生产经营加工行业中，很多商家为了使食物味道鲜美，会在火锅、麻辣烫、卤制品等的汤料和辅料中添加罂粟壳、罂粟籽等物质，从而使顾客上瘾、吸引回头客，增加食品销售量。为了有效禁止食品生产、加工、经营者在食品中添加这一类物质，设立本条款，并由食品监管行政部门对这类违法行为作出行政处罚，加强对这些行为的监管。

**【条文详解】**

1. 本条规定的违法行为

该条是针对违反本条例中第20条第2款规定的禁止在食品中添加毒品原植物、种子、幼苗及其制品作出的行政责任的规定。罂粟壳是卫生部公布的《食品中可能违法添加的非食用物质和易滥用的食品添加剂名单》(第1-5批)中明文列出的有毒有害的非食品原料。以食品的名义添加罂粟壳、罂粟籽、罂粟苗等毒品原植物、种子、幼苗及其制品，一方面会危害人体健康，另一方面会诱发毒品生产。为了确保食品安全防止毒品生产，本条例第20条第2款作出了禁止在生产经营的食品中添加罂粟壳、罂粟籽、罂粟苗等毒品原植物、种子、幼苗及其制品的规定。对于违反规定的，可能要承担行政责任甚至是刑事责任。

2. 本条规定的行政责任

本条规定的执法主体是食品监管行政主管部门，目前是市场监督管理局。违法行为责任主体是违法添加毒品原植物、种子、幼苗及其制品的生产经营企业。具体行政责任分为两个层次：

（1）警告；没收违法所得、违法生产经营的食品和原料；处500元以上2000元以下罚款；三种行政处罚同时实行。

（2）情节严重的，处2000元以上1万元以下罚款。该条未对情节严重的情形进行界定，需要进一步制定实施细则。但这里的情节严重应指尚未构成刑事犯罪的情形。

**第六十一条　药品生产、批发、零售企业发现出售的含麻黄碱类复方制剂被用于非法目的，或者超过正常医疗需求，大量、多次购买含麻黄碱类复方制剂，未立即停止销售并向有关部门报告的，由药品监管行政主管部门予以警告，并处1万元以上3万元以下罚款。**

**【本条主旨】**本条是对发现非法出售或购买含麻黄碱类复方制剂未履行相关禁止义务和报告义务的行为的行政责任的规定。

**【立法依据】**国家食品药品监督管理局、公安部、卫生部《关于加强含麻黄碱类复方制剂管理有关事宜的通知》第1条中规定，将单位剂量麻黄碱类药物含量大于30mg（不含30mg）的含麻黄碱类复方制剂，列入必须凭处方销售的处方药管理。医疗机构应当严格按照《处方管理办法》开具处方。药品零售企业必须凭执业医师开具的处方销售上述药品。含麻黄碱类复方制剂每个最小包装规格麻黄碱类药物含量口服固体制剂不得超过720mg，口服液体制剂不得超过800mg。

第2条规定，药品零售企业销售含麻黄碱类复方制剂，应当查验购买者的身份证，并对其姓名和身份证号码予以登记。除处方药按处方剂量销售外，一次销售不得超过2个最小包装。药品零售企业不得开架销售含麻黄碱类复方制剂，应当设置专柜由专人管理、专册登记，登记内容包括药品名称、规格、销售数量、生产企业、生产批号、购买人姓名、身份证号码。药品零售企业发现超过正常医疗需求，大量、多次购买含麻黄碱类复方制剂的，应当立即向当地食品药品监管部门和公安机关报告。

第3条中规定，含麻黄碱类复方制剂生产企业应当切实加强销售管理，严格管控产品销售渠道，确保所生产的药品在药用渠道流通。

第4条规定，各级食品药品监管部门要认真贯彻执行本通知要求，严格含麻黄碱类复方制剂的监督检查，发现市场销售出现异常的，要及时提醒，坚决纠正；对违反规定的要通报批评，严肃处理。对违反规定销售造成含麻黄碱类复方制剂流入非法渠道的药品生产、经营企业，应当按照《药品管理法》《国务院关于加强食品等产品安全监督管理的特别规定》等有关法律规定，给予吊销《药品生产许可证》《药品经营许可证》的处罚。对涉嫌构成犯罪的，要及时移送公安机关处理。

**【立法目的】** 近年来，含麻黄碱类复方制剂被违法犯罪分子通过各种手段骗购，从正常药用渠道流失被用于制毒。为此，本条款的设立能够推进药品监管、公安、卫生等相关部门加强含麻黄碱类复方制剂的监管，防止从药用渠道流失，惩治麻黄碱类复方制剂被违法犯罪分子滥用制毒的行为。

**【条文详解】** 本条根据国家食品药品监督管理局、公安部、卫生部《关于加强含麻黄碱类复方制剂管理有关事宜的通知》中的禁止性规范作出处罚规定，对药品生产、批发、零售企业违法销售含麻黄碱类复方制剂禁止性规范的行为作出行政处罚。

1. 本条规定的违法行为

该条是针对违反本条例中第22条规定的发现非法出售或购买含麻黄碱类复方制剂应履行报告义务的行政责任的规定。含麻黄碱类复方制剂流入非法渠道被用于制毒是当前制毒违法犯罪活动的重要问题，本条例第 22 条分 3 款规定了含麻黄碱类复方制剂的管控，前两款是对含麻黄碱类复方制剂管控的授权性规范，第 3 款是关于含麻黄碱类复方制剂管控的命令性规范，对于违反命令性规范的行为人应当承担相应的行政或刑事法律责任。具体违法行为是发现非法出售或购买含麻黄碱类复方制剂而未履行报告义务的行为。这里的违法行为并不是以制造毒品为目的的销售或买卖含麻黄碱类复方制剂的行为，而是指作为第三方，发现存在此类行为而不报告的情形。

2. 本条规定的行政责任

本条的执法主体是药品监管行政主管部门。违法主体是未尽禁止义务和报告义务的药品生产、批发、零售企业。行政处罚的前提条件是企业发现出售的含麻黄碱类复方制剂被用于非法目的，即用含麻黄碱类复方制剂加工、提炼制毒物品；或者发现超过正常医疗需求，大量、多次购买含麻黄碱类复方制剂。超过正常医疗需求的标准依据是《关于加强含麻黄碱类复方制剂管理有关事宜的通知》的规定。此外，只有企业发现以上违法行为未立即停止销售并向有关部门报告，才应该承担相应行政责任。这里未立即停止销售与向有关部门报告是并列关系，即只有两个义务都未履行，才应该受到行政处罚。此处的有关部门是指公安机关。该条规定的具体行政责任是警告，并处 1 万元以上 3 万元以下罚款。两种处罚同时实行。

3. 有关刑事责任

以加工、提炼制毒物品制造毒品为目的，购买含麻黄碱类复方制剂，依照《刑法》第 347 条的规定，以制造毒品罪定罪处罚。根据《刑法》第 347 条的规定，走私、贩卖、运输、制造鸦片一千克以上、海洛因或者甲基苯丙胺五十克以上或者其他毒品数量大的，处十五年有期徒刑、无期徒刑或者死刑，并处没收财产；走私、贩卖、运输、制造鸦片二百克以上不满一千克、海洛因或者甲基苯丙胺十克以上不满五十克或者其他毒品数量较大的，处七年以上有期徒刑，并处罚金；走私、贩卖、运输、制造鸦片不满二百克、海洛因或者甲基苯丙胺不满十克或者其他少量毒品的，处三年以下有期徒刑、拘役或者管制，并处罚金，情节严重的，处三年以上七年以下有期徒刑，并处罚金。单位犯第2款、第3款、第4款罪的，对单位判处罚金，并对其直接负责的主管人员和其他直接责任人员，依照各该款的规定处罚。

注意：以加工、提炼制毒物品为目的，购买麻黄碱类复方制剂，或者运输、携带、寄递麻黄碱类复方制剂进出境的，依照刑法第350条第1款、第3款的规定，分别以非法买卖制毒物品罪、走私制毒物品罪定罪处罚。

**第六十二条　旅馆、洗浴、会所、茶馆、酒吧、歌舞厅、网吧等娱乐服务场所的经营者、管理者，在其场所内发现涉毒违法犯罪活动未报告的，由公安机关对单位处1万元以上3万元以下罚款，对直接负责的主管人员和其他直接责任人员，处5000元以上2万元以下罚款；情节严重的，责令限期停业整顿；处罚后再次发生上述行为的，由有关部门依法吊销许可证。**

**前款规定的场所限期停业整顿期间，不得变更法定代表人、负责人和企业名称等事项，不得使用该场所地址作为新设立同类场所的住所、经营场所。**

**【本条主旨】**本条是关于在娱乐场所中发现涉毒违法犯罪的行为未尽报告义务的行政责任的规定。

**【立法依据】**《娱乐场所管理条例》第14条规定，娱乐场所及其从业人员不得实施下列行为，不得为进入娱乐场所的人员实施下列行为提供条件：

（1）贩卖、提供毒品，或者组织、强迫、教唆、引诱、欺骗、容留他人吸食、注射毒品；

（2）组织、强迫、引诱、容留、介绍他人卖淫、嫖娼；

（3）制作、贩卖、传播淫秽物品；

（4）提供或者从事以营利为目的的陪侍；
（5）赌博；
（6）从事邪教、迷信活动；
（7）其他违法犯罪行为。

娱乐场所的从业人员不得吸食、注射毒品，不得卖淫、嫖娼；娱乐场所及其从业人员不得为进入娱乐场所的人员实施上述行为提供条件。

第 41 条规定，违反本条例规定，擅自从事娱乐场所经营活动的，由文化主管部门依法予以取缔；公安部门在查处治安、刑事案件时，发现擅自从事娱乐场所经营活动的，应当依法予以取缔。

第 42 条规定，违反本条例规定，以欺骗等不正当手段取得娱乐经营许可证的，由原发证机关撤销娱乐经营许可证。

第 43 条规定，娱乐场所实施本条例第 14 条禁止行为的，由县级公安部门没收违法所得和非法财物，责令停业整顿 3 个月至 6 个月；情节严重的，由原发证机关吊销娱乐经营许可证，对直接负责的主管人员和其他直接责任人员处 1 万元以上 2 万元以下的罚款。

第 53 条规定，因擅自从事娱乐场所经营活动被依法取缔的，其投资人员和负责人终身不得投资开办娱乐场所或者担任娱乐场所的法定代表人、负责人。娱乐场所因违反本条例规定，被吊销或者撤销娱乐经营许可证的，自被吊销或者撤销之日起，其法定代表人、负责人 5 年内不得担任娱乐场所的法定代表人、负责人。娱乐场所因违反本条例规定，2 年内被处以 3 次警告或者罚款又有违反本条例的行为应受行政处罚的，由县级人民政府文化主管部门、县级公安部门依据法定职权责令停业整顿 3 个月至 6 个月；2 年内被 2 次责令停业整顿又有违反本条例的行为应受行政处罚的，由原发证机关吊销娱乐经营许可证。

**【立法目的】**娱乐场所历来是涉毒违法犯罪的重点场所，设立本条款的目的是为了对娱乐场所涉毒违法行为实施更为严格的惩治力度，限制相关经营者及参与者再次参与娱乐场经营管理的资格，从而起到震慑的作用。

**【条文详解】**

1. 本条规定的违法行为

该条是针对违反本条例中第 23 条第 1 款规定的“在其场所内发现涉毒违法犯罪活动的，应当立即报告公安机关”的义务。虽然报告发现涉毒违法犯罪活动是全体公民应尽的义务，但是这类义务属于授权性规范，未尽义务不需承担行政责任。但旅馆、洗浴、会所、茶馆、酒吧、歌舞厅、网吧等娱乐服务场所的经营者及管理者，在其场所内发现涉毒违法犯罪活动的报告义务属于命令性规范，因为违法行为人的违法行为对社会危害较大，应当通过行政处罚予以制止。在运用该条时应注意，在场所外发现涉毒违法犯罪活动未报告的，不受行政责任规制，只有在其场所内发现违法犯罪活动未报告才构成本条的违法行为。

2. 相关行政责任

本条的执法主体是公安机关。违法责任主体是未尽报告义务的旅馆、洗浴、会所、茶馆、酒吧、歌舞厅、网吧等娱乐服务场所的经营者、管理者以及直接负责的主管人员和其他直接责任人员。

本条针对不同的违法责任主体分别规定了不同的行政责任：对娱乐服务场所的经营者、管理者，其行政责任包括三个层次：对于一般违法行为处 1 万元以上 3 万元以下罚款；对于情节严重的，责令限期停业整顿，停业整顿的期限可参照《娱乐场所管理条例》的规定，即 3 个月至 6 个月；对于处罚后再次发生上述行为的，由有关部门依法吊销许可证。这里的有关部门是所在地县级人民政府文化主管部门，如涉及中外合资经营、中外合作经营的娱乐场所，有关部门则是所在地省、自治区、直辖市人民政府文化主管部门。许可证是指娱乐经营许可证。对娱乐服务场所的直接负责的主管人员和其他直接责任人员：其行政责任处 5000 元以上 2 万元以下罚款。

注意：本条第 2 款特别规定了在限期停业整顿期间，该娱乐服务场所不得变更法定代表人、负责人和企业名称等事项，也不得使用该场所地址作为新设立同类场所的住所、经营场所。以防止违法娱乐场所只罚不改，继续实施违法活动。

**第六十三条　房屋出租人、管理人、物业服务企业发现出租房屋内有涉毒违法犯罪活动未报告的，由公安机关对个人按照《中华人民共和国治安管理处罚法》的相关规定予以处罚；对单位予以警告，并处1万元以上3万元以下罚款。**

**【本条主旨】**本条是对发现在出租房屋内有涉毒违法犯罪活动未尽报告义务的行政责任的规定。

**【立法依据】**《治安管理处罚法》第57条规定，房屋出租人将房屋出租给无身份证件的人居住的，或者不按规定登记承租人姓名、身份证件种类和号码的，处200元以上500元以下罚款。房屋出租人明知承租人利用出租房屋进行犯罪活动，不向公安机关报告的，处200元以上500元以下罚款；情节严重的，处5日以下拘留，可以并处500元以下罚款。

**【立法目的】**近年来在出租房屋等场所发现的涉毒违法犯罪活动屡禁不止，而房屋的出租人、管理人往往疏于必要的管理或者视而不见，放任了这类违法犯罪行为的发生。本条的设立，是为了明确房屋的出租人、管理人有对出租场所进行必要管理的义务，特别是针对明知承租人利用出租房屋进行涉毒违法犯罪活动的行为，要进行处罚。

**【条文详解】**

1. 本条规定的违法行为

该条是针对违反本条例中第23条第2款规定的违反发现承租人涉毒违法犯罪活动应当立即报告的义务。虽然报告发现涉毒违法犯罪活动是全体公民应尽的义务，但是这类义务属于授权性规范，未尽义务不需承担行政责任。但房屋出租人、管理人、物业服务企业发现涉毒违法犯罪活动的报告义务属于命令性规范，因为违法行为人的违法行为对社会危害较大，应当通过行政处罚予以制止。在运用该条时应注意，在场所外发现涉毒违法犯罪活动未报告不受行政责任规制，仅只在其场所内发现违法犯罪活动未报告才构成本条的违法行为。

2. 本条规定的行政责任

本条的执法主体是公安机关。违法主体是未尽报告义务的房屋出租人、管理人、物业服务企业。

该条将单位与个人的行政责任分别进行规定。

对个人按照《治安管理处罚法》的第57条规定予以处罚，该条规定，房屋出租人明知承租人利用出租房屋进行犯罪活动，不向公安机关报告的，处200元以上500元以下罚款；情节严重的，处5日以下拘留，可以并处500元以下罚款。该行政处罚只有在房屋出租人明知的情况下方可施行。

对单位予以警告，并处1万元以上3万元以下罚款。两种行政处罚并处。

**第六十四条　邮政、寄递、物流等经营单位未实行寄递实名登记、收寄验视、信息保存、收寄人员培训等制度，由有关行政主管部门责令改正，予以警告；导致收寄、承运毒品，发生涉毒案件的，处1万元以上3万元以下罚款；情节严重的，可以责令限期停业整顿。**

**【本条主旨】**本条是关于物流寄递业未实行物流寄递禁毒制度的行政责任的规定。

**【立法依据】**《邮政法》第24条规定，邮政企业收寄邮件和用户交寄邮件，应当遵守法律、行政法规以及国务院和国务院有关部门关于禁止寄递或者限制寄递物品的规定。

第25条规定，邮政企业应当依法建立并执行邮件收寄验视制度。对用户交寄的信件，必要时邮政企业可以要求用户开拆，进行验视，但不得检查信件内容。用户拒绝开拆的，邮政企业不予收寄。对信件以外的邮件，邮政企业收寄时应当当场验视内件。用户拒绝验视的，邮政企业不予收寄。

第 26 条规定，邮政企业发现邮件内夹带禁止寄递或者限制寄递的物品的，应当按照国家有关规定处理。

第 75 条规定，邮政企业、快递企业不建立或者不执行收件验视制度，或者违反法律、行政法规以及国务院和国务院有关部门关于禁止寄递或者限制寄递物品的规定收寄邮件、快件的，对邮政企业直接负责的主管人员和其他直接责任人员给予处分；对快递企业，邮政管理部门可以责令停业整顿直至吊销其快递业务经营许可证。

用户在邮件、快件中夹带禁止寄递或者限制寄递的物品，尚不构成犯罪的，依法给予治安管理处罚。

**【立法目的】**随着对传统毒品流动渠道的打击力度越来越大，惩处越来越严格，越来越多的犯罪分子利用物流寄递等方式进行毒品的流动和转移。现阶段，我国物流寄递行业快速的发展，但管理的方式较为疏松，对国家法律、法规规定的实行寄递实名登记、收寄验视、信息保存等制度落实执行不到位，导致了很多收寄、承运毒品的涉毒案件时有发生，助长了毒品流通的现状。本条款的设立，是为了明确邮政、寄递、物流等经营单位实行寄递实名登记、收寄验视、信息保存、收寄人员培训等制度的责任义务，如不履行相关制度职责要求，将受到严厉的法律制裁。

**【条文详解】**

1. 本条规定的违法行为

该条是针对未实行本条例中第 24 条第 1 款规定的寄递实名登记、收寄验视、信息保存以及收寄人员禁毒培训制度的法律责任。以上制度是物流寄递涉毒防控的重要制度，如果不规定相应的法律责任，会让这些制度流于形式，鲜有执行，也会加大查获毒品的难度，容易加大物流寄递行业成为涉毒犯罪重要渠道的风险。在检查中发现或者接到举报存在未实行规定制度的（包括未检查登记寄递人身份信息，未登记未录入信息的，收件不开箱、未对交寄的物品、包装物、填充物等进行实物验视的，邮寄运单上填报内容与实物不符的，业务人员不参与培训等），统计调查对象拒绝提供统计资料，或者提供不真实、不完整统计资料的，拒绝、阻碍统计检查等行为都应视为违法行为。

2. 本条规定的执法主体

本条规定的执法主体为有关行政主管部门。邮政单位的主管部门是交通运输部管理的国家邮政局下属的地方邮政管理机构。根据最新的《快递暂行条例》规定，邮政管理机构同时也是快递企业的主管部门。目前物流行业的主管部门繁多，有交管部门、交通部门、商务部门、邮政部门、航空部门、铁路部门、航运部门等，很多时候需要根据具体情况来明确。

3. 本条规定的行政责任

本条的违法责任主体是邮政、寄递、物流经营单位；行政责任分为三个层次：对于一般违法行为责令改正，予以警告；对于违法行为的后果导致收寄、承运毒品，发生涉毒案件的，处1万元以上3万元以下罚款；该处罚需要以公安机关已经作为涉毒案件立案并做出处罚决定或已判决为前提。对于情节严重的，责令限期停业整顿。

**第六十五条　为无法提供合法来源证明及相关许可文件的易制毒化学品提供运输、仓储等服务的，有违法所得的，由公安机关没收违法所得，并处以违法所得2倍以上5倍以下罚款；无违法所得的，处1万元以上3万元以下罚款。**

**【本条主旨】**本条是关于违法为易制毒化学品提供运输、仓储等服务的行政责任的规定。

**【立法依据】**《易制毒化学品管理条例》第20条规定，跨设区的市级行政区域（直辖市为跨市界）或者在国务院公安部门确定的禁毒形势严峻的重点地区跨县级行政区域运输第一类易制毒化学品的，由运出地的设区的市级人民政府公安机关审批；运输第二类易制毒化学品的，由运出地的县级人民政府公安机关审批。经审批取得易制毒化学品运输许可证后，方可运输。运输第三类易制毒化学品的，应当在运输前向运出地的县级人民政府公安机关备案。公安机关应当于收到备案材料的当日发给备案证明。

第 21 条规定，申请易制毒化学品运输许可，应当提交易制毒化学品的购销合同，货主是企业的，应当提交营业执照；货主是其他组织的，应当提交登记证书（成立批准文件）；货主是个人的，应当提交其个人身份证明。经办人还应当提交本人的身份证明。

公安机关应当自收到第一类易制毒化学品运输许可申请之日起 10 日内，收到第二类易制毒化学品运输许可申请之日起 3 日内，对申请人提交的申请材料进行审查。对符合规定的，发给运输许可证；不予许可的，应当书面说明理由。

审查第一类易制毒化学品运输许可申请材料时，根据需要，可以进行实地核查。

第 38 条规定，违反本条例规定，未经许可或者备案擅自生产、经营、购买、运输易制毒化学品，伪造申请材料骗取易制毒化学品生产、经营、购买或者运输许可证，使用他人的或者伪造、变造、失效的许可证生产、经营、购买、运输易制毒化学品的，由公安机关没收非法生产、经营、购买或者运输的易制毒化学品、用于非法生产易制毒化学品的原料以及非法生产、经营、购买或者运输易制毒化学品的设备、工具，处非法生产、经营、购买或者运输的易制毒化学品货值 10 倍以上 20 倍以下的罚款，货值的 20 倍不足 1 万元的，按 1 万元罚款；有违法所得的，没收违法所得；有营业执照的，由市场监督管理部门吊销营业执照；构成犯罪的，依法追究刑事责任。

对有前款规定违法行为的单位或者个人，有关行政主管部门可以自作出行政处罚决定之日起 3 年内，停止受理其易制毒化学品生产、经营、购买、运输或者进口、出口许可申请。

**【立法目的】**本条的设立是为了严格限制易制毒化学品运输、仓储等服务的主体的责任。明确提供易制毒化学品运输、仓储等服务必须严格遵守相关法律法规的规定，违者将会被追究法律责任。

**【条文详解】**

1. 本条规定的违法行为

该条是针对违反本条例中第 32 条的规定，运输、仓储易制毒化学品的规定需要承担的法律责任。这里的违法行为是无法提供合法来源证明及相关许可文件。具体证明要求如下：供教学、科研使用的 100 克以下的麻黄素样品和供医疗机构制剂配方使用的小包装麻黄素以及医疗机构或者麻醉药品经营企业购买麻黄素片剂 6 万片以下、注射剂 1.5 万支以下，要出具购买许可证明或者麻醉药品调拨单，携带不超过医用单张处方的最大剂量的第一类中的药品类易制毒化学品药品制剂的患者、患者近亲属或者患者委托的人要出具医疗机构的医疗诊断书和本人的身份证明；第一、第二类易制毒化学品需要出具许可证，第三类易制毒化学品需要出具备案证明书。注意，如果运输仓储的货物与许可证或者备案证明载明的易制毒化学品的品种、数量等情况不相符的也应该属于追究行政责任的违法行为。

2. 本条规定的行政责任

本条规定的执法主体为公安机关。违法责任主体是提供运输与仓储服务的个人或单位；这里应该既包括运输、仓储服务经营企业，也包括实际服务提供者，如挂靠单位、个人。

行政责任分为两个层次：有违法所得的，没收违法所得，并处以违法所得 2 倍以上 5 倍以下罚款；这里所指的违法所得是违法运输、仓储易制毒化学品所得的运输费用、仓储费用。无违法所得的，处 1 万元以上 3 万元以下罚款。

**第六十六条　单位或者个人制作、发布、传播、转载、链接涉毒违法信息的，或者互联网服务提供者及网络空间的创建者、管理者发现他人利用互联网、网络空间进行涉毒违法犯罪活动，未向公安机关报告并采取停止传播、保存记录等措施的，由公安机关予以警告，没收违法所得，对单位处 1 万元以上 3 万元以下罚款，对个人处 2000 元以上 5000 元以下罚款；情节严重的，对单位处 5 万元以上 15 万元以下罚款，对个人处 5000 元以上 1 万元以下罚款，对互联网服务提供者可以责令限期停业整顿。**

**【本条主旨】**本条是关于利用互联网上进行涉毒违法行为的相关责任主体的行政责任的规定。

**【立法依据】**《中国互联网禁毒公约》第二部分禁止行为第 5 条规定，不在互联网上制作、发布、传播、转载、链接包括吸毒、制毒、贩毒等违法犯罪的方法、技术、工艺、经验在内的任何涉毒违法有害信息，不参与任何网上涉毒违法犯罪活动。

第 6 条规定，即时通信、电子商务、聊天交友等各类互联网服务提供者以及网站、论坛、微博客、移动应用（APP）、即时聊天群组等各种网络空间的创建者、管理者拒绝以任何形式允许、放任他人利用其提供的互联网服务、网络空间进行涉毒违法犯罪活动、传播涉毒违法有害信息。

《计算机信息网络国际联网安全保护管理办法》第 20 条规定，违反法律、行政法规，有本办法第 5 条、第 6 条所列行为之一的，由公安机关给予警告，有违法所得的，没收违法所得，对个人可以并处 5000 元以下的罚款，对单位可以并处 1.5 万元以下的罚款；情节严重的，并可以给予 6 个月以内停止联网、停机整顿的处罚，必要时可以建议原发证、审批机构吊销经营许可证或者取消联网资格；构成违反治安管理行为的，依照治安管理处罚法的规定处罚；构成犯罪的，依法追究刑事责任。

**【立法目的】**网络作为当前传播信息最主要的载体，很容易被违法犯罪者用于传播涉毒违法信息，进行涉毒违法犯罪活动。本条款的设立对单位或者个人在互联网上进行涉毒违法行为，以及明知有违法行为但未向公安机关报告的互联网服务提供者及网络空间的创建者、管理者等违法行为进行规范和惩治。

**【条文详解】**

1. 本条规定的违法行为

该条是针对本条例中第 26 条有关互联网涉毒违法行为行政责任的规定。这里的违法行为有两类，第一类是制作、发布、传播、转载、链接涉毒违法信息的。这里所指的涉毒违法信息包括吸毒、制毒、贩毒的方法、技术、工艺、经验、工具等信息。第二类是发现他人利用互联网、网络空间进行涉毒违法犯罪活动，未向公安机关报告并未采取停止传播、保存记录等措施的单位和个人。本条追究该违法行为的行政责任需要满足两个条件，即发现未报告与未采取相应措施，采取措施未报告或者是报告了但未采取相应措施的，不构成该条行政责任的承担条件。

2. 本条规定的行政责任

本条规定的执法主体为公安机关。违法责任主体包括制作、发布、传播、转载、链接涉毒违法信息的单位或个人；对互联网涉毒行为未报告和采取相关措施的互联网服务提供者及网络空间的创建者、管理者。该行政责任承担将单位与个人做了分别规定。具体行政责任包括两个层次：

没收违法所得，对单位处 1 万元以上 3 万元以下罚款，对个人处 2000 元以上 5000 元以下罚款；此处违法所得是指因制作、发布、传播、转载、链接涉毒违法信息而获得的收益。

情节严重的，对单位处 5 万元以上 15 万元以下罚款，对个人处 5000 元以上 1 万元以下罚款，对互联网服务提供者可以责令限期停业整顿。需要注意的是，如果违法主体是互联网服务提供者，执法机关还可以根据需要责令其限期停业整顿。

**第六十七条　交通运输企业未建立驾驶人员涉毒筛查制度的，由交通管理部门责令改正，逾期不改正的，予以警告，并处5000元以上2万元以下罚款；交通运输企业发现驾驶人员有吸毒行为，未责令其立即停止驾驶并向相关部门报告的，由交通管理部门责令改正，处1万元以上5万元以下罚款；情节严重的，处5万元以上10万元以下罚款，并依法吊销相关许可证。**

**【本条主旨】**本条是有关吸毒驾驶管理违法行为行政责任的规定。

**【立法依据】**《道路交通安全法》第22条规定，机动车驾驶人应当遵守道路交通安全法律、法规的规定，按照操作规范安全驾驶、文明驾驶。饮酒、服用国家管制的精神药品或者麻醉药品，或者患有妨碍安全驾驶机动车的疾病，或者过度疲劳影响安全驾驶的，不得驾驶机动车。

《云南省道路交通安全条例》第20条规定，营业性道路客运车辆的驾驶人，除应当持有合法、有效的机动车驾驶证和从业资格证外，并符合下列要求：（一）连续3年内每年没有违法12分记录或者被暂扣机动车驾驶证3个月以上的情形，以及没有发生重大以上交通责任事故；（二）不得有吸毒和酗酒等行为。

第21条规定，从事客运的企业，应当遵守下列规定：（一）设立交通安全机构，落实安全生产行业标准，建立、健全客运交通安全规章制度，对本企业车辆及进入客运站、场的营运客运车辆实施安全管理；（二）落实从业人员岗位的客运交通安全责任；（三）落实客运车辆的日常检验、维护和检测；（四）建立和完善客运车辆驾驶人的交通违法、事故和不良嗜好档案记录，落实客运车辆驾驶人交通安全宣传教育；（五）排查和整改本企业存在的客运交通安全隐患；（六）落实客运交通安全经费投入。

第72条规定，机动车驾驶人违反道路交通安全法律、法规的行为，由公安机关交通管理部门给予警告、罚款、暂扣或者吊销机动车驾驶证、依法拘留等处罚。给予罚款处罚的，罚款数额按照本条例规定的具体标准执行；本条例未规定具体数额的，处50元罚款；法律、行政法规另有规定的，从其规定。

**【立法目的】**吸毒人员滥用毒品后驾驶机动车辆，反应能力、辨识能力和身体协调能力明显下降，方向感、距离感和时空感会产生错乱，发生事故风险明显提升。与酒驾相比，毒驾行为对道路交通安全和社会公共安全危害更大。特别是交通运输企业，其经营活动面向广大公众，如果交通运输企业发现驾驶人员有吸毒行为，潜在的交通安全风险极大，违法后果严重。本条款的设立，是为了明确交通运输企业的责任义务，如不履行相关制度职责要求，将受到严厉的法律处罚。

**【条文详解】**

1. 本条规定的违法行为

该条是针对本条例中第48条有关吸毒驾驶管理违法行为行政责任的规定。吸毒驾驶，是指未戒断毒瘾的患者或正在使用毒品的驾驶员驾驶机动车的行为。吸毒人员在吸毒后，所产生的精神极端亢奋甚至会产生妄想、幻觉等症状，从而导致驾驶人脱离现实场景，判断力低下甚至完全丧失判断，存在较为严重的安全隐患，是应该绝对禁止的行为。目前毒驾行为只能依《机动车驾驶证申领和使用规定》第13条，对3年内有吸食、注射毒品行为或者解除强制隔离戒毒措施未满3年，或者长期服用依赖性精神药品成瘾尚未戒除的，不得申领机动车驾驶证。对被查获有吸食、注射毒品后驾驶机动车行为，或者正在执行社区戒毒、强制隔离戒毒、社区康复措施，或者长期服用依赖性精神药品成瘾尚未戒除的应当注销机动车驾驶证。刑法并未对毒驾的法律责任做出明确的规定。本条并不是针对毒驾行为进行的规定，而是针对毒驾管理违法行为的规定。毒驾管理违法行为，是指交通运输企业未建立驾驶人员涉毒筛查制度的行为以及发现驾驶人员有吸毒行为未责令其立即停止驾驶并向相关部门报告的行为。这里的驾驶人员是指从事驾驶工作的企业员工（包括合同工、临时工），以及企业内挂靠车辆驾驶人员。

2. 本条规定的行政责任

本条规定的执法主体为交通管理部门。违法责任主体是交通运输企业，包括机动车、船舶、轨道交通工具、航空器等运输企业。具体行政责任包括两个方面：

针对未建立驾驶人员涉毒筛查制度的违法行为，其行政责任为责令改正，逾期不改正的，予以警告，并处5000元以上2万元以下罚款（注意：这里的责令改正是处以行政处罚警告与罚款的前提条件，只有逾期不改正的，才应该受到行政处罚）。

针对发现驾驶人员有吸毒行为未责令其立即停止驾驶并向相关部门报告的违法行为，其行政责任分为两个层次：一是责令改正，处1万元以上5万元以下罚款；责令改正的行政命令与罚款的行政处罚同步实施。二是情节严重的，处5万元以上10万元以下罚款，并依法吊销相关许可证。

**第六十八条　制作、播出广播影视节目或者举办文艺演出，邀请因涉毒行为被公安机关查处未满3年或者尚未戒除毒瘾的人员作为主创人员的，由文化、广播电视行政主管部门按照职责对邀请方、播出方责令改正，处5万元以上15万元以下罚款。**

**播出上述人员代言的商业广告节目的，由市场监管行政主管部门责令停止发布广告，处广告费用1倍以上3倍以下罚款。**

**【本条主旨】**本条是关于邀请涉毒人员为制作、播出的广播影视节目或者举办文艺演出的主创人员以及播出涉毒人员代言商业广告节目的行政责任的规定。

**【立法依据】**《广告法》第55条规定，违反本法规定，发布虚假广告的，由工商行政管理部门责令停止发布广告，责令广告主在相应范围内消除影响，处广告费用3倍以上5倍以下的罚款，广告费用无法计算或者明显偏低的，处20万元以上100万元以下的罚款；2年内有3次以上违法行为或者有其他严重情节的，处广告费用5倍以上10倍以下的罚款，广告费用无法计算或者明显偏低的，处100万元以上200万元以下的罚款，可以吊销营业执照，并由广告审查机关撤销广告审查批准文件、1年内不受理其广告审查申请。

**【立法目的】** 一段时间以来，个别编剧、导演、演员等广播影视从业人员因吸毒、嫖娼等违法行为被公安机关查处，其行为触犯了法律法规、败坏了社会风气，尤其是作为社会公众人物，造成很坏的社会影响，对广大青少年健康成长尤为不利。本条款的设立，为进一步净化荧屏、银幕和网络环境，营造良好从业氛围提供了法律支持。

**【条文详解】**

1. 本条规定的违法行为

该条是针对本条例中第49条有关邀请涉毒人员参与广播电视节目制作或演出违法行为及播出涉毒人员代言的商业广告节目的行政责任的规定。本条分两款对不同类型违法行为的行政责任作出了规定。第1款的违法行为是邀请涉毒人员作为主创人员，这里的涉毒人员是指因涉毒行为被公安机关查处未满3年或者尚未戒除毒瘾的人员；主创人员一般是指出品人、制片人、顾问、导演、副导演、监制、演员、编剧。我们认为此处的邀请应当是指正式请求涉毒人员参与到制作或播出的广播电视节目，或者是文艺演出中，即便未播出或者未演出也构成该违法行为成立。第2款的违法行为是播出上述涉毒人员代言的商业广告节目。这里应当注意，涉毒人员代言公益广告节目并不属于违法行为。

2. 本条规定的行政责任

本条第1款规定的执法主体为文化、广播电视行政主管部门。违法责任主体是邀请方和播出方。具体行政责任是责令改正，处5

万元以上 15 万元以下罚款。责令改正的行政命令和罚款的行政处罚同时实行。

本条第 2 款规定的执法主体为市场监管行政主管部门。违法责任主体是播出方。具体行政责任为：责令停止发布广告，处广告费用 1 倍以上 3 倍以下罚款。责令停止发布广告的行政命令和罚款的行政处罚同时实行。

# 第八章　附　　则

第六十九条　本条例自2018年6月1日起施行，2005年3月25日云南省第十届人民代表大会常务委员会第十五次会议通过的《云南省禁毒条例》同时废止。